JN125213

闘争と統治

小泉義之政治論集成 II

月曜社

目次

闘争と統治

はじめに

かつて、歴史化の暴力が批難されたことがあった。およそ一九九〇年代のことである。そもそも、ある出来事の歴史を書くには、当時の文書・映像・録音などを可能な限り集め、可能で必要なら当時の生き残りの証言を集めてアーカイヴを作り、その史料批判を経て、歴史的意義を有すると思われるものを選り出さなければならない。同時に、その出来事についての当時の見方、その後の事後的な見方、とりわけ、これまでの先行研究の見方を綜合して叙述を進めなければならない。おおむね、そのようにして、ある出来事の歴史は書かれ、その一部は多数の精神に刻み込まれて、いわば正史として定着する。それは教科書やメディアに採用され、国民・市民の常識となっていく。かつて、そのような歴史化の過程そのものに暴力性が潜んでいると批難されたことがあったのである。実際、ある出来事の意味や体験は人によって大いに違っており、その多くは歴史に取り上げられることもないまま忘却されていく。そもそも、その出来事の渦中で殺されたり死んだりした人の声は、記録もされることのないまま、忘却されたことさえもが忘却されている。歴史化において、正規のアーカイヴは実に多くのものを切り捨てているはずだし、そこに思いをいたすだけで、いかなる歴史叙述もあまりに粗雑なものに見えてくる。たしかに、歴史化はある種の暴力なのである。

ところで、一九六八年前後の大学闘争、一九七〇年代の政治闘争・社会運動については、いまだに歴史化すらなされてはいない。一応、アカデミズムでは現代政治史とか運動史とか思想史、言論界では回顧談や証言録や実録物が、それなりのジャンルとして確立してはいるが、そもそも歴史意識とでも呼ぶべきものが欠如している。とくに驚き呆れるのは、現在の種々の集団的活動が、七〇年代の運動を直接的に、五十年もの時を越えて、そのまま継承していると思いこまれているることである。七〇年代の解放運動が、いまもそのまま引き継がれていると思いこまれているのだ。しかも嘆かわしいことに、当時の激しい政治対立をリアルに知らない世代さえもが、いまだにその対立図式で現在を見ている。このジャンルでは、歴史化の暴力が振るわれるどころか、そもそもこの半世紀の歴史意識が成立していないのである。同じことは、政党、福祉についても言えるだろう。

この点で、本書第1部所収の「啓蒙と霊性」は、フーコーに事寄せて、七〇年代の一面を素描したものであるが、それは、同じく第1部の政党史、第2部の障害者運動・福祉制度の歴史についての数本への導入となるだろう。

第1部所収のもののテーマは、死刑、戦争、オリンピック、環境、AI、天皇制、三島由紀夫、明智光秀など分散しているが、過去と未来に挟まれた現在がいかなる歴史段階であるのかを捉えたいという動機が共通している。そのようにして、それぞれのテーマの論評を通して、現在を分析し未来を展望したいと思ってはいるのだが、言うまでもなく、そこまでは届いてはいない。その点については、書き下ろしで少しばかり補足している。

第2部所収のもののテーマも、障害、統治、精神療法、債務、BI、貧困、死や自死など分散しているが、多くは広い意味で福祉に関わっており、福祉に関する厚生労働省的で学者的な通念を退けて別の歴史を書こうとしている。

本書の論考は、それが扱うテーマによっては、その重さの故でもあるが、叙述が急ぎ足で乱れている箇所もあるが、初出時に書いたときの緊張感をそのまま残すということでお許し願いたい。また、本書では、学界・言論界で有名な方々の名をあげて批判を書いているところがあり、その分、読み手には論点がわかりやすくなっているかと思う。

本書は、全体として、過去と現在に対して物を言おうとしている論考の集成であり、繰り返すが未来の展望という点ではほとんど何も書けてはいない。第I巻「はじめに」でも述べたが、煽動できるところまでの力が私には不足している。やはりここでも、読み手の方々が、本書を引き受けて乗り越えて下さることを期待している。なお、書誌情報など註の形式については、原則として初出時のままとして、全体として統一はしていないことをお断りしておきたい。

Ⅱ－1　運動／政治

一九六八年以後の共産党　革命と改良の間で[*1]

一　図書館、炎上せず（一九六八年）

一九六八年一一月一二日の東京大学総合図書館をめぐる攻防について、『朝日新聞』の記事「学生同士が乱闘――共闘会議、図書館封鎖できず」は、次のように報じている。

十二日夜、全学封鎖をめざす全学共闘会議（反代々木系）などの学生たちと、封鎖に反対する東大闘争勝利行動委員会（代々木系）などの学生たちが、総合図書館前で約三十分間角材などではげしく乱闘、約四十人の負傷者を出した。封鎖はされなかったものの、教官首脳陣はほとんど姿をみせず、大学当局は、新体制となっても収拾への手がかりをつかめないまま、ついに学生と学生による流血事件という最悪の事態となった。／反代々木系の学生約千人は、同日午後四時ごろから安田講堂内で「全学封鎖貫徹総決起集会」を開き、闘争態勢強化、全学バリケード封鎖の方針を再確認した。同六時半ごろ、工学部一号館を封鎖した。これに対し、代々木系も学生約三百人が他大学の学生の応援を得て、ヘルメットで武装、夕方から図書館前にすわり込み、早くから流れていた反代々木系の図書館封鎖に備え「実力阻止集会」を開いた。／午後八時半すぎ、反代々木系は代々木系学生に角材をふるってなぐり込んだ。代々木系も用意の角材で抵抗、乱闘となった。牛乳ビンや発煙筒も飛び、叫び声やなぐりあう音が、構内横の本郷通りまで響いた[*2]。

これ以前に、すでに共産党は明治大学や法政大学で組織的暴力を行使していたが、それはいわば夜陰に乗じて行使されており、マスコミに報道されることを予想して行使されてはいなかった。しかし、この図書館をめぐる攻防において、共産党は、初めて新左翼諸党派に対して公然と「実力阻止」に打って出た。ところで、東大闘争全学共闘会議は、図書館を封鎖対象とした理由について、次のように書いていた。

11月11日、全共闘は、当局との交渉を打ち切り、全学封鎖に邁進するという方針を決定した。全学封鎖の突破口として、総合図書館封鎖が設定された。総合図書館は、東大の研究教育機能の上できわめて重要な位置を占めており、そこは、闘争の進展とは無縁に、ただひたすら「学問」にはげむ点取虫の最大の巣窟となっていた。既成の東大を根底から批判して運動を進める全共闘は、このような状態をいつまでも許しておくわけにはいかなかった[*3]。

これによるなら、図書館封鎖の目的は、図書館の研究教育機能を停止させることに置かれていたというよりは[*4]、国家公務員試験や司法試験での合格を目指す「点取虫」の法学部生の「巣窟」である図書館閲覧室を封鎖することに置かれていた。そうであればなおさらのこと、全共闘側からするなら、共産党の暴力行使は、体制側の「点取虫」を擁護する反動的な闘争方針に見えたわけである。実際、図書館攻防は、もちろん共産党によって準備されていた行動であろうが、法学部生の座り込みから始まっている。共産党機関紙『赤旗』の記事「「全学封鎖」の策動阻止――正当防衛権を行使、トロツキストを撃退」は、次のように報じている。

「全学封鎖阻止」「東大の真の民主化を勝ち取ろう」「統一と団結」などのプラカードをかかげた学生・院生は東大構内をはげしくデモした後、総合図書館前にすわりこみ、図書館封鎖を阻止する闘争をつづけました。／図書館前には、図書館を利用していた法学部学生など十数人が、トロツキスト学生らの図書館封鎖予告に憤激し、すわりこみをおこなっていましたが、東大闘争勝利行動委員会と東大大学院生協議会のデモに拍手を送り、そのすわりこみに合流しました。／あくまで〝全学封鎖〟を強行しようとするトロツキスト学生は〔……〕午後七時三十分、午後八時三十分の二回にわたって角材などのほか毒物入りの消火器などをもっておそいかかってきました。／しかし統一代表団準備会議を支持する多くの学生たちは、敢然としてこれに立ち向かい、ついにトロツキストの襲撃をはねかえし、〝全学封鎖〟の策謀に痛撃をあたえ、阻止しました[*5]。

共産党は「点取虫」を擁護したわけであるが、それにもかかわらず、共産党は、その暴力行使を、体制による弾圧の代行と見なすことはなかった[*6]。むしろ、共産党は、図書館をめぐる攻防において、大学闘争の所定の目的を実現するための手段として対抗－暴力の行使を辞さないということを示したのであり、それはまさに、敵が暴力を行使するなら必要な対抗－暴力を行使するとする「敵の出方論」の大学への適用であった[*7]。

このような闘争方針は学生党員の間では早くから唱えられていたが、それが公然と打ち出されたのは、一九六八年七月、共産党系全学連の第一九回大会基調報告においてであった。その報告においては、「反全学連諸派の不正選挙、執行部への不当な居すわり、自治会の暴力的占拠、第二自治会のデッチ上げなどの卑劣な策動を軽視することなく、あえてかれらが暴力的手段に訴えるならばこれを粉砕」するとの方針が打ち出され、「彼らの暴力に屈して、逃げまわったり、主張をまげたり、あるいは逆上したりする傾向」を払拭し、「彼らがあくまで暴力をもって攻撃しかけてくるならば、学友の力を結集し、正当防衛権を断固として行使し、実力をもって粉砕する」との方針が打ち出されていた[*8]。そして、それを追認するかのようにして、共産党中央は、『赤旗』「主張」一九六八年九月一三日付において正当防衛権論を打ち出した[*9]。図書館攻防については、『赤旗』「主張」一九六八年一一月一四日付において、次のように書いていた。

12日（68年11月）夜、東大で、統一代表団を支持する学生が決起し、みずからも自衛体制をとって、トロツキスト暴力集団の襲撃を撃退し、かれらの「全学封鎖」という暴挙を断固阻止したことは、いま大きな反響を呼んでいます[*10]。

共産党の正当防衛権の行使は、たしかに「大きな反響」を呼んだ。一面では、政府自民党やマスコミによって、共産党は新左翼と同じ暴力集団として取り扱われるようになったが、他面では、正当防衛権の行使によっておのれの革命性を行動で示すことができるようになったという意味で、学生党員には解放的な効果をもたらした。しかも、図書館をめぐる攻防は、共産党と新左翼の初めての大規模な衝突であり、共産党系学生が初めて「勝利」した衝突であった。こうして、一九六八年一一月の攻防は、全共闘の全学封鎖方針にとって転回点をなしただけでなく[*11]、共産党の学生運動方針においても決定的な転回点をなした。第一に、一九六八年一一月以前の学生運動においては、共産党と新左翼が少なくとも学生自治会の運動方針については一致することもあったが[*12]、そのような学生運動レベルでの一致がほとんど不可能になっていった。そして、第二に、学生運動が全国の大学へ波及していく過程で、共産党系学生と新左翼系学生の間で大小さまざまなレベルで暴力的な衝突が引き起こされていった。この時期の衝突はときに陰湿で陰惨であり、その後の新旧左翼の対立を心理的にも根深いものにした[*13]。第三に、正当防衛権の行使をめぐって共産党中央と学生党員の対立が浮き彫りになっていった。その最初の徴候は、東大闘争の指導体制の変更であった。宮崎学の証言によるなら、共産党中央は、東大細胞の闘争方針に対して、「トロツキストと革命性を競い合う極左冒険主義」であると批判するようになり、まさに図書館攻防の直後に、東大闘争勝利全学連行動委員会は解散させられ東大民主化行動委員会へ再編された。これに前後して、共産党中央委員会が東大党細胞全体を直接に指導していくことになった[*14]。

第四に、これが重要であるが、共産党も新左翼も組織的暴力の行使を闘争方針とすることを通して、大学闘争を労働運動や政治闘争へと押し広げる展望において、近い将来の武力闘争の可能性を考慮に入れていくことになった。この点は、一九六八年の大学闘争から一九七〇年の安保闘争と一九七一年の沖縄闘争への移行を考える上で重要である。

二　安保と沖縄（一九七〇－一九七一年）

大学闘争における「無期限」ストライキは、少なくとも一九七〇年代の安保闘争や沖縄闘争まで打ち抜くべきものと見なされていた。ところが、一九六八年とそれ以後についての歴史叙述の多くは、大学闘争が全国化し政治化していくこの過程を完全に無視してきた。いまでも運動史研究者の大半は、安保闘争にも沖縄闘争にもまったく言及しない。また、社会主義にも共産主義にも、資本主義にも帝国主義にもまったく言及しない[*15]。研究者の大半は、一九六八年から一九七〇年代初めにかけての大学闘争を、市民運動や社会運動の先駆けと見なすだけであり、大学闘争から安保闘争・沖縄闘争への政治過程を完全に無視してきたのである。それどころではなく、その政治運動は、すべて「内ゲバ」へと変貌して瓦解したかのように描き出してきた。例えば、この時期の幾つかの「事件」を想起してみる。一九七一年一一月：渋谷暴動、一九七一年一二月：警視庁警務部長宅へ小包爆弾、一九七四年八月：東アジア反日武装戦線、三菱重工本社ビル爆破。たしかに、これら一連の事件は「過激」であり、その主体も「過激」であった。ところが、驚くべきことに、知識人の大半は、これら一連の事件の政治的な意義をまったく無視して、新左翼の党派間闘争の過激化である「内ゲバ」の一部と見なして片づけてきた。さらに指摘しておくなら、連合赤軍事件は一党派内部の粛清の激化であるにもかかわらず、それを党派間の闘争と区別することもなく、新旧左翼の過激化を代表するものとして扱い、連合赤軍事件が新旧左翼の運動の唯一の帰結であるかのごとく描き出してきた。そのようにして、知識人の大半は、治安と社会防衛を旨とする支配層の歴史観を復唱してきた。その果てに、一九六八年の大学闘争を直ちに一九七〇年代の市民運動や社会運動に繋げるだけの粗雑きわまりない歴史意識が形成されてきた。その効果は甚大である。例えば、旧左翼も新左翼も、過激な政治闘争から切り離されて脱政治化され、両者の左翼性は単なる正義論へと縮減されてきた。すでに当時、「人間派」と総称された知識人は、旧左翼と新左翼の異同について、次のように書いていた。

ニューレフトは、彼らが社会主義や共産主義を支持する「オールドレフト（旧左翼）」とは異なるという意味で、「新しい」。〔……〕彼らはオールドレフトから社会的公正への関心を受け継いでいる[*16]。

旧左翼と新左翼に共通する関心は、「社会的公正」であるとされる。大筋では、旧左翼も新左翼も、当時の米国の平等主義的リベラリズムと同じと見なされるのである[*17]。あるいは、市民社会内部の「小状況」で「抵抗」するだけの運動と見なされてしまうのである[*18]。

このような主流の歴史観に抗してあらためて想起して確認しておくべきことだが、大学闘争を経て、旧左翼も新左翼も、闘争の全国化と政治化を目指していた。その闘争は安保と沖縄に関わるが故に、不可避的に革命的情勢を招くものと見なされていた。端的に言うなら、一九六九年から一九七〇年にかけ、旧左翼も新左翼も、革命の到来を予期していた。夢想していたのではなくリアルに予期していたのである[*19]。この点で、最低限、銘記しておくべきは、一九七〇年の安保闘争、一九七一年の沖縄闘争は、ともに軍事に関わる闘争、すなわち、国家の最大の暴力装置である軍隊に関わる闘争であったということである。一九七〇年以後、左翼が選挙で多数派を獲得した場合、日米安全保障条約の廃棄通告を行うことができるようになったのであるが、そのことが意味することは、たとえ平和的かつ民主的に左翼が議会多数派を獲得しても安保の廃棄通告にいたるなら、必然的に米国と日本の軍事力と対決せざるをえなくなるということであり、それはとりもなおさず、国家権力の奪取へと移行せざるをえなくなるということであった。共産党が人民的議会主義や構造改革路線を採用しようが、日米の軍事力と対決せざるをえない局面が必ず生まれるのであり、だからこそ共産党は「敵の出方論」「正当防衛権論」を堅持せざるをえなかったのである。

このような事情は、沖縄闘争ではより明らかであった。沖縄の米軍基地はヴェトナム戦争の重要な軍事拠点であった。したがって、ヴェトナム人民の反帝国主義戦争を支持し支援する国際的連帯の立場からするなら、沖縄から米軍基地を撤去することが最大の国際政治的な課題として立てられることになる。米軍を「本土並み」の水準に抑えるとする返還要求でさえも、不可避的に米国の国際戦略と対決していた。この点でも、当時の共産党が、いかに議会政党への道を歩み始めていたにせよ、「本土並み」返還を求めるだけで米国軍事力と対決せざるをえなくなることは明白であり、その限りで、来たるべき左翼連合政府はただちに国家権力の奪取を課題とする革命政権に移行せざるをえなくなることも明白であった。

要するに、安保闘争と沖縄闘争において、共産党は、「一九七〇年代の遅くない時期に」民主連合政府を樹立するや否や、一気に革命情勢に直面すると見なしていたのであり、その意味で、安保闘争と沖縄闘争は優れて政治的な闘争として闘われていた[*20]。このような情勢認識のもとでは、共産党中央でさえも、新左翼系との対決だけを打ち出していたのではない。共産党中央の理論家である足立正恒は、次のような情勢認識を示していた。

今日、安保破棄、沖縄全面返還を中心に労働者階級はじめ人民の政治的自覚が広範に高まるなかで、知識人・学生を含む無党派民主主義の潮流が一面ではきわめてラディカルな傾向をともないつつ政治の舞台に登場しつつあることは初めに述べたとおりである。それらはさまざまのニュアンスを持ったにしても全体としては小ブルジョワ的性格を刻印されながら、今日の全人民的政治的高揚の一環をなしている。／このような無党派的民主主義の登場は、わが国の当面する革命の性格、すなわち反帝・反独占の民主主義革命という性格からいわば不可避的な現象といえる。〔……〕今日広範に政治的舞台に登場しつつある無党派的民主主義の潮流を広く統一戦線に結集するためのたたかいは、特殊な重要性をもつと同時に、そのなかでのマルクス・

レーニン主義の優位を確立する思想闘争の特殊な意義が特に強調されねばならない[21]。

ここでの「ラディカル」で「小ブルジョワ的」な「無党派民主主義」者は新左翼系と重なり、その「結集」のための思想闘争は、「全人民的政治的高揚」という革命的情勢を展望していたからこそ重視されていた。一九七一年、人民的議会主義を打ち出した不破哲三書記局長さえも、次のように語っていた。

国会で自民党が多数を取っている状態では、われわれは積極的なことをやる多数派をなかなかつくれない。彼らの多数が国民の意思に反して無茶なことをやるのを、内外呼応して押えることはできても、別の方向に動かせることは、至難のことです。〔……〕いまのような状況で、自民党が多数でやろうとしているときに、これを阻止する道は、主権者である国民の介入以外にはない。／院外行動はこういう重大な問題に対して、国会外にある主権を持っている国民、〔沖縄返還〕協定の内容に賛成できない国民が、その意思を国会に反映するさまざまな行動をとるわけで、それが国会の中での活動と相まって、力になるわけです[22]。

一見、凡庸な方針を述べているようにも見えるが、当時の「院外行動」の「力」は、共産党にあっても相当に急進的であったことを想起するべきである。いかに議会主義へ傾こうとも、革命的情勢の到来を予期する限り、議会外の「主権」が「力」を発揮する闘争戦術を重視せざるをえなかったのであり、それは「無党派的民主主義」者の「結集」を課題として含むものであった。このような情勢認識に関連して、共産党系青年学生運動で最も有名であった文書である『君の沖縄』の一節を引いておく。

「安保繁栄」は、ぼくたち本土の労働者の血と汗がしぼりとられた結果であることはまちがいない。／だがそれだけではない。／ぼくたちの血と汗よりももっと多くの沖縄県民の血と涙、ベトナム人民の血が流されたことのうえに、それはなりたってきた[*23]。

考えてもみてくれ。沖縄を自分のこととして考え、とらえることができ、そのためにたたかう労働者の若い群像が、日本中の職場に、地域にみちあふれたときのことを。／支配者は、ふるえあがるだろう。あの六〇年安保のデモのうずをみて、財界人の一人が「これは革命じゃ」と叫んで食事中にスプーンを落としたように。そして、七一年の統一地方選挙の結果をみて、「日本の未来がわからなくなった」と叫んだ新日鉄の稲山社長のように。支配者はつよそうにみえるけど、公害・物価・「合理化」への怒りと沖縄問題が合流することを、おそれおののいているのだ[*24]。

新旧左翼諸党派は、革命的情勢の到来を予期する点で「一致」していた。もちろん、「前衛党」を名乗ったり「前衛党」を準備したりする諸組織の間では、暴力的な衝突を含む党派闘争が続いていたが、少なくとも大衆運動のレベルでは、また、当面の政治闘争の課題の面では一致点が多かったことを想起しなければならない。東大闘争を指導し、後にその指導を外された広谷俊二は、新旧左翼の大衆運動の「一致」については、次のような表現を通して承認していた。

〔トロツキスト各派は〕反帝、すなわち帝国主義に反対するとともに、反スタ、すなわちスターリニストに反対するというのである。かれらのいうスターリニストとは、社会主義諸国の政府と各国の共産党をさしている。したがって、共産党にとっては、トロツキストは、自己を帝国主義と同列において敵視し、打倒しようとしている勢力であるから、統一してたたかうべき対象とみなすことはできない。しかし大衆運動のなかでは、相互に敵対視する党派であっても、いっしょにやらないわけにはいかない。トロツキストがいるからといって、共産党員が学生自治会から出てゆくわけにはいかないし、トロツキストだからといって、それだけの理由で学生自治会から除名することもできない。役員選挙で双方が立候補してあらそって、結果として、例えば委員長に民青同盟員、副委員長に「革マル派」なり「中核派」なりが選出されたとすれば、一緒に仕事をしないわけにはいかない。〔……〕彼ら〔トロツキスト〕を、学生統一戦線にくわえることができないというのは、彼らが反共主義的政治方針をもっているからではなく、民主主義をじゅうりんし、大衆組織を分裂させる集団だからである。それでは、彼らが民主主義を尊重し、内ゲバをいっさいやめたら、統一にくわえるべきであろうか。しかり[*25]。

このような共産党の「作風」は、広く学生党員に広まっていた。そして、この「作風」は安保闘争と沖縄闘争でも基本的に維持されていたのである[*26]。ところが、共産党中央は、学生党員に広まった「作風」を粛正していくことになる。その手始めが、「新日和見主義」批判であった[*27]。

三　新日和見主義批判（一九七二年）

一九七二年に、共産党中央は、学生運動と青年運動の大衆団体で幹部を務める党員たちに現われた傾向を「新日和見主義」と呼称し、多くの党員を査問にかけて大衆団体幹部から外し、少なくない党員を離党へと追いやった。共産党中央は、その総括的文書の序文で、次のように書いている。

一九七〇年代にはいって、内外情勢のきわめてはげしい変動と諸闘争の急激な進展にともなう小ブルジョア的動揺や混迷の影響のもとで、アメリカ帝国主義の侵略性の軽視、「日本軍国主義主敵論」、「大衆闘争唯一論」などを内容とするあたらしい型の日和見主義の潮流が発生しました。／これとむすびついて若干の大衆団体のグループなどに分派主義的、非組織的活動があらわれましたが、党はこうした策動にたいして断固としてまた機敏に思想的、組織的闘争をおこない、これを粉砕しました[*28]。

ここで、「アメリカ帝国主義の侵略性の軽視」は日本国家の対米従属性の軽視も意味しており、共産党中央は、新日和見主義が一九六一年綱領の従属国規定に反していると判断したのである。「日本軍国主義主敵論」は新左翼党派の主張と同じであり、「大衆闘争唯一論」は前衛党を不要と見なす新左翼党派の一部の主張と同じであり、総じて、共産党中央は、大衆団体幹部の党員が革命の戦略と戦術においても新左翼的に変質していると判断したのである。その限りで、それは、「左翼」日和見主義、「極左」日和見主義と呼称されてもよかったのであるが、共産党中央はそうはせずに「新」日和見主義と呼称した。その理由は、共産党中央が、党内の左翼日和見主義の潮流だけではなく、とくに知識人党員に広がりつつあった右翼日和見主義、すなわち、構造改革路線やユーロコミュニズム路線を掲げて、民主連合政府の樹立による政治民主主義と経済民主主義の実施を通して連続的かつ平和的に社会主義へ移行できるとする議会主義的偏向を同時に退けようとし始めていたからである。要するに、「新」日和見主義とは、左翼日和見主義と右翼日和見主義の総称であった。

こうして、一九七〇年代の共産党中央は、一方では、「沖縄協定を日本軍国主義の全面復活ないしファシズム確立論にむすびつけ」、「事実上トロツキストの主張と同じ方向をもつ単純な「沖縄協定粉砕」論の立場」をとって「小ブル急進主義的な焦燥感を組織し」、「自己の属する大衆団体や大衆運動を党にかわる一種の「前衛組織」」と見なす潮流を退けると同時に、他方では、「大衆運動を誤った政治的中立主義の道にひきいれ」、社会民主主義や新左翼との闘争を放棄していく潮流を退けて、「自覚的民主勢力の内部に生まれる日和見主義的傾向との思想闘争」、「知識人・文化戦線での思想闘争」を強めていった。ここで注意すべきは、一九六〇年代までの分派主義との闘争とは違って、共産党中央は新日和見主義の排除に際し、党規約違反を理由とする除名を主要な手段とはしなかったことである。新日和見主義は、あくまで分派主義「的」な「潮流」「傾向」であり、一部の分派形成の動きを別とすれば、党規約批判を持ち出すわけにはいかなかったのである。そのため、共産党中央は、一九七〇年代から一九八〇年代にかけて、大衆団体の分裂も引き起こしながら、広範囲にわたる「思想闘争」を展開していった。そして、一九七〇年代の共産党中央は、急進的な革命的潮流と議会主義的な改良主義的潮流の双方を退けながら、独自の革命の展望を探っていたのである。

とくに学生運動について見ておくなら、共産党中央は、「闘争戦術、闘争形態、闘争方針」に対する「トロツキストらの影響」を払拭しなければならないとし[*29]、それまでの正当防衛権論に基づく対抗 - 暴力を放棄して、「暴力を断つための有効な一闘争形態として法的手段をも活用すること」へ方針を転換しなければならないとした[*30]。さらに、共産党中央は、学生運動を学生自治会の大衆運動へ切り詰めていった。

現在の学生運動の大きな弱点の一つは、学生の先進部分だけの運動におちいる傾向である。学生運動を、学生の共通の要求の実現をめざし、真に広範な学生の意思にもとづく圧倒的多数の学生が参加する運動に発展させることが、いま強く求められている[*31]。

ここから振り返るなら、学生運動における左翼日和見主義批判の淵源を、一九六八年一一月に求めることができる。大窪一志は、一九六八年一一月に党方針の「大転換」があったとして、次のように証言している。一九六八年一一月初め、文学部で「無期限カンヅメ団交」が始まったが、「団交が数日つづく中、突然、文学部の共産党員に、有無をいわせぬ「撤退命令」が伝えられ、翌朝の『赤旗』に党中央青年学生対策部副部長・土屋善夫名の「声明」が出て、僕らにはなんの事前連絡もなしに、東大闘争のあり方を非難し、方針転換を示唆した」[*32]。そして、東大党員集会が召集され、学生党員の極左的偏向が批判された。

そうした措置が一方的におこなわれたのちに、中央委員会書記局の名前で、東大の全党員が召集された。農学部の大教室で夜間おこなわれた会議では、書記局から東大細胞に対する一方的な批判がおこなわれ、この極左的偏向は思想的な問題だと断罪された[*33]。〔……〕当時つけていた僕のノートによると、中央から東大細胞に対する批判の要点は、次の点にあった。ノートからそのまま引用する。／①革命路線と大衆運動路線の混同。大衆の要求に基づき、あくまで要求実現の観点から闘争方向を大衆的に確立していくべき大衆運動路線の原則を踏みはずし、要求の革命性のみを追求していった点。そこから、要求内容自体が、現闘争において、あるいは現支配体制下において、実現不可能なものに発展していった。②永続闘争論的傾向とトロツキストの過小評価。要求の革命的エスカレートの必然的帰結として、客観情勢を見ずに、徹底的に闘い抜く主観的条件の構築のみを強調して、東大闘争の具体的収拾の方向を提起せず、

「解決」の見地を放棄した点。そこから、トロツキストと同レベルで革命性を競い合う傾向が生まれ、大衆から孤立していった。その裏には、トロツキストの反革命性の過小評価、さらには彼らの下部を革命勢力と考える誤謬が存在した。／〔……〕僕らはいっさいの意見をいうことができなかった。そして、それを禁じた党中央に、僕らは根本的な不信感を懐いた[*34]。

共産党中央は、「七〇年代の遅くない時期に」民主連合政府を樹立するとの方針を掲げていたが、その展望は、安保闘争と沖縄闘争を経て、一九七二年の総選挙での共産党国会議席増加によってリアルになっていた。しかも、民主連合政府が革命政権に移行すべきなのは自明と見なされていたように、共産党中央の方針そのものが、左翼日和見主義的な傾向を孕んでいたと言えるのである。ところが、共産党中央は、党内のその傾向を何としてでも切って捨てようとした。何故か。「穏健」な左翼政党へと変化することを示すという選挙対策の面が多分にあったものの[*35]、それは、社会党に代表される社会民主主義の改良主義路線と党内部の急進主義的革命路線を退けて、その独自の革命路線を探るためであったと見ることができる。言いかえるなら、革命と改良の間で、共産党中央は迷走し始めたのである。

四　大衆運動の分立、知識人党員の離反（一九七〇年代）

一九七〇年代を通して、共産党中央は、その指導下にある大衆運動や労働運動から新日和見主義的傾向を排除するだけではなく、「トロツキスト」ないし「ニセ左翼暴力集団」の排除を主たる名目として、社会党の影響下にある大衆団体や労働団体とは別の組織を分立させていった。その幾つかを見ておくことにする。

第一に、一九七〇年六月、共産党は、部落解放同盟内の党員を中心に、「部落解放同盟正常化連絡会議」を結成した。そして、一九七〇年代を通して、部落解放同盟と共産党系解放団体の対立は、全国の大学や地域で同様の組織的対立を生み出し、その後も多くの負の遺産を生んできた[*36]。第二に、障害者運動においては、一九六八年に共産党系の全国障害者問題研究会が結成されていたが、これに対抗して一九七六年に新左翼系の全国障害者解放運動連絡会議が結成され、一九七〇年代を通して、養護学校義務化の問題などをめぐって対立し、これも負の遺産を生んできた[*37]。第三に、一九七四年、共産党は、統一戦線促進労働組合懇談会（統一労組懇）を結成した。その後、統一労組懇は、社会党傘下の総評の右傾化に対して、別のナショナル・センターを樹立することを目指し、幾つかの単産レベルでも別の組合を分立させていった[*38]。そして、一九七〇年代の終わりになって、革新自治体が次々と失われ、共産党の国会議員数も減少し、民主連合政府の樹立の可能性が遠のいたまさにその時期に、共産党中央は、統一労組懇をナショナル・センターとして確立すると宣言した[*39]。

このような党中央の方針は、社会党と共産党を中軸とする民主連合政府構想に対し、当の社会党が公明党や民社党との連合政権を構想していたために、社会党批判を強めなければならなくなった事情を背景としている。一九七九年九月にいたって、宮本顕治委員長は、都道府県委員長を党本部に集めて、次のように社会党批判を述べている。

今や、統一戦線結成の妨害者となっている社会党に対する厳しい批判が必要である。社会党の裏切りによって、革新自治体は音を立てて崩壊している。つい最近では東京の例がそれを物語っている。革新統一戦線が結成されれば、保守勢力に大きな打撃を与えることが可能な時期に、社会党の不決断がその妨害となっている。今度の総選挙で、社会党は国民に対する泣き落とし戦術で現議席の防衛に懸命になっている。我々はこの社会党の弱腰にけりをつけ、「大阪、京都、横浜、そして東京の裏切りを反省せよ」のスローガンで、社会党の姿を国民大衆に大きく印象づける必要がある。社会党を徹底的に叩くことによって、「真の革新は共産党だけ」を全党組織を挙げて訴えよう[*40]。

この宮本顕治の方針は、明らかに、社会党との連合政府構想を放棄して、共産党と大衆団体や労組団体との「統一戦線」を国政選挙の基盤とする政府構想であり、それはまったく実現可能性のない共産党単独政権の構想であった。この路線は、社会民主主義主敵論の再版であると批判されたが、共産党中央が、党内外の両翼の日和見主義を排除して採用しうるほとんど唯一の「革命」路線であったと言える。

ここにいたって、一九七〇年代を通して共産党中央といわば蜜月期間を過ごしていた構造改革路線やユーロコミュニズムを旨とする知識人党員や文化人党員の離反が決定的となった。そして、共産党中央は、その右翼日和見主義の排除を進めていった。先ず、共産党中央は、ユーロコミュニズムの潮流を退けていった。一九七七年、宮本顕治は、民主集中制・組織論について、イタリア共産党の「無原則性」を批判し始めた。これを受けて、不破哲三が、ユーロコミュニズムを導入した田口富久治に対して名指しの批判を開始した。最終的に田口富久治は離党することになった[*41]。また、共産党中央は、スターリン主義批判・民主集中制批判を進める知識人党員の潮流を退けていった。一九七七〜一九七八年に、共産党系出版社から出されていた『現代と思想』誌上で、シンポジウム「スターリン主義の検討」が掲載され、それに前後して、反スターリン主義・反民主集中制を名目として共産党中央批判を示唆する一連の書物が刊行された[*42]。これら知識人党員は、それぞれ経緯は異なるものの、一九八〇年代にいたって除名処分を受けたり自ら離党したりしていった。

このように、共産党中央は、一九七〇年代半ばから、右翼日和見主義の傾向を退けるために、党内外の知識人に対する思想闘争を強め[*43]、一九八〇年代に入ってからも、一九八九年のソ連崩壊以前にすでに、多くの知識人党員を離党へ追いやっていったのである[*44]。この過程では、共産党中央も下部党員も何処に向かっているのか定かでないまま迷走していたのが実情であったと言うべきであろう。こうして、一方では、右翼日和見主義排除を通じて知識人に対する影響力を一挙に喪失し、他方では、大衆運動分立を通じて活動的な党員を疲弊させながら、共産党中央は、その「革命」路線を党勢拡大方針として差し出すことしかできなくなっていく。それは、共産党中央だけではなく共産党全体が革命と改良の間で迷走した果ての帰結であった[*45]。

5　革命と改良の狭間

東京大学教養学部自治会は、新入生に対する政党支持アンケートを行っていたが、一九七二年総選挙での共産党躍進を経た一九七三年新入生の支持政党は、それまで一位であった自民党に代わって、共産党が一位についている。一九七三年は、安保闘争・沖縄闘争を経て大きな闘争は終息し、新左翼諸党派に対する失望が広がっており、退潮傾向を示し始めていた社会党に代わって、共産党への期待が最も強くなった時期であった[*46]。この時期の共産党に大きな期待を寄せた非共産党左翼の学生の一人であった小島亮は、次のように事後的に振り返っている。

だいたい、共産党にみんなが票を入れたのは〔……〕何も前衛党としての共産党を支持したのではなく、新しい市民社会の現実に目を向けて、「いのちとくらしを守る」というスローガンを実現してくれそうだからでした。自民党政権が一切見捨ててしまったような弱い人間の立場を守ると多くの人は期待したのです。前衛党による革命などほとんどの人はごめんだと感じてはいなかったでしょうか。新しいタイプの共産党を、みんなが期待して支持をしていました。それに応えるかたちで、共産党も党原則みたいなものを思い切って修正しつつあるなという、期待感あふれる蜜月と言いましょうか、自由の空気が一瞬流れ込んできたような感覚というのが、1970年代の中後期にあったと思います[*47]。

しかし、この期待は、失望に変わっていく。その変化について、小島亮は、次のようにまとめている。

70年代前半から中期に至る「人民戦線」への夢想と期待は、後半の保守の劇的回復、決定的には80年6月22日の日本史上初の衆参同時選挙での自由民主党圧勝によって完璧に逆転するに至る[*48]。

では、一九八〇年に自民党はどうして勝利できたのであろうか。言いかえるなら、一九八〇年にいたって、一九七〇年代の左翼再編の時代が、反革命・反動の勝利に終わったのはどうしてであろうか[*49]。

ここで強調しておきたいことは、小島亮のいう「いのちとくらしを守る」政治、「弱い人間の立場を守る」政治、「新しいタイプの共産党」と「人民政府」が実行したであろう政治は、他ならぬ自民党政府によって実行されたということである[*50]。これは、しばしば指摘されてきたものの重視されてこなかったことであるが、自民党政府は、一九七三年を「福祉元年」と位置付け、それまで幾つかの革新自治体で実行されてきた老人医療費無料化を全国規模で実現した。この自民党の福祉政策は、単なる「弱者」救済の政治ではなく、退職後高齢者の負担を軽減することを通して企業の年金負担を軽減し、ひいては企業内福祉を保証する政治でもあった[*51]。つまり、自民党は、新旧左翼からの攻勢に対して、社会民主主義や平等主義的リベラリズムの政策を取り込みながら、企業を中心とする「新しい市民社会」を再編することに成功したのである。この一九七〇年代の自民党の政治史は、しばしば日本型福祉社会であるとかネオリベラリズムの先駆けであるとか、その限りで反福祉国家的で反ケインズ主義的であると評されることが多いが、そのような見方では、一九六八年に対する反動期としての一九七〇年代を十分に分析することはできない。

その象徴的な事例として、障害者福祉の歴史をあげることができる。一九六〇年代の障害者運動は自民党と厚生省が主導していたが[*52]、一九七〇年代に入って、共産党系と新左翼系の障害者団体が分立し対立しながらも障害者運動は全体として左翼的で急進的な運動へと変わっていった。ところが、一九八一年の国際障害者年において政府と厚生省が種々の障害者団体を包摂することに成功し、一九八四年にいたって、共産党系と新左翼系の双方の団体も取り込みながら、障害者基礎年金制度を成立させていった。このような歴史は、部落解放運動、教育運動、女性運動、反公害運動、患者運動においても確認できる。社会党・新左翼系と共産党系に分裂していった社会運動を包摂して統合したのは、他ならぬ厚生省であった。もっと強く言うなら、構造改革路線やユーロコミュニズム路線を日本で担ったのは、自民党の保守本流と厚生省などの革新官僚であった[*53]。

ここから振り返るなら、一九七〇年代に共産党を離党した知識人党員の多くは、少なくとも政策的には、「戦後民主主義」を擁護する「良心的」な保守主義者や官僚と変わることのない立場に立っていたと言うことができる。裏から言うなら、共産党は、そうした知識人党員を切り離しながら社会党批判を強めていわば「名誉ある孤立」を選ぶことによって、政権と統治に関与する道を自ら塞いでいったのである。他方で、共産党は、新日和見主義批判を通して、急進主義的で極左的な傾向、近い将来の革命を展望する路線を切り捨てていったわけだが、そのようにして、共産党は、改良と革命の間で孤立の道を歩み、逆説的にも、そうであるからこそ、一九八九年の東欧革命の衝撃をかわして、先進諸国には珍しく、その党名を維持して存続することもできたわけである。

〈一九六八年〉以後の歴史を振り返るとき、それが何を意味するのであれ、革命を希求すること、それを維持すること、それを議会主義の戦略や戦術として定式化することがいかに困難であったかということがあらためて確認される[*54]。そうであっても、E・H・カーは、タマラ・ドイッチャーの報告するところによれば、一九六八年以後の新左翼とユーロコミュニズムをともに批判して、次のように語っていた。

カーは死の直前に現代の政治状況を概観して、自分の憤りを、短い、わかりやすい文に表わした。「左翼は愚かで、右翼はずるい」。彼は決して改良主義者ではなく、社会主義がブルジョア民主主義の擁護によって達成されることなど信じなかった。と同時に、予見しうる将来に労働者階級が社会主義をめざして闘うことができる、あるいはそう望んでいるという考えを幻想として嘆いた。カーは労働運動が全面的に後退しつつあることをみてとり、彼が「ニュー・レフト」と見なすもの、それが「革命情勢について、存在するか否かを調べもせずに理論化すること」に苛立っていた。〔……〕彼は一九七〇年代の後半に、大方のヨーロッパ左翼の政治的ナイーヴさに「打ちのめされた」。／ユーロ・コミュニズムは、カーにいわせれば「根拠を何らもたない」教義であり、新冷戦の勃発にも自ら力を貸しつつあった。彼の考えでは、ソ連国内の異論派に過度に、無批判に熱中することも同罪であった[*55]。

そして、〈一九六八年〉後の反動期を主導する新社会運動・ブルジョア民主主義・ユーロコミュニズムに抗して、カーは革命の精神を堅持して、こう書いていた。

二月革命以後の状況の展開は、それがブルジョワ革命の範囲内にとどまってはいられないだろうというレーニンの見地を確証した。専制の倒壊のあとに続いたものは、権力の分岐（「二重権力」）というよりも、むしろ権力の完全な拡散であった。労働者の気分も農民の気分も――つまり住民の大半ということであるが――恐るべき夢魔からの巨大な解放感といったものであり、自分たちのことは自分たち自身の流儀で勝手にやりたいという根深い願望と、それがともかく実行可能であり、かつ本質的なことなのだという確信を伴っていた。それは、広汎な熱狂の波によって、また疎遠で専制的な権力の軛からの人類の解放というユートピア的ヴィジョンによって鼓舞された大衆運動であった[*56]。

一九六八年から一九七〇年代にかけて、「われわれ」も「広汎な熱狂」を経験し「ユートピア的ヴィジョン」によって突き動かされた[*57]。しかし、「ラテンアメリカでは、革命は血まみれの敗北だった」し、日本でも西ヨーロッパでも「革命は決して起こらなかった」[*58]。そして、共産党が一九七〇年代の反動期を通して、一方では党内外の新左翼的な潮流と他方では党内外のユーロコミュニズムの傾向を退けながら、それでも革命の理念を捨てることがなかったのは、日本を対米従属国として規定し日本人を被抑圧民族として規定する綱領を墨守し、「敵の出方」論をいわば秘教として堅持することを通して、「ブルジョア革命」の限界を越えて、軍事力を核とする国家権力の奪取を予期していたからである。その限りにおいて、共産党中央でさえも、一九七〇年代の反動化に参与しながらも、「広汎な熱狂」と「ユートピア的ヴィジョン」の記憶によって突き動かされていたと言えよう。最後に、カーの結語を本稿も繰り返しておきたい。

多分世界は、なにものにもいかなる意味を見ようとしない冷嘲主義者と、立証できない壮大な仮定に基づいてものごとを意味づけるユートピア主義者とに二分される。私は後者をとる[*59]。

〈一九六八年〉以降の歴史をどう評価するにせよ、当時の時代の息吹きを忘れることはできない。札幌南高校で闘争のピークが過ぎたときに、新左翼系は「あの垣間見た青空」と銘打ったビラを撒いた。その敗北的トーンに対して批判は抱きながらも、たしかに「青空」を垣間見たと思ったものだ。そして、たしかに既成の人生行路とは違う道へ軽やかに踏み出すこともできた。

ときおり想起するのだが、当時、多くの大学教員や高校教師が職を賭して闘っていた。なかには潔く職を捨てた人もいた。それは、当時の多くの学生活動家についてもいえることである。いま、状況が違うといわれればそれまでだが、そのような勇気と情熱を発揮できる教員や学生がどれほどいるだろうか。もう少し政治的に述べ直してみる。ヴェトナム反戦運動の研究は随分と多くなってきたが、世界で最初に、労働組合がヴェトナム反戦を掲げた政治ストライキを打ったのは、一九六六年六月二五日、全国印刷産業労働組合総連合会の東京地方連合会によるものであるが、そのことはまったく忘れ去られている。そして、日本では大学闘争と労働運動は切り離されていたとの物言いが繰り返されるばかりで、当時の労働者が反戦・安保・沖縄でどれほど闘っていたか、状況によっては広汎な政治ストライキを打つ可能性と力を孕んでいたことを見る眼がまったく失われている。いま、これも状況が違うといわれればそれまでかもしれないが、シリア内戦に抗して、人種差別に抗して、ストライキを打とうとする労働者が、少なくとも、それが可能であることをわかっている労働者がどれほどいるだろうか。

もちろん、私も含め、われわれは、多くのことで妥協し、小さな譲歩を重ねてきた。しかし、いまや、それも歴史の一場面以上のものではない。過去のことである。本稿はその過去をある視角から書き止めてきただけであり、そして、そのような仕方で歴史に片を付ける時が来ていると示唆したいのである。その際、「青空」の記憶にしても、ことさらに書き残して言い伝えておきたいと思っているわけではない。すでに、どこかで誰かが、別の青空を見て、現に立ち上がっているからである。

*1本稿はGavin Walker ed., *The Red Years: Theory, Politics, and Aesthetics in the Japanese '68* (Verso,2020) 所収の論稿の日本語版原稿に由来し、王寺賢太「《non-lieu》一歩前――一九六〇～七〇年代日本のアルチュセール受容」(市田良彦・王寺賢太編著『〈ポスト68年〉と私たち』平凡社、二〇一七年)に触発されその補論として構想され、その後、二〇一八年五月一〇日に開催された京都大学人文科学研究所「人文研アカデミー2018 連続セミナー「〈68年5月〉と私たち」での一部発表を経て、『週刊読書人ウェブ』で公開した発表原稿を、改訂増補したものである。

*2『朝日新聞』一九六八年一一月一三日付朝刊。

*3東大闘争全学共闘会議編『砦の上にわれらの世界を』(亜紀書房、一九六九年)、三一〇頁。

*4全共闘、とりわけ助手共闘は、大学での「革命的」で「進歩的」な研究の可能性を信じており、大学の研究教育機能を全否定してはいなかった。その限りで、図書館そのものの解体を目指してはいなかった。これは、反精神医学の運動が、既存の精神医学を否定しながらも別の精神医学の可能性を信じ、臨床実践としての精神医療・心理療法を推進したのと同断である。これについては、小泉義之「精神衛生の体制の精神史――一九六九年をめぐって」『あたらしい狂気の歴史』(青土社、二〇一八年)所収。

*5『赤旗』(一九六八年一一月一三日付)。

*6共産党は、体制内部に非公然党員を送り込むことを方針としており、とくに国家公務員試験を受験する学生党員については在学時から非公然化する方針を採っていた。その限りで、その「点取虫」を公然化するにはそれなりの決意が必要であった。

*7共産党中央において「敵の出方」論の内実に揺れがあったことについては、安東仁兵衛『日本の社会主義政党』(現代の理論社、一九七四年)、一四〇頁。

*8東京大学全学大学院生協議会・東大闘争記録刊行委員会編『東大変革への闘い』(労働旬報社、一九六九年)、一四八頁。

*9「正当防衛権にもとづく断固たる行動を――法政大学での力づよい経験に学ぼう」『赤旗』「主張」(一九六

八年九月一三日付)。

*10 「学園からの暴力一掃を——トロツキストの武装解除こそ先決」『赤旗』「主張」(一九六八年一一月一四日付)。「学園民主化と暴力の問題」『赤旗』「主張」(一九六八年一一月二二日付)も参照。共産党中央は、少なくとも一九六九年一月の東大安田講堂攻防戦の前後までは、正当防衛権の方針を降ろしてはいない。「正当防衛権への攻撃は許されない」『赤旗』(一九六九年一月一五日付)を参照。

*11 東大闘争全学共闘会議編『砦の上にわれらの世界を』、三一八頁、四七三頁などを参照。一一月二二日に全共闘は図書館封鎖占拠を成功させており、それに前後して、新旧左翼双方が全国動員をかけていた。私の知る範囲でも、札幌の居住細胞からも労働者党員を送り出していた。そして双方の全面衝突を本郷で阻止したのはクラス連合などの「中間派」の学生であったが(私の叔父は新左翼系にシンパシーを抱いていたがその阻止行動に参加していた)、その指導部の一部は後に共産党に合流している。

*12 無期限ストライキ、ストライキ実行委員会といった闘争方針・闘争方式について、共産党と新左翼は学生大会で一致することがあった。一九六八年一一月以後も、地方の大学・高校では、闘争の初期段階では、いいかえるならバリケード封鎖の方針をめぐる対立が現われるまでは、共産党と新左翼が一致することはしばしば見られた。

*13 「組織的」暴力対決であるなら、それがエスカレートするにせよ、「組織的」であるが故の暴力に内的な限度というものがあった。しかし、分散的・個別的に行使される暴力は、どの党派にもいた一部「跳ね上がり」に見られるように、情動に任されるところがありその意味で危なかった。

*14 宮崎学『突破者——戦後史の陰を駆け抜けた50年』上(幻冬舎、一九九八年)、二五五頁。とはいえ、当時の状況からして共産党中央への「直属化」は当然のことであったといえる。

*15 諸政党の動向の分析もまったく行っていない。とくに、自民党の「社会(民主)主義的」ないし「福祉主義」的側面はまったく無視され、社会主義と社会民主主義をめぐる一九七〇年代の政治過程は完全に視野から脱落している。なお、小熊英二『一九六八』上下(新曜社、二〇〇九年)は、「〈自分探し〉運動」「自己確認

運動」の面を強調しているが、そのような見立ては、当時の精神 - 心理系の知識人がひとしなみに口にしていたことであった。手始めに、次を参照せよ。Erik H. Erikson, "Reflections on the Dissent of Contemporary Youth," *The International Journal of Psycho-Analysis*, 1970, p.51.

*16 小田実他編『変革の思想を問う』(筑摩書房、一九六九年)、二頁。

*17 この平等主義的リベラリズムの代表は、ジョン・ロールズである。John Rawls, *A Theory of Justice* (Harvard University Press, 1971). ロールズ正義論は、公民権運動・黒人解放運動の政治化・急進化を収拾する議論であった。だから流行ったのである。

*18 いまや知識人の思考枠組みとなった一九七〇年代半ばのミシェル・フーコーの権力論・抵抗論・主体論が、一九六八年と一九七〇年代初めの闘争にもそのまま適用されているのである。ところが、フーコー自身はそのような見地をとってはいなかった。一九七〇年代初めのフーコーの一連の『コレージュ・ド・フランス講義』で示されているように、フーコーは、一九七〇年代半ばの体制と運動の状態を、革命的情勢に対する反動と捉えていた。Cf. Yoshiyuki KOIZUMI, "The Theory and History of the Subject and Domination of the Self and Others: From Althusser to Foucault," *ZINBUN* No. 47, 2017.

*19 このことを示す文献資料は膨大にある。お望みなら「主観的」に革命を予期していたといってもよいが、見逃してはならないが、当時の支配層も革命的情勢の到来を「主観的」に予期していたのである。

*20 したがって、二段階革命か一段階革命かといった議論は、経済的にはいざ知らず、政治的には意味のない議論であると受け止められていた。

*21 足立正恒「トロツキズムと小ブルジョワ急進主義の接点」日本共産党中央委員会出版局編『続・当面する大学問題』(一九六九年)、一四八 - 一四九頁。

*22『世界』(一九七一年一二月号)に掲載の討論「沖縄非軍事化構想と国会」(五八頁)における不破哲三の発言。

*23 労働者教育協会編『君の沖縄』(学習の友社、一九七一年)、一七頁。

*24 同、一四九頁。これは絓秀実『１９６８年』（ちくま新書、二〇〇六年）にいう「加害者の思想」の一例になる。「小田実らがベ平連運動のなかで見出したという「加害者の思想」、すなわち、日米安保体制下の日本はヴェトナム戦争に加担しているという視点は、それを徹底していけば、日本近代のアジア侵略の歴史性を問わざるをえない。それは、三菱重工ビル等への爆弾テロを敢行した、後の「東アジア反日武装戦線」グループのような「反日」思想に行き着きさえする。「加害者の思想」は、市民的反戦平和主義や非暴力直接行動に収めておくことができないのである」（八〇頁）。私も、東アジア反日武装戦線の方向へ直接行動化することを歓迎した一人である。しばしば共産党の沖縄政策が単一民族主義的ないしナショナリズム的なものであると強く批判されていた。その批判はあたっていたが、どの党派も、日本人と琉球人の関係をめぐる複雑な議論を踏まえた政治方針を打ち出すことはできていなかったということができる。日本人が抑圧民族であるのか被抑圧民族であるのか、また、琉球人が一民族であるとして日本との関係では被抑圧民族であるにしてもヴェトナムとの関係において抑圧民族にあたるのではないのか、といった、国際共産主義運動で絶えず問い質されていた争点に関わっており、問題は複雑であった。しかし、そうではあっても、沖縄闘争を通して反帝国主義・反軍国主義が目指されており、そのことが革命的情勢を引き寄せるという認識は共通していたし、その共通認識に誤りはなかったというべきである。そして、三菱重工のような企業が倒されるべきことは左翼の共通認識であった。

*25 広谷俊二『学生運動入門』（日本青年出版社、一九七一年）、二一九－二二一頁。

*26 当時の学生党員は、スペイン人民戦線の歴史における共産党と非共産党左翼（とくにアナキスト）の協力と対決の歴史をよく弁えていた。また、チリ人民連合政府の樹立と崩壊の過程における同様の協力と対決についても、共産党中央委員会発行の雑誌『世界政治――論評と資料』による「速報」を通じてよく弁えていた。なお、当時の運動について、国際性といった広がりなどイマジナリーな幻想でしかなかったと診断してみせているのが、次の、語の真の意味で「講壇的」な鼎談である。井関英二他「「１９６８年」再考――日米独の比較から」『思想』（二〇一八年五月号）。

*27 一九七〇年代の共産党の歴史については、概説にとどまるが、次のものが公平な記述となっているといえよう。小山弘健・海原峻一編著『現代共産党論』(拓殖書房、一九七七年)。

*28 日本共産党中央委員会出版局『新日和見主義批判』(一九七三年)、一頁。

*29 日本共産党中央委員会出版局『青年学生運動と日本共産党』(一九七三年)、一〇〇頁。

*30 同書、一〇八頁。具体的には、新左翼系活動家による個別の暴力行使を刑事事件として告発することである。これは一部の大学で実行されたが、愚かしい方針と受け止められていた。局面によっては、司法権力や警察権力を「方便」として使うことはありうるにしても(「公正」裁判の要求もそれに含まれる)、狭山事件を一般刑事事件に「還元」したり歴史教科書闘争を裁判闘争に「還元」したりすることはあってはならないことであった。ところが、その後、市民運動や社会運動では、その類の還元に疑問が抱かれることすらなくなった。

*31 同書、八八頁。

*32 川上徹・大窪一志『素描・1960年代』(同時代社、二〇〇七年)、二〇二-二〇三頁(大窪執筆箇所)。

*33 同書、二〇四頁。

*34 同書、二一八頁。同様の証言は、小杉亮子『東大闘争の語り――社会運動の予示と戦略』(新曜社、二〇一八年)、一九三頁、一九九-二〇二頁。また、「東大では実質上党組織が分裂状態になった」との証言は、同、二一九頁。この「分裂状態」が一九七〇年代を通して分派結成に到らなかった最大の理由は、それまでの種々の分派の負の経験があったのと、民主連合政府樹立までは党を割るわけにはいかないと考えられたからであるといえる。

*35 Cf. Hong N. Kim, "Deradicalization of the Japanese Communist Party Under Kenji Miyamoto," *World Politics*, 1976, p. 28.

*36 双方の対立は、部落差別の解消を(ブルジョア)民主主義的な課題と見なすか、それとも反(産業)資本主義的な課題と見なすかといった論点に関わっており、第二次世界大戦前の講座派と労農派の対立の再版とも

いえる。なお、対立の実情を知る上で、そのフィクショナルな面も含めて、次のものは有益である。上原善広『路地の子』（新潮社、二〇一七年）。ところで、一九七四年一一月二二日の八鹿事件のとき、翌日の二三日に私は八鹿入りしている。おそらく最初に「外部」から「調査」に一人で入った人間であろう。いまだに矢田事件や八鹿事件などについては「中立的」歴史化さえも行われていない状態であり、それはそれで当然のことであるが、現時点では別の仕方で再出発が必要であろう。最低限いえることは、近年のマイノリティ運動の理論は、実質的に双方の理論に相当するものを含み込んでおり、両者を同時に追求するべきことは自明となっているということである。過去の対立は和解不可能であろうし、それで構わないともいえるが、今日の水準に合わせた最小限の和解が必要であろう。

*37 個人的には、差別問題や養護学校義務化をめぐる共産党系の硬直性は救いようがないと痛切に感じた記憶がある。それまで、例えば、札幌南高校では新日和見主義批判に際し、東大教養学部ではプロレタリア独裁概念放棄の際などに、上級機関から個人的「傾向性」に対して文句を言われる程度のことであったので気にはならなかったが、こと上記のような諸課題では、手の施しようがないと感じられた。この経験は、絓秀実が華僑青年闘争委員会による告発を重く受け止めた経験に類比的でもあろう。と同時に、そのような経験を介して当時の活動家が踏み出したその方向が、種々の運動に回収され、その後、統治側に回収されていったことを思うと、やはり時代の精神の一経路を辿らされていたと思い返さざるをえない。

*38 一九七四年、新左翼系と見なされた動労に対して、全国鉄動力車労働組合連合会（全動労）が札幌市で組織された（私の父は国労側から、母は家族会側から関与していた）。他にも関西などで同様の対立が生じていた。それと並行して、別の方向であるが、医療労働、教育労働、公務労働などについては、ストライキ戦術を控える方針が打ち出された。一九七四年四月一七日付『赤旗』の「教師＝聖職論」、一九七五年三月二二日付『赤旗』の「自治体労働者＝全体の奉仕者論」「公務員＝公僕論」を参照せよ。当時、この方針には呆れたことを記憶している。何より、それが教育批判・医療批判・福祉専門家批判を難しくした歴史的責任は大きい。

*39 村岡到は、統一労組懇結成をめぐって労働戦線でも、共産党が一枚岩でないことを指摘していた。村岡到『スターリン主義批判の現段階』（稲妻社、一九八〇年）、三‐五頁。いわゆる赤色労働組合主義に反対する「傾向」があったのである。しかし他方で、共産党中央は赤色労働組合路線を堅持したわけでもなかった。揺れていたとしかいいようがない。

*40 一九七九年の第九回中央委員会総会での宮本顕治委員長発言。

*41 一九七七年、田口富久治「先進国革命と前衛党組織論――『民主集中制』の組織原則を中心に」『現代と思想』二九号に対し、関原利一郎（榊利夫、上田耕一郎ら四人共同執筆）「前衛党の組織原則の生命――田口富久治氏の『民主集中制論』の問題点」『赤旗評論特集版』が出され、一九七八年、田口富久治『先進国革命と多元的社会主義』（大月書店）に対し、一九七九年、不破哲三「科学的社会主義か多元主義か――〈田口理論〉の批判的研究」『前衛』（一九七九年一月号）が出されて、一九八〇年まで田口‐不破論争が続いた。

*42 藤井一行『社会主義と自由』（青木書店、一九七六年）、中野徹三・高岡健次郎・藤井一行編者『スターリン問題研究序説』（大月書店、一九七七年）、藤井一行『民主集中制と党内民主主義』（青木書店、一九七八年）など。「民主集中制」に狙いを定めた批判は、結局のところ、宮本顕治体制批判の代替にすぎず、それではあまり意味がないと私は受け止めていた。そもそも、仮に前衛党の存在を認めるなら、前衛党が民主集中制をとるのは当然である。とくに革命的情勢にあっては、軍事組織と同様の規律を維持するのも当然である。前衛党は、フーコーが指摘したように、修道院組織や宣教組織や軍事組織の規律訓練権力の系譜にあり、その規律訓練権力を当該組織の外部に押し及ぼさない限り、あって然るべき権力である。もちろんその類の前衛党組織が必要か否かの議論はありうるが、それにしても、社会主義諸国の問題性や左翼運動の問題性を民主集中制に「還元」することによって説明し納得するような通念のほうが、どうかしている。

*43 共産党中央が、田口富久治批判の文脈で、戦後近代主義を代表する者として丸山眞男を名指しで批判したのもこの時期のことである。共産党中央でさえも、丸山眞男を象徴的標的に祭り上げ、その声価を高めたわけである。

*44 列挙しておくなら、一九八三年、共産党系の文学雑誌である『民主文学』にべ平連の代表である小田実の文書を掲載したことをもって、共産党中央は『民主文学』と『文化評論』編集への介入を強め、文学者党員を離党させていった。一九八四年、原水爆禁止日本協議会代表理事の吉田嘉清が、社会党系団体との共闘を容認したことをもって共産党中央の介入で解任され、その吉田の本を刊行した日中出版の社員が党規約違反の名目で除名された。吉田嘉清『原水協で何がおこったか』(日中出版、一九八四年)、柳瀬宣久編著『鮮烈なる体験——出版の自由と日本共産党』(日中出版、一九八五年)。この過程で、吉田嘉清を擁護した江口朴郎や古在由重が離党にいたった。また、柳田謙十郎『スターリン主義研究』(日中出版、一九八三年)、柳田謙十郎『社会主義と自由の問題』(日中出版、一九八三年)についても同様の事態となった。同じく一九八四年に、中野徹三が除名されたが、この背景には、札幌唯物論研究会など、知識人党員が結集する研究会の動向に対して共産党中央が警戒していた事情がある。アルチュセール研究を進めていた東京唯物論研究会、民主主義学生同盟(民学同)と関係のあった大阪唯物論研究会など、地方唯物論研究会を全国統一しようとした動向にも関連がある。これについて経緯を記録した文献はない。ただし、その前史の一部については、次の回想録を参照。米澤鐵志『原爆の世紀を生きて——爆心地(グランド・ゼロ)からの出発』(アジェンダプロジェクト、二〇一八年)。一九八五年、第一七回党大会に際し、東京大学大学院党組織の一部が、宮本顕治の辞任を要求した。その理由としてあげられたことは、第一に「一〇年来の停滞」を招いた政治責任、第二に一九七七年の第一四回党大会以降、先進国革命路線からの逸脱を引き起こした指導責任、第三に宮本顕治議長に対する個人崇拝的風潮の進行であった。そして、一九七〇年代から一九八〇年代にかけて、社会主義に不利な一連の事件、すなわち、カンボジアでの大虐殺、ポーランド連帯への弾圧、ソ連のアフガン侵攻、野党の右傾化などがあったものの、宮本顕治を中心とする共産党中央の政治責任は免れないと主張した。その代表であった伊里一智は除名処分となった。伊里一智『気分はコミュニスト——宮本議長の退陣を求めた東大院生の反乱』(日中出版、一九八六年)。

*45 その後の一九九〇年代以後の共産党については、さらに、現在の共産党についても、議会政党の面でも議会

外結社の面でも、別の分析と評価が必要であろう。

*46 札幌南高校では、高校闘争の一連の経過の後（小林哲夫『高校紛争一九六九－一九七〇――「闘争」の歴史と証言』［中公新書、二〇一二年］、二〇一－二〇六頁参照）、一九七二年頃には民青は四〇名を超えていた。また、一九七三年頃の駒場（東大教養学部）では共産党員は一〇〇名を越えていた。新左翼系がほとんど潰えた場所で、一九六八年の時代精神を引き継ぐ左翼系の生徒・学生の結集軸となったのは、公然たる組織としてはそれしか残らなかったからとはいえ、主として民青と共産党であった。なお、ここで記しておきたいが、一九七〇年代においても、闘争課題によっては、新旧左翼の暗黙の協同が成立していた。とくに一九七四年の金芝河釈放要求などでは、無党派学生の主導に従う形で集会などが行われた。個人的な記憶を記しておくなら、一九七〇年代半ば過ぎには共産党組織も後退し始め人材も払底していたこともあり、駒場祭実行委員会に非共産党系や新左翼系の適任の学生を「押し込んだ」ことがある。その一人が、後に映画監督となる佐藤真であった。

*47 小島亮の発言、諏訪兼位他『伽藍が赤かったとき――1970年代を考える』（風媒社、二〇一二年）、五七－五八頁。

*48 同書、一〇八頁。

*49 一九八〇年以降の社会運動の「停滞」については、すでに指摘されている。例えば、西城戸誠『抗いの条件――社会運動の文化的アプローチ』（人文書院、二〇〇八年）。歴史的に問われるべきことは、その傾向を主導したのは何かということである。

*50 一九七〇年代初期、共産党は福祉国家論に対しては批判的であった。日本共産党中央委員会出版局『新日和見主義批判』（一九七三年）には、次のような一節がある。「昨今、独占資本と田中内閣は、一方では職場における専制支配をつよめるとともに他方では、欺まん的な「福祉政策」をとなえて組合幹部との「話し合い」なるものを積極的に推し進め、あらたな労資協調路線の確立に狂奔し、米日支配層と労働者階級との矛盾の激化を緩和しようと策動している」（一二一頁）。また、共産党系雑誌『経済』編集部の小泉宏による『福祉

と貧困の経済論——近代経済学・修正主義批判』（新日本出版社、一九七三年）は、「『福祉国家』とは、国家独占資本主義の別名・美名でもある」（ⅰ）としている。後年のものになるが、聴濤弘『マルクス主義と福祉国家』（大月書店、二〇一二年）、一〇一－一〇二頁も参照。以上のような点を見ないから、例えばフランスでは、ミシェル・ロカールが一九六八年の精神を引き継いだかのような伝説が生み出されてきたのである。この事後的な歴史化については、中村督「六八年五月——ミシェル・ロカールと社会民主主義の発見」『思想』（二〇一八年五月号）。

*51 田中角栄は、『列島改造論』（日刊工業新聞社、一九七二年）で、「福祉が成長を生み、成長が福祉を約束する」と書いていた。

*52 一九六〇年代に、全国心臓病の子どもを守る会、全国心身障害児を守る会、全国精神障害者家族連合会などが結成されていくが、これらを政治的に主導したのは、自民党と厚生省と医療界である。

*53 〈一九六八年〉に対する反動は能動的に進められたのである。この点で、絓秀実のいう「受動的」反革命の規定は補足される必要がある。絓秀実『１９６８年』（ちくま新書、二〇〇六年）、一六頁、二六五頁。

*54 この点で、一九七〇年代前半、チリ人民政府の「教訓」に関して、共産党中央が揺れ動いた形跡があることがあらためて注目される。この点を指摘したものとして、日本革命的共産主義者同盟（第四インターナショナル日本支部）中央政治局編『革命的暴力と内部ゲバルト——プロレタリア民主主義の創造をめざして』（新時代社、一九七三年）、九－一〇頁。そこで、チリ・クーデタ後にヘルシンキで開かれた「チリ人民連帯の国際集会の席上でわが日本共産党の代表は、ＭＩＲの悪口を一言も口にしなかった」とされているが、その代表は金子満広である。

*55 Tamara Deutscher, "E. H. Carr—A Personal Memoir," *New Left Review* I/137, January-February 1983, p. 85.／E・H・カー『コミンテルンとスペイン内戦』（富田武訳、岩波書店、一九八五年）、一六頁に再録。

*56 E. H. Carr, *The Russian Revolution: From Lenin to Stalin, 1917-1929* (Macmillan, 1979), p. 3／E・H・カー『ロシア革命——レーニンからスターリンへ　１９１７－１９２９年』（塩川伸明訳、岩波現代文庫、二〇〇

〇年）、四－五頁。

*57「砦の狂人たち」（東大全共闘機関誌『進撃』第三号）の一節も想起しておく。「失われたものを求めてわれわれはこの長い長い闘争に旅立った。はじめはその失われたものが何であるかを明確に把握し得ないままに。だがわれわれ自身の内部ではいまだ言語形態を取り得ぬ何やら混とんとした崩壊の予感の中でしっかりと感得しながら。それは徹底的な否定を通じてのみ回復できるものであった。〔……〕否定はまず自己自身に向けられた。徹底的な自己否定なくしては肯定もあり得ない内なる個の否定。〔……〕存在するものの全面的否定を指向するものは必然的に狂人の道を辿らざるを得ない。われわれは狂人であることに誇りをもつ。体制そのものが存在するかぎりわれわれは狂人として存在しつづけるであろう。」（津村喬編『全共闘――持続と転形』［五月社、一九八〇年］、七五－七六頁）。

*58エンツォ・トラヴェルソ『左翼のメランコリー――隠された伝統の力　一九世紀～二一世紀』（宇京頼三訳、法政大学出版局、二〇一八年）、一三三頁。すなわち、新自由主義によって敗北したのではない。端的に、軍事的暴力によって圧殺されたのである。対抗暴力を行使しても敗北したのである。チリでは大統領府が襲撃され、アジェンデ大統領自身が銃をとり、そして殺されたのである。新自由主義を持ち出す通念は、この歴史を完璧に消している。

*59E・H・カー前掲書、三〇六頁（一九七〇年代末の未刊のメモワール［バーミンガム大学E・H・カー・コレクション所蔵］からの訳出）。

日本イデオローグ批判

いつまで太鼓持ちを続けるつもりなのか

昨今の政治家は相当にバカである。しかし、議会政治では、バカであることが売り物になることもあり、それは致し方ないと言うこともできる。しかも、大衆政治では、バカであるからこその胆力が役立つこともあり、神輿として担ぎやすく代表として死ぬことも厭わぬバカを見つけるべきであると言うこともできる。要するに、バカな政治家は使いようである。

その一方で、バカな学者は、太鼓持ちとして、バカな政治家のバカさ加減を粉飾するばかりである。しかも、バカな学者は、バカな政治家を賢く使っているつもりになっているだけ始末が悪い。そもそも、それ以前に、バカな学者は、学者としてバカである。

飯田泰之によるなら[*1]、アベノミクスの「金融政策の転換以降」、「日本」経済のパフォーマンスは「一定の改善」が続いているそうだ。その内実は、企業収益の増加、雇用者数の増加であるそうだ。ところが、それが経済全体においてナンボのものであるのかについて、飯田は何も言わない。いかなる統計量や推計量を根拠にしているのかについても、何も言わない。金融政策の転換なるものが、いかなる経路で、いかなる作用で、どの程度、改善や増加に寄与するのか、その理論的根拠と実証的根拠は何かについても、何も言わない。言うには手間がかかるから言わないのか、言おうとしても言えないから言わないのか、どちらかはわからないが、ともかく、「日本」の金融政策が「日本」の「経済」の「潮目を変えた」と吹き上げて憶するところがない[*2]。しかし、いま問題にしたいのはそこではない。問題にしたいのは、その吹き上げに続けて、飯田が書き添えていることについてである。

飯田は、金融政策は、いかなる貨幣理論を採るかに左右されると言い出し、古来数多ある貨幣理論から二つの理論だけを持ち出し、その一方（貨幣商品説）はダメだからということでもって、もう一方の理論（貨幣法制説、貨幣＝税クーポン説）がよろしいことになるので、したがって金融政策の理論的基礎を自分は手にしていると威張り出す[*3]。そして、飯田は、アベノミクスが貨幣＝税クーポン説を採ったが故に「日本」経済が改善したと示唆するのである。飯田とその仲間たちが現政権（の金融政策）を支持するか否かなどどうでもよいことである。それよりも、かれらが、現政権の政策が「大きな影響力を持つ」とトンデモな言い草でもって正当化できるつもりになれるところに、今日の虚偽意識を見て取るべきであろう。

いつまで政策立案を日和り続けるつもりなのか

バランスを欠いてもいけないので（?）、ブレイディみかこ・松尾匡・北田暁大の共著も見ておこう[*4]。ここで私はあくまで「古い社会（民主）主義者」として物を言うことにするが、かれらの難点は、理論水準があまりに低いことである。というより、スローガンばかりで理論がないことである。政策立案に繋がる理論がないことである。おそらく、かれらはそれを持ち合わせていない。だから、どこかに丸投げするつもりでいるが、それを受けとめる人物はどこにもいない。学界にも官界にもいない。自前でやらなければならないのだ。にもかかわらず、かれらは日和り続けている。

　ブレイディが、英国労働党の「反緊縮マニフェスト」の内容を、「ＮＨＳへの大規模支出、大学授業料の再無償化、学校・警察・福祉など削減されてきた公共サービスの復興、鉄道・郵便などの再国営化を謳ったもの」とまとめて、北田は、英国の日本への適用如何については何も語らぬまま、こう受けている。「でも、「大きな政府」による再分配政策を提唱すると必ず「それで、財源はどうするんだ？」っていう話になっちゃいますよね。それこそ旧態然とした「古い社会主義」「古い社会民主主義」の復興は、いまではもう不可能じゃないかって。日本ではそういう風に左派が言うから話が奇妙になる」とである[*5]。

　かれらは、この類のやり取りを何度も繰り返している。しかし、「左派」とは誰のことなのか[*6]。「古い」社会（民主）主義を、「大きな政府」と等置できるのか。「大きな政府」の核心を「再分配政策」としてよいのか。まったくもって曖昧である。曖昧なまま、内輪でしか通じない対決線を引いてみせるだけなのだ。では、かれらは、その「古い」社会（民主）主義を復古させると主張するのかといえば、そうではない。「大きな政府」による「再分配政策」を引き受けるのかというと、これもそうではない。だから、と言うべきだが、かれらはその内輪の一致点を無自覚に移転させていく。今日の虚偽意識に誘導されていくのである。

ブレイディは、「コービノミクスというのは、この景気刺激策を、教育や福祉などの分野に「投資」する（「人への投資」「未来への投資」）という形でおこなおうとするものです」とまとめて怪しまず[*7]、北田は「王道の経済政策だと思います」と吹き上げる[*8]。ところが、その財源はどこにあるのか、どこから取るのか（奪取するのか、収奪するのか）一つも語らぬまま「景気刺激策」を採ればよいとするのだが、その内実たるや、「教育」や「福祉」へ「投資」するその財源は、その「投資」の効果として「景気」が刺激され、その結果として財源を補給することになるという循環論法を「王道」と唱えているだけなのである。では、その循環を始めさせる始動因は何なのか、その循環は経済（学）的にリアルな経路をなすのか、いや、そんな議論以前に、そもそも「教育」や「福祉」のどこに「投資」するのか、どこの何をどのように「再分配」するのか、そもそも「投資」と「再分配」の異同はどうなったのかについて、かれらは何も語らない。そして、かれらの仲間と目されるであろう政治家や学者の誰一人として、何も語らない。たぶん、誰一人語ることができないのである[*9]。

薔薇マークキャンペーン『景気回復、別の道がある。経済で、もっと結果を出す』[*10]も見ておこう。「立候補予定者」に対する「薔薇マーク認定基準」なるものの第二項は、「社会保障・医療・介護・保育・教育・防災への大胆な財政出動」を行い、もって「質の良い雇用を大量に創出する」となっている。では、社会保障における「質の良い」大量雇用とは何か。公務員化を主張しているわけではない。助成金・補助金を活用して賃金上昇へ誘導しながら民営化へも誘導することはすでに行われてきたが、それ以上・以外の何を行うのか。そのとき大衆の負担はどうなるのか。地方自治体の対応をどう変えるのか。労働者の側の運動がなくても、社会保障制度の改革、社会保障制度に内在的な対決線の設定がなくとも実現できるのか。「大胆」さをどの程度いかに実行するのか。列挙の最後に「防災」があげられるが、「防災」への「財政出動」による雇用創出とは何のつもりか。「防災」への投資が大企業と寄生学者に流れて消えない保証をどう付けるのか。何も語らないのである。

財源については、第四項で「大企業・富裕層への課税強化（所得税、法人税等）」を掲げるが、それは将来の目標として遠ざけられており、第五項では、前項の「増税」が実現するまで「国債」による資金調達を打ち出している。それでは、何も変わらない。何も変える気がないのだ。第三項では「労働基準を強化して長時間労働や賃金抑制を強制する企業を根絶」すると、少しばかり勇ましい文言を掲げるが、それが議会で多数派を取った程度のことで実現すると思っているのか。呆れるほどに、何も考えていないのである。要するに、制度設計も政策立案もない。改良主義にすらなっていない。議会多数派を取りさえすれば、そして官僚に丸投げしさえすれば、現政権下でそうであるように官僚は忖度して働くとでも思っているのであろう。

金融資本主義の寄生性と腐朽性

現在、再分配先や投資先として等しくあげられるのは、教育と福祉である。しかし、その教育と福祉は、古い社会(民主)主義者が目指していたようなものではない。私の見るところ、近年の政治家や学者が投資先や再分配先として言い立てる教育と福祉は、金融資本主義が寄生し収奪する未来の富を仮構するためのものでしかない[*11]。

ところで、おそらくリベラル・デモクラットと自任している三宅芳夫は、次のような文章を書きつけている。「このまま自由主義-資本主義の「統治/ガバナンス」のディストピアへと滑り落ちていくのか、あるいは、少数意見の尊重などの政治的自由主義の積極的な面を——寡頭制から切断しつつ——再定義し、民主主義の指導下に資本主義を終焉へと誘導できるのか、世界は今、決定的な分岐点にたたされているように思われる」[*12]。これはもちろん、バカな文章ではある。「少数意見」を「尊重」する「民主主義の指導」でもって、資本主義を終焉へ誘導できる可能性があるかのように書けてしまえることは、昨今の資本主義終焉論の虚偽性を示して余りある。しかし、それでも、三宅のような自由民主主義者が資本主義の終焉を語りたがっていることは多少は歓迎すべきことではあろう。ただし、ここでも肝心なのは、資本主義の何をどう終わらせたいのかを語ることである

経済成長を駆動すると見なされている部門、そこへの投資や再分配が正当化されていると見なされている部門は、自動車産業や情報産業であろうが、そこには腐臭が漂っている。その国際貿易が国際紛争の原因として押し立てられること、それを守ることが国益として押し立てられること、その「楽園」(©落合陽一)の支配層と太鼓持ちを保守することが政治の使命として押し立てられること、それは腐っているとしか言いようがない。いまや誰もが環境危機を口にするが、誰

一人として「成長」部門に対して批判を向けることはしない。中国や東南アジアへの廃棄物輸出が難しくなったがためにプラスチックによる環境汚染が騒がれ出して新産業への投資が高唱されているが、環境主義者はその類の産業資本主義のサイクルに加担していることに疑問を感じてさえいない。産業資本主義の精神は欺瞞的であるとしか言いようがない。いまやそこに金融資本主義の腐朽性が加わっている。

沖公祐も指摘するように、先進諸国の企業と支配層は「モノづくり」で稼いでいるというより、諸国民の未来の富を収奪して稼いでいる。「現代の先進国は、資本・賃労働関係を通じてものを生産・分配・消費するということを中心とした社会ではもはやなくなっている。その意味で、われわれの生きている社会は、マルクスが述べた意味での資本主義、「資本主義的生産様式が支配している社会」とは明らかに異なる」[*13]。先進諸国は、まさしく金融資本主義国として、諸国民に寄生し、蓄積なき利潤、生産なき収益、生産から金融への収奪を躍起になって維持しようとしている。だからこそ、太鼓持ち学者は金融政策を吹き上げ、スローガン学者は未来の富を生む「学び」のための投資や支配（予備）層の安心立命を保証する福祉への投資を吹き上げている[*14]。金融資本主義に寄生するイデオローグ学者ばかりなのだ。

赤井浩太に教えられたのだが[*15]、狐火「27才のリアル」の一節を引いておく。「御社のお役に立てると思います／本日はお忙しい中お時間を取って頂きありがとうございます／一生懸命情報技術エンジニアとしてベテランの方々の技術を継承して／その最先端の技術の中核を担っていけるような社員になりxvxvhfx ぅ y」。この堪え難い「リアル」、あるいはむしろ、それが、それだけが「日本」での人生の幸福や救済を保証するからこそ、欺瞞的で収奪的で暴力的にならざるをえない「リアル」が、まさに現代資本主義の腐朽性の現われであり、古い共産主義者たちが何としてでも廃絶せんとしたものである。最後に、古い共産主義者の一人として述べるなら、資本主義は、正しいか正しくないか以前に、良いか悪いか以前に、腐っているのである。現代資本主義とその精神は、狂った投資からも狂った循環からも自らの力で脱することはできない。いかに加速されても、自ら狂い死にする力はない[16]。共産主義は、その「リアル」を破壊して救済するのである。

*1 飯田泰之「金融政策と「貨幣とは何か」をめぐる論争」『新潮』(二〇一九年二月号)。

*2 労働統計をめぐるスキャンダルは措くとしても、近年の雇用者数増加の多くは高齢者と学生の就労による。この変化は、金融政策転換とどう関係するのか教えてほしいものである。企業収益増加としていかなる統計量をとっているかは知らないが、それが国際貿易と為替相場に影響されている度合、そこに金融政策転換が影響している度合、それら相互の関係、「実体」経済との関係について、その理論(モデル)を教えてほしいものである。言っておくが、この類の「素朴」な疑問はいくらでも連ねることができるが、たぶんバカな政治家と学者は気にならないのだろう。随分とシンプルな世界で生きているに違いない。

*3 貨幣=税クーポン説は、古代中世貨幣史研究が含意していたことであり昔から周知のことである。ドゥルーズ/ガタリ『アンチ・オイディプス』も、ベルナール・シュミットの学説を援用して展開していた。そして、その仔細は論争的になるものの、負債論もそこに関連している。このような系譜の貨幣論の名前だけを持ち

出して、アベノミクスを正当化できるというのであるからバカげているとしか言いようがない。なお、関連して、貨幣＝資本説が重要であり、その簡明さの故に次のものには学ぶべきものがある。シルビオ・ゲゼル「搾取とその原因、そしてそれとの闘争」（相田愼一訳）『自由経済研究』二八号（ぱる出版、二〇〇四年）。

*4 ブレイディみかこ・松尾匡・北田暁大『そろそろ左派は〈経済〉を語ろう』（亜紀書房、二〇一八年）。

*5 同、八〇頁、八九頁。

*6 「左派」ということでトマ・ピケティでも念頭にあるのだろうか。この点については、百木漠「ピケティ『二一世紀の資本』再考——例外としての二〇世紀」『唯物論と現代』（五九号、二〇一八年）参照。

*7 「投資」と鉤括弧は付されているものの、投資概念を無批判に使用する態度は許し難い。欧米の「左派」政治家を神輿に担ぐ民衆が、その類の「投資」のために立ち上がっているとでも言うのか。この点では、次のものは、単なる危機論の教科書的羅列にすぎない著作であるが、投資概念に対する批判性だけは堅持している。ヴォルフガング・シュトレーク『資本主義はどう終わるのか』（河出書房新社、二〇一七年）、三〇五－三〇六頁を見よ。

*8 前掲書、九一頁。そもそも再分配の正当化、再分配の方式、再分配の有効性について論争がある。支配層内部でも論争がある。昨今の経済学についても、それでどの程度の説明力があるか、当然のごとく論争がある。北田たちは、再分配政策についてだけでなく、「非正規雇用」についても「ナショナル・ミニマム」についても、学界主流派とこそ闘うべきである。その学者としての責務を放棄しておいて、「王道」も何もあったものではない。

*9 古い社会（民主）主義者は遥かに有能であった。古い民主社会主義者でさえ少しは有能であった。その一点からして、私は、いわゆる反緊縮派はいかなる意味においても社会（民主）主義者ではないと見ている。

*10 松尾匡とその仲間たちが呼びかけ人となっている。https://rosemark.jp/

*11 この点であからさまなのは、落合陽一・古市憲寿「「平成」が終わり、「魔法元年」が始まる」『文學界』（二〇一九年一月号）である。落合は、「高福祉高負担」イデオロギーを真に受け、周回遅れで医療問題談議に

追いつき、その果てに、多くの学者がそうであるように、福祉工学への投資・再分配に寄生して稼ごうとする。落合の技術屋としての仕事、Pixie Dust や Holographic Whisper などは面白くはあるが、それについての落合自身の理論的解釈にしても、ましてや政治経済論にしても水準が低すぎる。

*12 三宅芳夫「リベラル・デモクラシーの終焉？」『世界』（二〇一九年二月号）、八五頁。

*13 沖公祐『「富」なき時代の資本主義』（現代書館、二〇一九年）、一八九頁。

*14 厚生労働省『今後の労働時間制度に関する研究会報告書』（二〇〇六年）は、国家理性の統治性（フーコー『安全・領土・人口』）を発揮して、教育投資と福祉投資に値する労働者像をこう打ち出している。「労働者の中には、仕事を通じたより一層の自己実現や能力発揮を望む者であって、自律的に働き、かつ、労働時間の長短ではなく成果や能力などにより評価されることがふさわしい者が存在する。これらの労働者については、企業における年俸制や成果主義賃金の導入の進む中で、その労働者本人が、労働時間に関する規制から外されることにより、より自由で弾力的に働くことができ、自らの能力をより発揮できると納得する場合に、安心してそのような選択ができる制度を作ることが、個々の労働者の更なる能力発揮を促進するとともに、日本の経済社会の発展にも資することとなる」。ここで取り上げた学者とその仲間たちも、まったく同じことを言っているのである。

*15 赤井浩太「日本語ラップ feat. 平岡正明」『すばる』（二〇一九年二月号）。

*16 昨今の加速主義は環境危機論を真に受け産業資本主義の循環運動に潤滑油を注いでいるだけである。そのため、ポスト・ヒューマンなるＡＩ＋ＢＩ論を核とする資本主義終焉論との対決線も引けなくなっている。しかも、金融資本主義批判も、政治批判も欠いている。かつてスターリンは、「突発」的で「意外」な「革命的爆発」を期待しながら、こう述べていた。「世界における二つの最も反動的な政府——日本とドイツ——は、現在、資本主義体制の破壊における客観的要因として行動し、その冒険的な反革命政策によって、革命的危機を加速している」（ソ連共産党第一七回大会一般報告「革命的危機は成熟しつつある」一九三四年）。そして、多くの古い共産主義者や社会主義者は、戦争を内乱へ転化すべく生命を賭したのだが、いまや、中

東「内戦」や欧州「内乱」をめぐる先進諸国の対応に明らかなように、今日の支配層は、むしろスターリン的加速主義の見地に立って、反動的で冒険的なものを統治すべく迷走している。要するに、政治的にも経済的にも、加速と減速の弁証法的関係を捉えて、「さしせまる破局、それとどう闘うか」（レーニン）と語らなければならないのである。

殺すことはない

〈殺してはならない〉という宗教的命法や、〈殺すべきではない〉という宗教酌戒律に無条件に身をゆだねることは私には難しかったので、私は、〈殺すことはない〉ということを〈神すなわち自然〉の掟として了解するように努めてきた。言いかえると、私は制度宗教を離れた無神論者であるので、宗教的命法や戒律を自然法として了解するように努めてきた。そしてそのように努めることだけが、本来の宗教性を救済する道であるし、真摯な道徳を取り返す道であると考えてきた。今では、殺すことはないと信じているので、生死に関わるハード・ケースは私にとっては少しも問題ではなくなってしまった。殺すことはないのだから、人間を殺すか殺さないかについての言論の帰趨がどうなろうと、殺すことはないと決まっているからである。今になって気づいたのだが、言論の帰趨によって人間の生死を決めることは罪科であるし、人間の生死を決めるために言論を事とすることは退廃であると思う。論ずるまでもなく、そして論じたとしても、殺すことはないからである。

ところが多くの人は、かかる無神論的宗教性だけではやっていけないと思い込んでいる。そこを真正面から否定しても通じないと思われるので、ここでは死刑存廃論争に一歩だけ踏み込んで論じたい。論ずることは本来あってはならないのだが、〈戒律＝法〉を説くために少しだけ論を張ろうと思う。

八月一日に死刑が執行された。そして、八月二日に死刑執行が報じられた。この時間差に拘泥することから始めよう。

八月一日の死刑執行を殆どの人は知らなかった。八月一日に誰が誰を何処で殺したのかを殆どの人は知らなかった。八月一日に四人の人間が殺されたことを殆どの人は知らなかつた。そして、四人の人間が殺されても、殆どの人の生活に変わりはなかった。きっと、四人の人間が殺されなくても、殆どの人の生活に変わりはなかっただろう。では、八月二日の死刑執行報道を知った人に、何か変わりはあったのだろうか。安心したのか、それとも、戦慄したのか。いずれにせよ、心動かされて少し生活に変わりがあったのかもしれない。しかし、八月一日には、安心したわけでも戦慄したわけでもなかったのだ。ここで何と言うべきか。

こう言われるかもしれない。死刑執行情報をリークするという姑息な手段をとるのではなく、官報で公示するなり法相自ら公表するなりして、死刑執行に対する関心と公論を喚起するべきである。死刑制度と死刑執行は重大問題であるから、それに賛成するにせよ反対するにせよ、情報を精確迅速に知って慎重に議論を進めるべきである。

しかし、これでは同じことにしかならない。いかなる公開方法を採用しようと、いかに情報伝播の範囲が広がろうと、死刑が執行されるその時に知られていないという事態に変わりはないからである。死刑執行情報を全員が知って何ほどか心動かされるとしても、死刑執行そのものを殆どの人は知らないし、死刑執行のその時に殆どの人の生活に変わりはない。死刑執行に何らかの意義や効果があると言われるとしても、死刑執行によって何も変わりはしないし、何も守られはしないのである。たしかに、死刑執行情報には何ほどかの意義や効果があるかもしれない。そして、死刑制度と死刑判決にも何ほどかの意義や効果があるのかもしれない。しかし、死刑執行には何の意義も効果もない。死刑執行はまったく無意味である。殺すことはないのだ。それでも死刑執行に何らかの意義や効果があると主張したい人がいるなら、八月一日にどのように暮らしていたのかを言ってもらう必要がある。八月二日以降にではなく、八月一日に何を思っていたのかを言ってもらう必要がある。

八月二日以降は、死刑執行情報が与えられて論争が開始される。この構図は不愉快であるが、とにかく今は論争に一歩だけ踏み込もう。私は、死刑制度賛成論にも一理あるし、死刑制度反対論にも一理あると考えている。本当は、人間を殺すことを決めたり殺さないことを決めたりする上で、物理的原因と見まごうほどの充分にして正当な理由などありえないと考えているが、論争当事者にとってはそれなりの理由があると考えてはいる。したがって、双方に一理あるのだから、よかれあしかれ、論争は引き分けにしかならない。殺す理由もあれば殺さない理由もあるからには、天秤が一方に傾くはずはないし、たかだか引き分けである。では、引き分けの時には、どうすればよいのか、どうするのが正しいのか。正解は、〈何もしない〉以外にはありえないと思う。殺すことはないし、殺さないこともないし、何もしないのだ。ところが殆どの人は、引き分けと聞くと、〈どっちもどっち〉という無関心にとどまるばかりで、結局は現状を追認して殺すことを黙認するのである。今はそれを非難するつもりはない。死刑執行をめぐる問題の核心は、たかだか引き分けにしかならないことを分からない愚者が、法務官僚・司法官僚に多すぎるということに存するからである。だから私は、論争に関与する限りでは、死刑制度存置論者を批判する側に立つ。一つの論点にだけ触れておく。法相・官僚は、死刑執行の理由として、法制上死刑制度が存立しているということ、死刑執行の拒否は法相の責務に反するということ、執行しなければ法制度への信頼が揺るがされるということを挙げてきた。デマである。そんな理由に対しては、法律論に限定しても、いくらでも反論を提出できるし、実際に提出されてきた。そんなことは少し勉強して考えれば、すぐに分かることだ。ところが法相・官僚は、一理ある反論を真面目に受け止めてはいないし、まして、きちんと論争が行われれば引き分けになることに考え及ばない。にもかかわらず、かれらはまったく無防備な人間を殺したのである。たかだか〈どっちもどっち〉なのに、無根拠に天秤が一方に傾けられてしまうのだ。この事態を、権力作用の効果などと呼んでやる必要はない。たんに法相・官僚が愚かなだけだ。

殺すことはないと私は信じているので、死刑存廃論争に関与する場合には、私は死刑制度も死刑執行も否定する。では、そのことを実践的にどのように表明していけばよいのだろうか。たぶん、死刑制度反対理由を説得的に表現して、反対世論を喚起して、法制度改正を目指すということになるのだろう。けれども、そのような合法的運動論には徒労感をいだいてしまう。そんな感情にとらわれてしまうのは、愚劣なリーガル・マインドと現状追認の無関心が蔓延しているからであるし、そこを打破する力量をもった闘争を展望できないからである。ここで何を為すべきかは分からない。しかし、思想闘争に関しては明確である。死刑を容認するような思想を全否定することである。

第一に、死刑執行は法的・政治的・社会的にまったく無意味だと捉えるべきである。これに対して、いまだに社会科学や歴史学は、死刑に重大な正負の価値を付与する思想を基本的パラダイムとしている。たとえば、法秩序の典型を刑法と捉え、刑罰権（検断権）の典型を死刑執行権（成敗権）と捉える思想、国家権力の本質を刑罰権の独占と捉え、国家権力による支配の核心を生殺与奪の権と捉える思想、私的制裁を自力救済と混同して、統一権力による自力救済権の回収をもって私的安全が確立されると見なす思想である。これらは、死刑を否定する立場から見るなら、死刑執行に意義や効果を捏造する悪質なデマ以外の何ものでもない。しかも学者たちは、世の中は殺し合いから話し合いへと進歩してきたという類のデマを流しながら、それが死刑執行を暗に追認しているということに気づきさえしない。どうすれば、そんな無知や無関心に覆われた市民社会に嫌悪感をいだかずにやり過ごせるのだろうか。私が死刑を否定するのは、それが価値に反する価値をもつからではない。それに何の価値もないからである。支配を実効的たらしめる上でも、私的安全を守る上でも、何の価値もないからである。殺すことはないのである。

第二に、死刑を執行した刑務官はその名をもって批判されるべきである。この点について、あれこれの留保を付けるべきではないと思う。公務執行という名目さえあれば人間を殺してもよいとする思想こそが否定されるべきだからである。実際、公的名目によって殺された人間の数は、私的に殺された人間の数を遥かに凌駕している。問題の重大性を、殺された人間の数によって計測することが許されるなら、何よりも先ず、法律的政治的名目によって殺すこと、社会的権力の下で殺すことが批判されなければならないはずである。

第三に、遺族という概念と遺族の心情という論拠を無批判に持ち出すことはできない。一体、誰が関係者で、誰が被害者なのかをいかに決めるかということが争われるべきだからである。その上で私は、殺した者の罪は、殺した者が死ぬことによってしか贖われないと言いたい。倫理的には、それ以外の仕方で考えることは不可能だと思う。殺した者は死ぬべきである。しかし私は、殺した者は殺されるべきであるとは言わない。それでも、殺した者は殺されるべきであると思う人がいるなら、殺した者が殺されることはその人にとっては意義や効果があるのだから、自らの手で殺せばよい。ひょっとすると私的復讐の連鎖が始まるかもしれないが、その程度のことでひっくり返るような世の中など存在したためしはない。死刑制度や死刑執行があろうがなかろうが、私的殺人は起こってきたし、様々な仕方で私的に解決されてきた。殺した者の罪の贖い方にも様々な方式があったし、現に実行されてきた。少し考えれば分かることだ。それを民衆の知恵と呼ぼう。そして民衆の知恵を働かせさえすれば、死刑執行に限らず、脳死者からの臓器摘出にせよ、安楽死にせよ、中絶にせよ、殺すことはないということが分かるはずだし、少なくとも、それらが刑法上の殺人に相当しないと言わんがためにのみ恣意的な線引きを正当化してきた言論など、無しで済ませられるということが分かるはずである。

生前の永山則夫に対する船田判決は、死刑判決が許される場合を厳しく限定した判決として好意的に引用されることがある。すなわち、死刑判決が許される場合は、「如何なる裁判所がその衝にあっても死刑を選択したであろう程度の情状がある場合に限定される」という一文である。しかし私には、論理的にも法律論的にも奇怪な文であるとしか思えない。死刑判決に代えて無期判決を正当化するためにこんな屁理屈をこねなければならない事態、そして、同程度の屁理屈によって無期から死刑に変更されてしまう事態、そして、屁理屈で生死を左右するような法廷に聴いてもらうための言論が権威をもってしまう事態、これを根こそぎにするにはどうすればよいのだろうか。ここでこそ徒労感をいだいてしまう。〈拘置所の中では〉という限定を付けてもよいし、〈逮捕・監禁の意義は私的制裁を防ぐことにある〉という議論を承認してもよいが、ともかく殺すことはないし、殺すことはなかったのだ。どうして奴らには分からないのだろうか。

誰かの死だけが和らげる苦痛？

二つの問いがある。誰かを殺した誰かを何かの名の下に誰かが殺すことは、いかなる場合に正当かという法の問いと、誰かに殺された誰かと何らかの関係があった誰かの感情に、いかに対応するかという倫理の問いである。

二つの問いに関係をつける人たちがいる。「被害者救済と死刑廃止は密接に結びついている」「死刑存廃論議より被害者救済が先である」「被害者との共苦や連帯は死刑存置より死刑廃止によって強化される」「加害者の人権と被害者の人権のどちらが優先するのか」などと語られる。

二つの問いは公的には区別されている。「国家統治権の作用としての刑罰は、私的復讐の代行として行使されるのではない」「公共の福祉や一般予防のために刑罰は執行されるのであって、被害者感情や国民感情を慰撫するためではない」「法の裁きに委ねることが、被害者にも課せられた責務である」「被害者であるからこそ厳正な裁判を望む」「司法とは国民感情の公平な観察者である」などと語られる。

二つの問いに関係をつけたいなら、それらを区別する言論の総体を否定する必要がある。ところが呆れることに、二つの問いを区別すべき専門家が、いとも簡単にそれらを混同している。しかもそのことが良心的な姿勢であると思い込んでいる。法の問いと倫理の問いを公的には区別しながら仕事して、勤務時間が終わるやそれらを混同して怪しまない。まるで平日昼間の良心の疚しさを、休日夜間の良心によって贖い、在職中の罪科を退職後の良心によって贖うかのようなのだ。

死刑存廃と被害者感情を関係させて、双方の順序や調和や均衡を語ることは、誰かの死だけが和らげる感情があると言うことに等しいし、そんな感情があることを認めた後で、それは誰かが殺されなくとも和らげられると言うことに等しい。これは神戸新聞社に投稿された文言を想起させる。「人の痛みだけがボクの痛みを和らげる事ができるのである」「殺しをしている時だけは日頃の憎悪から開放され、安らぎを得る事ができる」。もちろん違いはある。誰かを殺す誰かの痛みと、殺された誰かと関係のあった誰かの痛みとは違っている。当然のことだ。しかし後者の痛みを誰かの死と関係づけて語る人たちは、しかも後者の痛みを自分の痛みとしているかのように語る人たちは、誰かの死によってのみ和らげられるかのような痛みを自分の内面に捏造しているし、そのように捏造した後で、誰かを死なせなくとも自分の内面の痛みは解消すると語っているのだ。ここには深い病がある。「ボクの痛み」と同程度に深い病がある。

以下の論点を二つに絞っておく。一つは〈法の自律性〉を脱構築すること、一つは〈心の問題〉を解体することである。

現行法は自律したシステムをなしているように見える。とりわけ死刑制度には最高裁の合憲判決(一九四八年三月十二日)が下されているからには、どこにも破れ目はないように見える。破れ目に見える超法規的措置の典型である恩赦も法律的に規定されているからには、現行法はいかなる破れ目にも脅かされていないように見える。米軍艦船寄港についてマスコミは「現行法では神戸方式は不可能」と臆面もなく報じていたが、まさに「現行法」という名は、法にありうる破れ目たちを集約した巨大な穴を塞ぐ名として機能している。

しかし法はいたるところで破れている。最高裁の合憲判決を例にとる。たしかに判決文が指摘するように、憲法第三一条（何人も、法律の定める手続きによらなければ、その生命若しくは自由を奪われ、又はその他の刑罰を科せられない）は、死刑の存置を「想定」している。しかし判決文は、憲法上の根拠を一つも挙げないまま、「反面解釈」を採用して、第三一条は死刑を「是認したものと解すべきである」と結論している。しかも憲法第三六条が禁じる「残虐な刑罰」の残虐性が、刑罰自体の特質を意味しているのか、刑罰の執行方法の特質を意味しているのかについて何ら憲法上の根拠を挙げないまま、「国民感情」を持ち出して死刑は残虐ではないと判定している。この点について一裁判官は正直に疑念を吐露している。「法文に関係なく只漫然と死刑は残虐なりや否やということになれば、それは簡単に一言で言い切ることは出来ない」とである。要するに「法文」は自律したシステムをなしているどころではない。それはいたるところで破れている。そして破れ目たちは、解釈学的意志や、「最高裁判決」という名や「裁判官」の署名や、「人道」「国民感情」「時代の変遷」という非法律的用語によって塞がれている。専門家は、法の破れ目を不純なもので隠蔽したことを隠蔽することによって、法の純粋な自律性を捏造しておいて、「現行法」の下では死刑は適法であるし、それに対する非法律的な異議は法律的に無効であると言い張りつづけてきたのだ。

もう一つだけ例をあげる。刑事訴訟法第四七五条は、死刑判決「確定の日から六箇月以内に」執行命令を下すべしという訓示規定を与えている。このために死刑執行停止は法運用上不可能であると批判されてきた。しかし先ず批判されるべきは、当の法文があるにもかかわらず、死刑執行までの期間を恣意的に決めてきた司法官僚が、その事実を一度として法的かつ行政的に正当化してこなかったことである。現行法の運用にはすでにいたるところに瑕疵がある。司法官僚は政治的で社会的なものによって瑕疵を隠蔽してきただけだ。そんな司法官僚に、死刑執行停止を批判する資格のあるはずがない。死刑と無期の区別が恣意的であることは強く批判されてきたが、その批判は現行法のいたるところに向けられるべきである。

現行法はいささかも自律したシステムをなしてはいない。むしろそれはまさにウィトゲンシュタイン的言語ゲーム、デリダ的戯れなのである。ところがこれを指摘するだけでは、危うい場所に立つことにもなる。一方的に一切の頼るべき名を放棄したところで、「現行法」という名を深く信仰している連中はいささかも痛痒を感じはしないからだ。だからこそいわゆる現代思想はまさにこの場所で闘争を放棄した。もちろん真摯な思想家はそこから這い上がろうとしてきた。すでにレヴィナスは老化して死にゆく者の生命を賭けて倫理を守ろうとしたし、近年のデリダも自ら撒いた毒を消去しようとしている。私は彼らとは距離をとりたいと考えているが、デリダ一人に責を押しつけて黙りを決め込むべきではないとも考えている。いずれにせよ倫理の問いと正義の問いを研ぎすます必要があるのだ。

ところが問われるべき問いを〈心の問題〉に変質させる動向はとどまるところを知らない。近年アメリカ合州国では、男性による女性への日常的加害行為に対抗するために、直接的暴行の合間に女性が男性を殺害するという事件に関して、「被殴打女性症候群」という名が発明された。そして日常的被虐待者は被殴打症候群を呈してしまうが故に、たとえ平静時に男性虐待者を殺害したとしても、それは違法性を阻却される正当な防衛に相当するという議論がなされている。

しかし殺害を正当であると論じようとすること自体が、しかも正当性の根拠を実行者の心理状態に求めようとすること自体が退廃であるとしか思われない。それだけではない。殺害の正当性の判定が、実行者の心理状態についての専門家の判定に委ねられるという事態を、被虐待者の側から見るとどうなるか。自らが為そうとする行為が正当であるか否かを専門家だけが判定できる心理状態に自分が陥っているか否かを、専門家に尋ねるような仕方で自らに問うて判定するべきであるということになる。これこそ退廃ではないのか。

暴力的男性を殺害することによって事態を打開しようとする女性の悲劇とは、殺さなくとも生きのびる道が塞がれている（と感じてしまう）ことであるし、現実に逃走線が引かれていない（と感じてしまう）ことであるし、現実に引がれているとしてもそれを知ろうとさえしないことである。出口無しと感じる心理状態は、それに症候名を与えたところで解消しないし、むしろ閉塞感を加速するし、男性たちが負うべき責任をも曖昧にする。出口無しの感情を解消できるのは、現実の出口以外にはないし、出口を探究しようとする志以外にはない。要するに、暴力的男性を離れても女性が生きてゆける方途が明らかでないことに問題があるのだ。決して心の問題などではない。専門家が殺害をも心の問題化することは、殺さずに生きる道を考える思考力を奪い、誰かの死だけが和らげる感情を捏造することによって、最悪の事態を招くことになろう。

誰かに殺された者と関係のあった誰かが抱える苦痛も、心の問題として語られている。不幸な他人を見るや、ケア・カウンセリング・治癒・救済・臨床・ボランティアという用語を自動的に繰り出し、そのことをもって他人の不幸を見る自分が良心的であることが示されるかのように信じられている。そして殺害者と遺族の心の問題が最後の難題であるかのように語られ、それが解決されさえすれば廃止論の仕上げが完了すると信じられている。このようにして現行制度の杜撰さが隠蔽され、殺すことはないということを考え抜く姿勢が失われていくのだ。

誰かの死と誰かの生は断絶している。だから誰かの苦痛は、誰かが死んだことから発生しているわけではない。誰かの苦痛は、誰がが誰かを殺すことをめぐる感情と、誰かが生活の場から消え去ったことに伴う情動から発生している。だから苦痛が癒されるには、感情について倫理的に考え抜くことと、生活を立て直すことが必要だ。したがって例えば死刑執行に賛成するにせよ反対するにせよ、誰かを殺した誰かの処遇について何かを考えられるようになれば、すでに苦痛は半ば以上癒されていると少なくとも第三者は考えるべきである。そして生活の問題は、殊更に被害者救済制度を持ち出す以前に、あらかじめ解決されているべきことではないのか。

癒されない傷があるとすれば、それは致命傷である。致命傷でない傷は、いつでも傷跡である。誰かが殺されることで受けた傷は、致命傷ではないからには傷跡である。生きるということは生傷を癒すことであり、生傷を自ら癒すことの痕跡が傷跡として現出する。第三者に見える傷は、いつでもそんな傷跡なのだ。とすれば生傷を癒して傷を傷跡にする力をもっているのは、第三者でも心の専門家でもなく、まさに誰かが殺されても生き残った人であるはずだ。とすれば誰かが殺されて、生き残った人にこそ教えを乞うべきなのだ。国家や専門家やボランティアが騒ぐような筋合いのことではない。

それでも生傷の絶えない人はいるだろう。自らがナイフとなって自らを傷つけつづける人がいるだろう。誰が救済できるのか。誰が救済する資格をもっているのか。傷を傷跡にしている人以外にいるはずがないではないか。「自殺論」のヒュームにならって次のように言いたい。傷を傷跡にしている人は、苦痛を引き起こしている何ものかが、まさに苦痛からの逃走線を掻き消している当のものであることを把握することを通して、生きてきた。とすれば生傷を引き起こしているナイフがまさに生傷からの逃走線を掻き消している当のものであることに気づかせて、生傷の絶えない人を励ますことができるのは、傷を傷跡にしている人以外にはいない。そして現に、誰かに殺された誰かと関係のあった人たちはそうしてきたのではないか。

最高裁の合憲判決は、邑神一行による尊属殺人死体遺棄事件に下された判決であった。以前から私は、戦争直後の食糧難は植民地支配に対する制裁であると言えるから、それについて苦労話をする人を信用できなかったし、その限りにおいては、闇米を拒絶して餓死した司法官に敬意を感じてきた。ところで判決文によれば、被告人は、まともに働かないままに家族の食い扶持を減らすことを非難され、近所の精米所から米を盗んでも煙草に交換してしまい、家族がそこから米を借りることができなくなったと非難され、そして或る日、空腹と立腹のあまり母と妹を殺害した。こんな〈汚辱にまみれた人〉の記録をめぐって考えるべきことがあるとすれば、殺さずに食べてゆける別の道が何であったのかということ以外にはあるまい。心の問題ではなく社会問題・政治問題であるなどと言いたいのではない。ドゥルーズ＝ガタリとともに、欲望はいつも社会野に備給されるということを忘れたくないのである。だからこそ冒頭の二つの問いを安易に関係させておいて、一見良心的な言辞でケリをつけるような言論を許すわけにはいかないと思っている。

配分的正義を

死の配分と財の配分

湾岸戦争以来、わからないことが多くなるばかりだ。とりわけ、法・政治・倫理をめぐって使用されてきた諸概念——正義・責任・他者・人道・人権・帝国・国民国家・グローバリゼーション・セキュリティ・セイフティ・ガバナンス・ワークフェア、これらの意味がわからない。それらがどのように使用されてきたかは知っているが、何のために使用されてきたのか、何がそこに賭けられてきたのかがわからない。たぶん湾岸戦争以来、私はまどろんだままなのだ。そこで、まどろみながらも、別の夢をみることにする。

現在、日本国市民は、他者の欲望が理解できず不安になっている。他者は自分たちに何を求めているのか。他者は自分たちの何を欲しているのか。こんな問いを立てても答えが与えられそうにない。答えが与えられても応答できそうにない。そんな不安を封印するために、日本国市民は、二つの道を選択してきた。一つは、他者をテロリストとして把握すること、もう一つは他者を犠牲者として把握することである。順番に検討する。

最近、あちこちで、「テロの標的になるとしたら○○だ」とささやかれている。東京都知事も「新幹線だ」と推測してみせたが、この類の風評が広まることは決して悪いことではない。テロの標的になるものには、それ相応の理由があると捉え直すことになるからである。新幹線が狙われると怖れるなら、新幹線には何か悪しきところがあると捉え直すべきである。しかし、これを言う前に、片付けておくべき問いがある。テロが任意の日本国市民の生命を狙うとしたらどうであろうかという問いである。

そもそも私は、人間を殺した人間は死ぬべきであると考えている。合州国市民であれイラク人であれ、イスラエル国市民であれパレスティナ人であれ、人間を殺した人間は死ぬべきである。ところが、現実には、人間を殺しても生きのびる人間、人間を殺させても生きのびる人間がいる。ここでどうするか。仮に現状の法的政治的倫理的現実（私には妄想にしか見えない現実であるが）を受け入れるとしたらどうなるのか。

集団的殺人を実行する単位を国民国家と見なしておく。すると、合州国市民によって日本国内の沖縄で日本国市民一人が殺されたなら、均衡をとるために、任意の合州国市民一人が死ぬべきであることになる。だから、誰かが合州国市民一人を死なせなければならない。では、誰がそれを実行するのか。日本国市民が実行しても均衡は回復しないので、合州国市民の誰かが実行すべきであることになる。ここまでは国民国家の公準である。ところが、戦争は、死者の数の不均衡を拡大し放置する。国民国家は、人間を殺した兵士、人間を殺すことに加担した市民を生かしたままにしておくからである。加えて、集団的殺人の実行単位を民族や人種と見なすなら、国民国家の公準は完全に破綻する。いずれにせよ、集団をリアルなものと見なすと、死者の数はいつも不均衡に見えてくる。では、この不均衡をいかに解消するのか。しかも不均衡を拡大せずに人間を死なせるにはどうするのか。

強調しなければならないが、現状の法的政治的倫理的現実を受け入れる限りにおいては、私たちは、自爆テロ以外の答えを見つけてはいない。自爆テロとは、任意の集団構成員に死を贈与して再配分し、もって死者の数の均衡を回復するための行動である。しかも、再配分する人間自身が同時に死ぬからには、きわめて公正な行動である。再び強調するが、現在の私たちは、自爆テロによる不均衡の動的不断均衡化を批判することはできない。否応なしに、自爆テロを矯正的正義として肯定しなければならない。とすれば、日本国市民は誠実にこう問うべきである。他者＝テロリストが、任意の日本国市民の死を欲望するとしたらどうであろうかと。二つに一つだ。一定数の死者を差し出すか、法的政治的倫理的現実の一切を廃棄するかである。

こう考えてくると、東京都知事のように、生命というより新幹線が狙われるという側面に着目することは、不安に直面しないための防衛にすぎないということが見えてくる。そうではあるが、私はこの防衛の仕方は悪くはないと思う。他者＝テロリストの欲望が、仮にバーミヤン遺跡や世界貿易センタービルそのものの破壊にあるとしたら、ほとんど何も怖れる必要はなくなるからである。文明国市民は手始めにそんな防衛のための夢をみるべきである。ただしもっと深く夢みるべきである。私の主張は簡単だ。他者をテロリストと把握するなら、日本国市民は何ものかの再配分を要求されていると考えるべきである。その正誤はどうでもいい。そして日本国市民はその何ものかの贈与と再配分を実行すべきである。不安を回避したいなら、問題を財の配分的正義の問題に還元することだ。

他者を犠牲者化する道を検討する。驚くべきことだが、現在、自衛隊派遣に反対する者の大半が、人道支援と復興支援の必要性については承認している。これは全く間違えている。日本国市民は、医療援助・生活物資配給・施設復旧整備などを行なうべきではない。ＮＧＯやＮＰＯも撤収すべきである。悪しき手であれ善き手であれ、一切の手を引き上げるべきである。こう主張するのは、その実行責任が合州国政府と旧イラク政府にあるからだが、それだけではない。この点は説明を要する。

現在、合州国軍司令官は「もし我々がイラクでテロと戦わねば、我々はどこか別の西側諸国の街頭でテロと戦うことになるだろう」と述べ、イラク国内だけで死者を生産しようとしている。これに対して取るべき正しい態度は、法的政治的倫理的現実を受け入れるなら、テロを西側諸国にも配分することでなければならない。しかし、このような仕方で不安に直面するのは難しいので、手を出したくなるわけだ。では、どうしても手を出したいのなら、いかなる手を出すべきか。現在、イスラム革命勢力とアフガン元義勇兵は犯罪者化されている。負傷者と死者はひとしなみに犠牲者化されている。日本国市民は、前者に対しては警察化された軍事行政を、後者に対しては慈善と国際司法をもって対処しようとしている。こうした態度と行動は、日本国内におけるものと変わりがない。近年、日本国市民は、安全・安心条例制定などで、警察行政の一翼を担ってきた。同様に、消費税制では徴税行政の一翼を、性犯罪・児童犯罪対策では行政警察・司法行政の一翼を、分煙では厚生行政の一翼を担ってきた。日本国市民は、国内行政を担うのと同じ態度と行動をもって、国外の他者に臨もうとしている。テロとセク・ハラ、劣化ウラン弾攻撃と自動車事故を同等視しているのである。

これは気味の悪い状況であるが、仮にそれを真正面から受け入れるなら、私たちが為すべきことは明らかである。イラク人に行政の一翼を担わせることである。すなわち、日本国市民を国際公務員に仕立てるのではなくイラク人を国際公務員に採用することであり、靖国に参拝するのではなくモスクを支援することであり、医療援助するのではなく保険医療行政に参入させることであり、学校を寄贈するのではなく教員に採用することであり、自衛隊員を派遣するのではなく自衛隊員として雇用することであり、新幹線や高速道路を監視するのではなくその建設費と維持費を配分することであり、特別事態に対する特別措置用の特別予算を計上するのではなく公共事業費と社会資本の本体を配分することである。

近年の正義論は、応報的正義・復旧的正義・司法的正義にだけ目を向けてきた。だからこそ、先制攻撃に代わる選択肢として、国際司法と国際人道支援しか口にしてこなかった。しかし、一体、誰がそんなことで正義が実行できるなどと信ずることができようか。口にする本人でさえも信じていないはずだ。「たかが理念、されど理念」と口にするのは欺瞞的である。それだけではない。近年の正義論は、現行の配分秩序を完全に不問に付している点において、自己保身以外の何ものでもない。そもそも、ピノチェトやミロシェヴィッチやフセインを裁いたところで、何がどうなるというのか。しかも、裁きを求める市民はいささかも裁かれないままなのだ。したがって、私は、応報的復旧的司法的正義のすべてを廃棄すべきであると考える。現在の状況にあって、真剣に賭けるべきは配分的正義である。以上の批判は、写真を眺めイマジンを聴きメールを流す市民にもあてはまる。それは自己保身のための偽善的振る舞いである。繰り返すが、私の主張は簡単である。善さそうに見えることも含めて何もしないこと、何かしたいなら日本国市民の大切なものを再配分することの二つだけである。

現在、法・政治・倫理をめぐっては実に多くの混乱がある。日本国政府の混乱ぶりは悲惨ですらある。だからこそ、「神学論争は終わった」と逃げを打つ首相や、英語文法の誤りを意に介さぬ大統領が必要とされているのだろう。こんな連中によって何でもアリの状況が作られそうにも見えるが、実際は、正義や人道を崇める道徳的原理主義が蔓延しているだけである。正義や人道の名をもって人間を殺し、正義や人道の名をもって人間を裁き、正義や人道の名をもって人間を慈善対象に還元する。これは最低の結託である。とにかく、明確なことは、日本国市民が外で何をしようが外で何人死のうが、日本国市民が無実になるわけではないということである。

最後に政治的なるものに触れておく。私は、現状では、政治なる語に念をこめるのを止めて、それを行政と読み替えるのがよいと考えている。行政フェミニズムを誇りに思う人びとが出てきたからには、「個人的なことは政治的」とは、「個人的なことは行政的」という意味だったということになったのである。これを真正面から受け入れるなら、こう主張することになる。差異と承認の政治＝行政、公共圏の政治＝行政、サン・パピエのための政治＝行政、シチズンシップの政治＝行政、ラディカル・デモクラシー行政、マルチチュード行政を、この戦争を好機と捉え、配分の政治＝行政として実行すべきである。

戦争と平和と人道の共犯

平和とは、現在所有しているものを、そのままに失いたくない者たちのための言葉である。平和の反対語は戦争ではない。戦争は、現在の所有しているものをもっとふやしたい者たちの言葉である点では、平和の類語にすぎない[*1]。

一　正義と自衛

近衛文麿は、一九三七年六月四日の第一次内閣誕生時に、その対外政策の覚書を書いている。それは、一九四九年に、「第一次内閣の指導精神（未発表遺稿）」と題されて公表されている。

国際間にありては、所謂「持てる国」と「持たざる国」との対立あり。今日の世界不安は之に本づく。国内にありては「持てる者」と「持たざる者」との対立あり。社会不安多く之に因す。／是等の対立を緩和するには、国際間にありては国際正義、国内にありては社会正義を、指導精神とすべし。／正義とは何か。結局分配の公平に帰す。公平は平等に非ず。／国際正義は国際間の分配の公平、社会正義は国内に於ける分配の公平。／国際正義と社会正義とは、本質に於て一なり。両々相俟ちて人類の幸福繁栄に寄与す。国際正義あるも社会正義なければ、国民大衆に幸福を齎らさず。社会正義あるも国際正義なければ、国民全体としての繁栄なし（国民皆食）。／国際正義が実現せざれば、真の平和なし。現状維持を基礎とする平和は永続性なし。国際正義は世界領土の公平なる再分配まで行かなければ徹底せず。然れどもこれは空想なり。／国際正義実現の次善方法としては、（一）資源獲得の自由、（二）販路開拓の自由、（三）資源開発に要する労力移動の自由、即ち人と物との交通の自由を認むることなり（現に国際連盟原料品調査会に代表を送り主張せしむ）。然れども此の主張も亦、経済的国家主義盛なる時代に於て実現困難なり。／我が国は今後も常に、国際正義の実現に向て努力すべきなり。然れども国際正義の実現するまでの間、所謂「持たざる国」の部類に属する我が国は、我が民族自体の生存権を確保し置かざる可らず。我が国の大陸政策は、此の生存権確保の必要に本づく[*2]。

ここに読まれる「指導精神」は、政界でも学界でも、寸分も違わぬ仕方で反復されている。「持てる国」のことを「先進諸国」「ＯＥＣＤ諸国」「有志連合国」「ドル・ユーロ・人民元ブロック圏」と読みかえ、「持たざる国」のことを「開発途上国」「破綻国家・失敗国家」「サブ・サハラ諸国」「中近東諸国」と読みかえ、適当な変更を加えてやるなら、そのことに直ぐに思い当たるはずである。この間、国際間では国際正義・経済的正義・分配的正義・匡正的正義が唱えられ、国内では格差を是正しマイノリティ・貧困者を包摂する社会正義が唱えられてきた。そして、ポスト植民地主義的でもある南北問題や国内問題を解決するのでなければ幸福も繁栄も平和も実現しないと唱えられてきた。99％が１％に対して、「世界領土の公平なる再分配」を実行させるのでなければ、現在的に適当な変更を加えて言いかえるなら、世界の資産・資本・富・所得の公平なる再分配を実行させるのでなければ、真の幸福・繁栄・平和は実現しないと唱えられてきた。しかし、近衛が指摘するように、それは「空想」である。そこで、この間、国際間での「人と物との交通の自由」、国内での社会的地位の移動の自由があらためて強調されることもあった。あるいは、政治的境界を跨いで貧困者にもグローバルな知識情報へのアクセスを可能にするIT産業、これまた政治的境界を跨いで移動するグローバルな官僚や知識人や労働者や難民に期待がかけられることもあった。あるいはまた、国家間の紛争を新たな仕方で掻き立てもする金融資産の自由な流れに期待がかけられることもあった。しかし、近衛が指摘するように、その類の自由主義だけでは、正義の実現は「困難」である。いまや、そのことに多くの人が気づいている。正義を口先で唱えたところで、部分的な自由による抵抗を試みたところで、何ひとつ変わりはしない。「持てる国」と「持てる者」はその域内平和のうちで微睡(まどろ)んでいられるかもしれないが、「持たざる国」と「持たざる者」は、前者の唱える処方箋が欺瞞にしかならないことに疾(と)うに気づいている。このとき、「持たざる国」の部類に属する「我が国」は、あるいはまた、「持たざる国」と「持たざる者」を代理・代表すると自認する国や人はどうするべきであろうか。「空想」も「次善方法」も信用できないとすれば、「持たざる国」と「持たざる者」がその「生存権確保」のために採るべき「大陸政策」を、どのようなものとするべきであろうか。

近衛が出した答えは、正義のための戦争である。国際正義と社会正義を実力で実現するための戦争である。注意すべきは、その戦争は、自衛のための戦争ではないということである。当時も現在も、自衛は戦争を正当化するほとんど唯一の大義であるが、その自衛を根拠として国境線を越えて大陸へと戦線を拡大することは侵略戦争以外の何ものにもならないと認識されている。したがって、正義のための戦争は、決して自衛のための戦争であってはならないのである[*3]。正義のための戦争であるからには、自衛の域を越え出た侵略戦争ではないというわけである。対テロ戦争は、いかに国内でテロが起ころうが、決して自衛のための戦争ではなく、正義のための戦争である。「人間の安全保障」や「平和構築」のための「人道的介入」は、決して国益のための戦争ではなく、正義のための戦争である。そうした戦争は、口先だけのリベラリストや社会民主主義者を超えて、かれらも口先では唱えてきた大義を実力で実現するための戦争である[*4]。こうして、いまや、近衛新体制の再版を支える知識人がヘゲモニーを握るようになっている。

二　新体制知識人たち

近衛新体制に相当する体制が復活したのは、一九九九年のNATO軍によるユーゴスラビア連邦(セルビア共和国)に対する軍事行動(空爆)を契機としている。そのとき、ヨーロッパの多くの政党、多くの進歩的でリベラルな主流派の知識人が、コソヴォにおける民族浄化を止めるという名目で正義を行使する人道的介入として戦争を支持した。ドイツ社会民主党、イギリス労働党、そして、ユルゲン・ハーバーマス、スーザン・ソンタグ、ヴァーツラフ・ハヴェルなどである。日本の言論界は、そこまで積極的に支持するにはいたらぬ「対照的な言論状況」であると見なされていたが、塩川伸明は、その状況認識に異を唱えて、次のように書いている。

しかし、やや立ち入ってみると、実は日本の言論界でも微妙な変化がこの頃から始まっていたのではないかという疑問が湧いてくる。そのことを最もよく示すのは、後でみるように、知識人一般と区別される国際政治・国際法研究者の発言に絞るなら、「何が何でも軍事力行使には反対」という議論は意外なほど少なかったという事実である。そのような微妙な変化がこの時期にあったことが、その後の急速な国際情勢の変化を経て今日に至る日本の言論動向にもなにがしかの影響を与えているのではないかという気がしてならない[*5]。

これに続けて、塩川は、コソヴォ以降、9・11事件やイラク戦争を経て、人道的介入を肯定したり、人道的介入の否定論を否定することでその肯定を示唆したりしてきた研究者を列挙している[*6]。そこにあげられている藤原帰一の近著から引いておく。藤原は、「戦争が必要なとき」と題した章において、「保護する責任」は「綺麗事」ではないとして、つまり、「空想」や「次善方法」ではないとして、こう書いている。

虐殺を見て見ぬふりをする態度、「沈黙の陰謀（conspriracy of silence)」は、現代でも決して珍しくない。旧ユーゴスラビアはヨーロッパに位置しているから虐殺が「重視」されたのだとシニカルに切って捨てる人もいるだろう。それでも、「よその国」で起こった大量殺人を日常として受け入れるのが現代社会だとはいえない。「保護する責任」に基づいた人道的介入は、各国それぞれの領土、安全、国益などの個別利益ではなく、普遍的人権の尊重を中核とした、優れて普遍主義的な理念によって支えられている。／どこの国の国民であっても生命の安全を脅かされてはならないと考えるのであれば、「よその国」のことであっても放置すべきではない。〔……〕「保護する責任」が示すのは、自国の利益が損なわれていないときであっても生命を脅かされる人々には保護を与えるという、優れて普遍主義的で、利他的な行動である[7]。

度し難い道徳主義であるが、それが戦争の大義として差し出されていることを見逃すわけにはいかない。私は、藤原帰一のような知識人が世間的・学界的にどう分類されるのか知らないが、確かなことは、藤原のような知識人は現政権の「指導精神」と寸分違わぬ「大陸政策」を打ち出しているということである。正義・人道・普遍・利他・保護といった名目でもって、自衛のためでも侵略のためでもない戦争を煽っているということである。

三　正義と人道のコンセンサスを拒絶する

すでに多くの論者が指摘してきたが、日中戦争・太平洋戦争の際の戦時体制そのものが、戦後の体制を規定し決定している。そのことを思想史的に言いかえるなら、戦時体制を支えた思想そのものが、戦後に体制化してきたということになる。問題は、その思想をどう名指すか、その担い手をどう同定するかということである。ラルフ・ダーレンドルフは、「右派」という限定を付けながらも、それを「社会民主主義」であるとしている。そして、社会民主主義は正義の理念を元手として現在のコンセンサスを形成し、完全に勝利したのであると指摘している。

人はどのようにして右派社会民主主義者になるのか。この立場の流れを過去に遡れば、特権階級からの抵抗にもめげず、非特権階級の利益を確信をもって主張すること、つまり正義という動機から始まったことがわかる。そして正義（ジャスティス）という動機は、実際、社会民主主義的合意だけでなく、近代そのものの本質的要素である四つの態度のセットの中に、その政治的形態を表わしている。この態度は、経済政策においては、生産性の向上による成長の必要性を少しも疑わず、また、〈生活水準の向上および労働者の労働条件の改善〉と〈生産増加〉との間に予定調和的な安定関係があるという考えを、何の抵抗もなく受け入れている。社会政策に関しては、支配的な動機は平等への動機である。それも通常、収入や一般的な社会的位置の平等ではなく、〈シチズンシップ（市民的地位）の権利の平等〉と定義されるものであり、〈結果の平等〉ではなく〈機会の平等〉と定義されるものである。政治的には、社会民主主義者は、民主主義制度を変革（チェンジ）への制度的枠組として受け入れる。実際、彼らはこの制度によって、最初は〈強力な少数派〉となり、後に多数派を占めるようになって、その最も確信的な擁護者となった。最後に、価値の領域、あるいは最も広い意味での文化の領域で、社会民主主義者は、〔複式〕簿記に始まり、官僚制、さらには科学やテクノロジーに及ぶ《合理性》（マックス・ウェーバー）の中核的な支持者である[8]。

ダーレンドルフが指摘するように、こうした「社会的理念のこのセット」は、「ＯＥＣＤ諸国において全般的に実現された」。社会民主主義は勝利したのである。たしかに「全市民の権利の平等は、決して十分に実現されていない」が、「それにもかかわらず、次のようなことは厳然たる事実なのである」。「長期におよぶ経済成長が、多くの人々に未曾有の繁栄をもたらしたこと」、「シチズンシップの権利」が「社会的領域にまで拡張されてきたこと」、「民主主義制度が、権力に対するコントロールや政権の交代を可能にしていること」である。たしかに軋礫や抵抗は生じているが、それらは先進諸国のコンセンサスを前提としてその下で生じているのであって、いささかもそのコンセンサスに異を唱えるものにはなっていない。「いわゆる保守政党」も「社会民主主義的な理念の諸要素を次々と採り入れてきた」のであって、社会民主主義は政治的なヘゲモニーを完全に握っているのである。ところが、ダーレンドルフによるなら、そうであるからこそ、社会民主主義的コンセンサスは色裾せ始めている。

ラフな言い方になるが、このようにして古典的な社会民主主義の立場は、その強力な活力を喪失したのである。その基本大綱は達成されたのであり、もはやそれは変革への原動力とはならないのである。だから、この大綱を支持し、生涯のうちにその実現を目の当たりに見てきた人々が、今では誇りとしている成果を守ろうとしているのも、驚くにはあたらない、と言えるのである。「今ほどよい時代はない」という自己満足的な言葉は（これはイギリスで、保守的な社会民主主義者ならぬ、社会民主主義的な保守主義者が選挙に際して使った言葉だが）、今日では右派社会民主主義者の選挙スローガンに十分なりうるのである[*9]。

いまや、「持てる国」では、「持たざる者」に対しては、「果てしない討論に参加する権利」だけが与えられ、「何かをしたり、変革を実現したりするチャンス」はまったく与えられない。このとき、体制批判者は、体制全体を否定する形をとらなければならなくなる。ところが、その方向がいまだ不分明であるためもあって、一方では、新体制派の一部が、コンセンサスに逆らうかのような言動を吐くことによって体制批判を予防的にガス抜きし、他方では、新体制派の多くが、人道的言説を撒き散らしながら正義の戦争をあたかも社会民主主義的革命の輸出のごとく見せかけることに成功している。

事態は悪い。現政権批判者たちが想定している以上に事態は悪い。しかも、現政権批判者たちの多くもそこに加担しているにもかかわらず、そのことにまったく気づいておらず、さらに事態は悪くなっている。われわれは、新体制のコンセンサスを前提とした欺瞞的対立を乗り越え、その先を展望しなければならない。

*1 東野芳明「狂気随想——メモ帖から」『現代思想』(一九七五年九月臨時増刊号)、一一頁。

*2 近衛文麿「第一次内閣の指導精神(未発表遺稿)」『改造』(一九四九年一二月号)。

*3 当時の大陸政策の大義を正義とするべきか自衛とするべきかについては、政府部内でも対立があった。庄司潤一郎「日中戦争の勃発と近衛文麿「国際正義」論」『国際政治』第九一巻(一九八九年)参照。

*4 この文脈で、戦争を内乱に転化するために昭和研究会に結集した知識人を評価し直さなければならないが、現在の正義の戦争は、まさしく遠方で行使されるがために(しかも空爆中心である)、それを内乱に転化することはまったく期待できない。現在の正義の戦争は、遠方に内戦状態を作り出すだけに終わり、先進国の平和の微睡みを強化するだけである(ただし、近隣諸国に対する関係が現在の焦点であるとするなら方針は違ってくる)。その肯定的な面を含め東亜協同体の正義に賭けた当時の知識人の道を反復するわけにはいかない。

*5 塩川伸明『民族浄化・人道的介入・新しい冷戦——冷戦後の国際政治』(有志舎、二〇一一年)、三九頁。

*6 すなわち、星野俊也、篠田英朗、田中明彦、佐瀬昌盛、山崎正和、大沼保昭、坂本義和、藤原帰一である。また、抽象的な批判を差し出すものの歯切れがわるい知識人として、最上敏樹、土佐弘之、遠藤誠治の名があげられる。

*7 藤原帰一『戦争の条件』(集英社新書、二〇一三年)、二七-二八頁。

*8 ラルフ・ダーレンドルフ『増補版:政治・社会論集——重要論文選』(加藤秀治郎・檜山雅人編・監訳、晃洋書房、二〇〇六年)、一四一-一四二頁。ここで適当な変更を加えるなら、「社会民主主義」を「リベラリズム」と読みかえて構わない。

*9 同書、一四三頁

競技場に闘技が入場するとき

一　アート・学術・スポーツに対する態度

ジャンルの違い、規模の違い、運営形態の違いなどを度外視するなら、私にとって、東京オリンピックも瀬戸内国際芸術祭もまったく等価である。どちらも文化を売り物とするメガイベントであり、どちらも直接間接の経済効果を狙う資本主義的な祝祭である。したがって、私からするなら、東京オリンピックに反対するなら瀬戸内国際芸術祭にも反対しなければならない。後者を条件付きであれ容認するなら、前者も同じ条件を付けて容認しなければならない。

この態度について、別の言い方をしてみる。これまでミュージアムや地域で催されるアートイベントに対しては、批判や批評という名のもとに、数多くの議論が提出されてきた[*1]。ところが、ミュージアムを解体せよという議論やアートイベントを中止せよとする反対論は、驚くほど少ない。そこにどんなに問題があろうとも、アートを展示することやアートを展開することだけは無条件に擁護されなければならないかのようなのである[*2]。この事態をそのまま受け入れ、スポーツもアートも等価であるとする態度をとるなら、第一に、これまでアートに対して向けられてきたさまざまな批判や批評のすべてをスポーツに対しても適用するということになる。そして、第二に、そこにどんな問題があろうとスポーツ競技そのものは擁護しなければならないとして、あからさまな中止要求は控えるということになる。あらかじめ強調しておきたいので繰り返すが、瀬戸内国際芸術祭を容認するなら東京オリンピックも容認するべきであり、東京オリンピックに反対するなら瀬戸内国際芸術祭にも反対するべきである。アートだけを特権化してはいけない。あるいは、スポーツだけを悪者視してもいけない。繰り返すが、文化産業として、両者は等価である。

この態度は煮え切らないもののように見えるかもしれないが、その射程はもっと広がる。規模の違いを別とするなら、各種のアートプロジェクトと大学で催される各種学術集会は等価である。一方はアートを掲げ他方は学術を掲げているが、文化経済的には等価である。大学で行われる学術集会では、旧来からのシンポジウムや口頭発表に加え、種々のワークショップ、市民参加のミニイベント、産官学民協同のプロジェクト、それらの準備過程のメイキング報告、書籍だけにとどまらない関連商品の売り込みなどが並行して行われている。もちろん国際化されており、相当の参加費を徴収してもいる。アートプロジェクトについては、それがどんなに若手作家をただ働きさせていようと、若手作家に発表の場を保証しているとして擁護されるのと同じ訳合いでもって、国際学術集会は若手研究者自身によっても擁護されている。このように、昨今はますますもって、アートイベントと学術集会は等価になっている[*3]。したがって、アートイベントと学術集会に対しては同じ態度を取るべきである。東京オリンピックの中止を求めるなら、同じ訳合いでもって、大学の国際学術交流の中止を求めるべきである。オリンピックだけを悪者視するいわれはない。

これだけだと、あるいは生温いと思われるかもしれないが、メガイベントに関しては注意すべき点がある。すなわち、アートであれスポーツであれ学術であれ、イベントは特定の場所で行われているということである。それは、廃鉱、離れ島、過疎地、博物館、美術館、湾岸地区、競技場、大学キャンパス、企業研究施設など、「特区」で行われている。したがって、アート・スポーツ・学術のイベントに対する態度は、特区に対していかなる態度をとるのかという問いに置き換えてみることができる。本稿ではこの観点で考えていくが、そのとき、国民・市民は二つの部分に分かたれる。すなわち、特区に入ることのできる（入りたがる）人間と、特区に入ることのできない（入りたがらない）人間の二つにである。そのとき問われるのは、どちらの人間の立場に立つのかということである[*4]。

先に、特区好きの人間の議論を見ておこう。竹中平蔵は、ニーチェの言葉「芸術は生を可能ならしめる偉大な形成者である」を引きながら、アートイベントについて次のように書いている。

グローバル化が進み、デジタルな技術革新が目覚ましい今日の経済社会において、クリエイティブ人材が果たす役割は極めて大きい。そうしたクリエイティブな活動をするに当たって欠かせないのが「アート」の存在だ。例えばダボス会議のようなリーダーが集まるコンファレンスでは、必ずと言ってよいほど「アートイベント」が並行して行われている。まさに、経済社会の活動が高度化し複雑化すればするほど、人間にとってアートの持つ意義が高まっていると言える[*5]。

竹中平蔵に言わせるなら、「高いインテリジェンスとクリエイティビティを持った人」はアートが大好きなので、「クリエイティブな人材を集めるためには、そこがアート溢れる街であり、アート溢れる国である必要がある」[*6]。エリート層を集めて経済効果なるものを生み出すためには、エリート層の「生を可能ならしめる」、エリート層の御眼鏡にかなう接待用の娯楽を用意しておかなければならないというのである[*7]。竹中は続ける。「そのためには、例えば東京をアート特区にして、アートに対する寄付を免税にするという制度が考えられてもよい」。「日本政府は文化に対してあまりお金を使っていないことは明白である」が、アメリカが文化予算は少なくとも文化大国であるということに追随するなら、主として「柔軟な寄付税制の確立」こそが政策的に目指されるべきである。加えて、アートは、国際的なソフトパワーになりえているのだから、エリート層がその意志を貫徹するためにもアートの力を活用するべきである。このように、エリート層は、アートイベントにノリノリである。では、そのようなメガイベントに参入したがる人間とは誰であろうか。

アート特区としての東京は、いかなる場所として設計されているであろうか。そこに集うのは、リチャード・フロリダの言い方では「創造階級」である[*8]。すなわち、科学技術者、システムエンジニア、大学教員、詩人、芸術家、エンターテイナー、俳優、デザイナー、建築家、エディター、文化人、映画製作者、等々である。ここで注意すべきは、その特区には、サイトスペシフィックな「法」が布かれていることである。すなわち、性や人種の多様性を重んずるダイバーシティ、冒瀆的言辞や憎悪発言を封ずる軋轢なきコミュニケーション、敵対性やハラスメントの存立しえないグローバルで温和な友愛、無能力者を不可視化した公正な能力競争、社会的なものや保護的なものの影を払拭した自律的な自由、等々である。そこは、啓蒙の近代的プロジェクトが圧倒的に勝利したがために、光を求めるための基盤となるはずの暗闇さえもが消失している特区である[*9]。礼節を弁え誠実で清潔な人々だけが行き交う特区、そこから排除される悲惨な貧民に対する共感や同情にも溢れた特区である。すでに、このような特区は散在している。「一流」の企業、「一流」の大学、ミュージアムである。そこは、エリート層、創造階級、そして、そこに参入したがる中流市民が、自由・平等・友愛を謳歌する場所である[*10]。

では、競技場はどうであろうか。いまや競技場もミュージアムと等価のものとなりつつあるにしても、アートイベント愛好者とスポーツイベント愛好者では階層を異にするという思い込みは根強いが、はたしてどうであろうか。むしろ、展覧会入場のために数時間もおとなしく整列する文化系の中流市民と、競技場入場のために数時間も応援で騒ぎ立てる体育会系の中流市民は、その立居振る舞いに文化的な違いはあるにはあるが、いまや瓜二つになっていると見るべきではないであろうか。そうであるとするなら、なおさらのこと、メガイベントのことなど放っておけばよいと思うのであるが、現実はそう簡単に割り切れないところがあるかもしれない。なぜなら、特区そのものが完全に啓蒙化されるはずもなかろうと思えるからである。むしろそこにこそメガイベントの面白味や醍醐味があるとしたらどうであろうか。

二　競技場における脱政治と非政治

ポール・ヴェーヌが『パンと競技場』で示している観点を採ってみる。ヴェーヌは、古代ローマの詩人ユウェナリスの有名な言葉から始めている。それは、ユウェナリス『サトゥラエ――諷刺詩』の次の一節である。

われら（ローマ市民）が投票権を誰にも売らぬようになってこのかた、（民衆は国事への）懸念など捨ててしまった。それというのが、かつて王権を、（要職の象徴たる）束桿を、軍団を、一切を、賦与していた（主権者たる）民衆はいまや自制し、それればかりか、つぎの二つのことだけに執念を燃やしている――（つまり）パンと戦車競技（panem et circenses）だ！[*11]

この詩句「パンと戦車競技」、あるいは「パンと競技場」「パンとサーカス」がどのように解されてきたのかについて、ヴェーヌは次のように書いている。

ユウェナリスはこの有名な詩句において、ローマがかつてその市民によって統治されたはずの都市国家だったが、いまでは君主国の首都にすぎないことを嘆いている。この詩は別の意味で、いや二つの意味で諺のように言いはやされた――ローマでは、支配階級の権力と引き替えに、または所有者階級の特権と引き替えにパンと競技場（le Cirque）が提供された、と。ユウェナリスのような右派的見解においては、物質的満足によって民衆は自由を忘れた卑しい唯物論に陥る。左派の見解では、適度な満足や虚妄の満足によって大衆は不平等に対する闘いから逸らされる。いずれの場合も、権力や所有者階級はマキャヴェッリ的策略によって民衆に満足を提供すると想像されているのである[*12]。

したがって、このような見解に従うなら、「パンと競技場」に反対するとき、右派としては「自由」のために、左派としては「平等」のために、資源を費やすべきであるということになろう。あるいは、「競技場」の存在を容認するとき、右派としてはそこに「自由」を、左派としてはそこに「平等」を注入すべきであるということになろう。ともに、それぞれの「規範的判断」に従って、俗衆の脱政治化、イベントの脱政治化に抗して、政治化・啓発を目指すということになろう。そして、いちいち指摘しないが、そのような右派と左派からの批判も取り込む形で、イベントは興行されている。

しかし、ヴェーヌは、右派と左派による批判にも、それらを取り込む興行にも賛同はしない。ヴェーヌによるなら、その類の文化政治は、人間は誰しも情熱的に自由に政治に関与するとか、人間は誰しも平等を原則として不平等を認めないと想定しているが、そもそも、それらの想定は「不幸にして間違っている」のである。文化までも政治化したがる欲望がどうかしているのである。もっと言うなら、文化によって民衆が脱政治化されると政治的に解釈してみせるそのエリート的な小賢しさこそが、民衆を馬鹿にしているのである。ヴェーヌは、次のように書いている。

多くの諺と同じく、ユウェナリスの言葉も、残酷な真理を不適切な仕方でしか示していない。競技場が政府の陰謀の道具でないことは明白であり、ユウェナリスの言葉は張本人を見間違えている。プロレタリアは、恋愛雑誌を読ませられるからといって脱政治化されるわけではない。そのような雑誌が存在しないからといって、女性読者が退屈のあまり闘うようになるわけではない。女性読者は、雑誌を読み、かつ闘うであろう*13。

すなわち、競技場があろうがなかろうが、民衆は自由と平等のために闘うときは闘うし、闘わないときは闘わないのである。競技場は、民衆の潜在的な闘争を妨害するわけでも促進するわけでもない。民衆を脱政治化するわけでも政治化するわけでもない。では、競技場は、パンへの民衆の要求を妨害したり促進したりするだろうか。「バターと大砲」問題として言いかえるなら、大砲を公的資金で買うことは、バターを公的に用意することを妨害したり促進したりするだろうか。ここでは詳しくは論じないが、それは場合によりけりであって、エリート層が決定したりコントロールしたりできるようなことではない。

このように見てくると、パンと競技場の問題において、また、バターと大砲の問題においてさえも、むしろ民衆の非政治性の意義を捉えることが重要になってくる。ヴェーヌは、次のように論じ進めている。すなわち、「権威的で狡猾な体制」は「民衆の受動性と交換に民衆に娯楽を提供する」と思われているが、仮にそうであるとするなら、言いかえるなら、そこに民衆の「顕示選好」が示されているとするなら、民衆は、競技会の入場券を貰えるなら、それと交換に、一票を政権に投じるであろうが、そんなことは幸か不幸か起こりはしない。もちろん民衆は大抵の場合に非政治的であるが、その非政治的な受動性は、政権が分配するものと交換に差し出されているものではない。もちろん民衆は大抵の場合に体制に服従しているが、その服従は何らかの恩恵や統治と交換に差し出されているものではない。要するに、政府と民衆のあいだには、いかなる取引関係も交換関係も契約関係も存在していない。「国家と市民の相互性はない。民衆のために大砲を選ぶかバターを選ぶのは、政府である。被統治者はそれに順応する。広い範囲で順応する」。そして、「服従」できなければ、「反抗」するだけのことである。それこそが、民衆の「非政治性（apolitisme）」である[*14]。

パンか競技場かという選択問題、バターか大砲かという選択問題、どちらか一つを選ぶか、双方を両立させる道を探して選ぶか、その類の問題はすべて、民衆が行うことではなく、政府が行うべきことである。民衆は、その類の問題の設定と解答の提出をすべて、政府に委ねている。政府とエリート層に委ねている。それが民衆の非政治性であるが、それは「政治経済的」にはまったく正しい態度なのである。そもそもパンか競技場か、バターか大砲かという二択が問題となるということ自体が、政治経済の現状から不可避的に起こってくることであり、そのような問題化に対して責任を負うべきなのは、どう考えても体制側である。現体制がそうであるがために発生する類の選択問題に対して解答の責任を負うべきなのは、どう考えても体制側である。それらは民衆が引き受けるべき事柄ではない。したがって、メガイベントに絞って言うなら、民衆が関心を抱くのは、それが娯楽になるかどうかということだけである。民衆にとっては、面白いかどうかということだけが大事である。それだけを判断の基準としてよいし、むしろそうするべきである。この観点から、幾つか述べておこう。

三 「サーカスの代わりにパンを」？

オリンピックに対する近年の批判のパターンを、ピーター・ドネリーはこう分類している[*15]。第一に「オリンピックのコストとレガシー問題」に関するもの、第二に「開催国、またオリンピックそのものが、さらにスポンサー企業がどのように人権侵害を行っているのかということ」に関するもの、第三に「環境被害」に関するものである。これらに加えて、第四に、オリンピックなどのスポーツイベントは、ヨーロッパによる「文化的均一化」「再植民地化」であると同時に、非民主主義国による「イメージ洗浄」の道具になっていることに関わるものがある。ところが、第三の批判はいまや統治エリートによって「解決」されてきたと言えよう。第二の批判と第四の批判は、話が違うとしか思えない。いわゆるスウェットショップに対する批判は思われているほど簡単ではないし、オリンピック程度のものでイメージ洗浄が成功すると思うほうがどうかしている。むしろ私は、オリンピックを続けるというのなら、中近東やアフリカの「破綻国家」で開催するところまで回数を重ねるべきであると思うほどである。

ここでは第一の批判だけを取り上げるが、レガシー問題は理念的なレガシーにせよ箱物的でインフラ的なレガシーにせよ馬鹿馬鹿しい問題であるとしか思えないので省略し[*16]、コスト問題についてだけ簡単に取り上げておく。メガイベントに支出する代わりに、インフラや社会的問題に対処するために費やすべきであるとする批判、すなわち、サーカスにではなく、サーカスの代わりに、サーカスの分を、パンに、という要求である[*17]。その例として、ジョン・W・ロイの議論を引いておく。

オリンピックには道徳的妥当性の点でもスポーツにとっての妥当性の点でも価値がないという、わたしの論点をともに認めた上でもなおかつ、オリンピック大会には経済的・人的資源にかんするコスト対効用比を計算すれば開催の利点があるのではないかと、真剣に質問するものがいるかもしれない。簡単に答えよう。オリンピック大会を開催するための莫大な金額は、何かほかの健康とか福利に（わけても大会開催地になりたいと希望する低開発国の都市での健康や福利に）費やすほうが適当ではないのか[*18]。

これでは批判にならない。馬鹿げた議論である。そもそもオリンピックにかけられる「コスト」は一時金である。それは公的資金の一時的な支出を含むものの、基本的には興行収入でもって解消されるべきものである。要するに、一時的で一過性のフローにすぎない。恒久的なものではないのである。したがって、仮にそれを「健康や福利」に費やすべく「再分配」したとして、それは一時的なばらまきにしかならない。サーカスを興行する代わりに、単年度に限ってパンを空からばらまけと主張しているにすぎないのだ。一体、その類のことがどうして「健康や福利」を改善できるなどと信じられるのか。まして「低開発国」の「健康や福利」の向上に貢献できるなどと信じられるのか。まったく欺瞞的である。

競技場の代わりにパンを、の類の批判は、ロンドン・オリンピックにおいても提出されていた。ある論者によるなら、オリンピック誘致のために費やされた二三億七五〇〇万ポンドを「社会福祉」に使ったなら、「英国に六つの最新の大病院と、一五八か所の新しい小学校と一八の新しい中学校と、一四〇マイルの新しい高速道路」を建設できたというのである[*19]。その代替案たるや、単なる箱物の建築要求である。しかも病院や学校や高速道路を増設して何になるというのか。およそまともに考えられていないのである。要するに、特区に集う都市エリートと中産市民が、特区の外に慈善を施すというだけのことにしかならない。

これらの批判は、オリンピックに費やす資金をスポーツ分野以外へ移転せよという要求であるが、それをスポーツ分野内部で再分配せよという要求にも問題がある。名古屋オリンピック誘致に対する反対論において、水田洋は、「社会的(政治経済的)な、スポーツの外側からの反対論」と、「非社会的とはいわないまでも純粋スポーツの側からの反対論」の二つがあるとしながら、後者における「純粋スポーツ」としては、「エリート・スポーツ」に対する「市民スポーツ」なるものを想定し、前者にまとわりついている「産業」「不平等」「競争主義」「管理主義」「スポーツ精神主義」「根性主義」「封建的主従関係」「全体主義」を免れているところの、「協同」を旨とするアマチュアの市民スポーツを称揚して、オリンピック施設を作る代わりに、数多くの「草野球のグランド」を作るべきであると要求していた[20]。私は、水田洋の議論に潜んでいる「草野球」に対するノスタルジーを共有するものであるが、アマチュア市民の「草野球」が「純粋」であるなどとはまったく考えていない。また、いわば体育会系のアマチュア市民が「産業」等々を免れているなどとはもはやまったく考えていない。むしろそのようなアマチュア市民こそが、現在の体制の支配的な階級であると考えている。だから、かれらに箱物やその維持費を与えることは、「社会的（政治経済的）」には反動的であるとも考えている[21]。ただし、体育会系・運動会系に対する評価について、ある留保はつけておきたい。岡崎勝「オリンピックと子供たち」にはこんな一節がある。

大学闘争の火が燃え上がった一九六〇年代末に、つねに保守的で政治的な動きをし、堂々と、自分はスポーツをやっているから政治には関わらないとうそぶいていたのは運動系クラブの人々であった。それどころか、まともに話し合いや論争もできず、腕力で大学を「正常化」しようとした。「頭が弱いからスポーツをやっている」とカゲ口をたたかれても何の申し開きもせず、権力に従順なところだけを売りものにしていた体育会という組織もあった[22]。

当時を知る者として証言を残しておきたいが、その差別的で侮蔑的な語調は認め難いとしても、概ね岡崎の言う通りではあった。大学名を出すのは差し控えるが、私の友人も空手部やボクシング部のメンバーに何度も襲われていた。しかし、当たり前のことだが、体育会系・運動会系の全員がそうであったわけではない。これも大学名を出すのは差し控えるが、私の知る範囲でも、応援部・柔道部・剣道部・アメリカンフットボール部などはその比率は少ないとはいえ左翼活動家を輩出していた。そして、ここを強調しておきたいのだが、かれらは、まさに「スポーツ精神主義」や「根性主義」に真摯に忠実であったからこそ、当時の政治活動に参入してきたし、機動隊や右翼の襲撃に対しても率先して防衛に立ったのである[23]。そして、私の感覚で言わせてもらうなら、近年の「自由」「平等」を旨とするアマチュア市民は「つねに保守的で政治的な動き」をするばかりで、仮にそのスポーツのエトスに忠実であっても、忠実であればあるほど保守反動化していくとしか思われない。かれらは、高々、特区の外に対して、健康・福利・医療・教育に一時的な施しをくれてやるとしか言えないのである。とすると、いまや、スポーツという文化政治においても別の主体を探さなければならない。

四　喝采と野次

誤認してはならないし、徹底的に銘記しておかなければならないが、アート・学術・スポーツを制度的に編成する原理は、民主主義などではなく、卓越主義や能力主義である。また、その制度を支える理念は、自由や平等などではなく、友愛や謙譲といった徳目である。だから、そもそもスポーツ分野に政治的に民主主義やリベラリズムを求める方がどうかしているのである。誘致活動における裏金が批判されるのは、それがスポーツに求められる公正に反するときだけである。誘致活動において原発がコントロールされていると述べたのが批判されるのは、それがスポーツにあるまじき不誠実な嘘つきの所業だからである。競技場設計案やエンブレム案の選定が批判されるのは、それがスポーツに求められる卓越性に反しているからである。すべての案件について、「国民」の意志など問題ではない。「市民」の意見などどうでもよいことである。担当機関内の民主主義の有無などどうでもよいことである。要するに、スポーツ界は国家や市民社会とは別の領域であるし、国家や市民社会の一部になってはいけないのである。

スポーツ興行は、大規模なサーカス興行のように、世界の都市を周っている。スポーツ興行師は、かつての勧進興行師を大規模にした形で、いまや各国の統治エリートや大企業家も巻き込んでいる。かつての勧進興行がそうであったように、種々の裏社会とも結託している。そのことを政治的に批判しても無意味である。民衆にとって重要なのは、定期的に打たれる興行が面白いかどうかだけである。面白ければ喝采を、面白くなければ野次を送ればよい。面白そうでなければ見なければよい。

ところが、統治エリートは勧進興行を政治的に利用したがる。統治エリートは文化的に卓越性の見せかけを求めている。統治エリートは勧進興行に資金を注ぐことで民衆の人気取りをしたがっている。それはそれで結構なことである。そのようにしてスポーツが発展してきた面もあるからには、そのような統治の幻想については放っておけばよい。その上で、民衆が入場料を支払ったにもかかわらず、勧進興行が面白くなかったり統治エリートがだらしなかったりするなら、その場で反抗すればよいのである。ポール・ヴェーヌは、そのような歴史を掘り起こしている。

スペクタクルは政治的アリーナになる。なぜなら、平民と君主がそこで対面するからである。ローマの群衆は君主を称えて、君主に娯楽を要求し、君主に政治的要求事項を認知させ、結局、スペクタクルを称えるか野次るかによって君主を歓迎したり攻撃したりする。〔……〕群衆のほうは、スペクタクルが群衆のために催され、群衆が祝典の主体であり、権威者は群衆のご機嫌をとっているとわかっている。群衆は競技場や劇場では自宅のようにくつろぐ（だから、政治的騒動が起こるとき、群衆が集まってデモを行うのは競技場や劇場である）。スペクタクルは群衆の祝典なのであり、競技主催者が皇帝であろうと、その日、皇帝は群衆に奉仕し群衆の前ではおとなしい。〔……〕公衆が好んでいる役者やチャンピオンの表彰を引き受ける君主はとくに人気が高い。皇帝が観衆の希望に応えて観衆のスターに褒美を与えるためにトラックに財布を投げたとき、観衆は次のような反応を示したらしい――かれらはそのスターを祝って叫んだ、「皇帝の恵みをいただけ」と。ところが群衆はこのチャンスを利用して政治的なデモをかけることもある。そのときスペクタクルは政治的トラブルの場となる。群衆がガルバティにティゲリヌスの処刑を中止させ、小麦価格の高騰を訴え、「カリグラに減税をしつこく要請し」、三拍子でもって平和を要求するのも、すべてスペクタクルの会場においてである[*24]。

権力者が真に恐れているのは、いわゆるソフトターゲットテロではない。その予防を口実とした警備体制が抑止しようとしているのは、スペクタクルの会場における群衆の反抗である。そしてまた、アスリート自身による反抗である。アンチ・レイシズムを名目とした規制が封じ込めようとしているのも、そのような反抗である。喝采だけを旨とする観衆を作りあげて、野次そのものを封じようとしているのである。「サーカスではなくパンを」という叫びは、政治経済的には馬鹿げた要求であるが、それがサーカスの劣悪さに対する野次として叫ばれるなら、まさにそのときだけ、統治エリートの面目を失わせることになる。

アートイベントに出かけて、あまりに独りよがりのインスタレーションを見せられると、その場で壊したくなる衝動にかられる。また、スポーツイベントの中継を見ていて、あまりにナショナリスティックなスペクタクル化を見せられると、スイッチを切っただけでは収まらない衝動を感じる[*25]。そしてまた、パラリンピックをめぐる言動の欺瞞性には耐え難いものを感じてもいる[*26]。しかし、そのような個人的感慨を述べ立てても仕方あるまい。群衆の多くは、先刻承知していることであると思うからである。その点で、群衆を啓蒙する必要はないと私は信じている。また、群衆は民主主義やリベラリズムによる粉飾の欺瞞性も疾うに見抜いていると私は信じている。このときスポーツ政治に期待できることがあるとするなら、体育会系・運動会系の群衆が、その通俗道徳に忠実なあまり、競技場内部で、野次と怒号でもって反抗に打って出ることだけである。サーカスは特区に入りこむチャンスである。

*1最近の堅実な批評集として、次のものをあげておく。藤田直哉編著『地域アート――美術／制度／日本』（堀之内出版、二〇一六年）。

*2このいささか気味のわるい状況は、中近東の内戦と戦争において文化遺跡が破壊されることに対して無条件に非難の声をあげることがコンセンサスになっている状況と通底している。そもそもユネスコ世界遺産などに指定されたものの歴史を顧みるなら、多くの遺跡が血塗られた過去を有すること、愚かしい開発の成れの果てであることなどは明らかであり、いかなる遺跡であれ無条件に保存するべきなどと言えないことも明らかである。戦争遺跡や産業遺跡についても、ダークツーリズムについても、おそろしいほどに人々は無批判になっている。

*3あるアートイベントで、ほとんどの作品・プロジェクトは学術研究発表に見えた。呆れた。そして、堪え難かった。アートと学術は、実質的な内容においても等価になっている。

*4メガイベントは特区の設定と維持に依拠するので、それがクリアランスやジェントリフィケーションを伴うのは必然的である。したがって、そこはメガイベントに内在的な争点になる。この点についてはすでに論考が多いので本稿では触れない。次のものをあげておくにとどめる。小川てつオ「オリンピックにおける排除の問題」『現代思想』（二〇一三年一二月号）。関連するが、一般に、これまでの都市計画は、例えば、お屋敷街の区画と貧民街の区画を「平等」に扱う「同じ」計画によって、「同じ」市民の間の不平等を追認するという、まさにブルジョア民主主義の施策の典型たりえていたが、いまや都市計画は特区に集中して民主主義の仮面すらかなぐり捨てている。そして、外国人建築労働者の導入や旅館業態の改革などをめぐってスラム形成の可能性が論じられるなどもしているが、その帰趨もまたメガイベントに内在的な争点である。以上の観点から反対論や中止論を繰り出すことには意味はあるが、この点にも本稿では触れない。

*5竹中平蔵・南條史生編著『アートと社会』（東京書籍、二〇一六年）、一頁。

*6同書、九頁。

*7サミット、ASEAN首脳会議、ノーベル賞記念式典、ホワイトハウス・コンサート、米国退役軍人コンサー

トなど、エリート層から「一流」芸能人にお座敷がかかる機会は多い。「反社会的」勢力からお座敷がかかる場合と等価であるとしか私には思われない。

*8 リチャード・フロリダ『クリエイティブ資本論』（井口典夫訳、ダイヤモンド社、二〇〇八年）。

*9 立木康介の表現を借りるなら、「アガペーの光は、たんに現世の闇を消し去るだけではない。それは同時に、逆説的にも、光を希求する情熱をも放逐してしまうのである」（『狂気の愛、狂女への愛、狂気のなかの愛』［水声社、二〇一六年］、八三頁）。

*10 キャロル・ダンカン『美術館という幻想——儀礼と権力』（川口幸也訳、水声社、二〇一一年）参照。

*11 ユウェナーリス『サトゥラエ——諷刺詩』（藤井昇訳、日中出版、一九九五年）、二二六頁。

*12 ポール・ヴェーヌ『パンと競技場——ギリシア・ローマ時代の政治と都市の社会学的歴史』（鎌田博夫訳、法政大学出版局、一九九八年）、九〇頁（Paul Veyne, *Le pain et le cirque : sociologie historique d'un pluralisme politique* Seuil, 1976,p. 93)。引用に際して訳文は改めている。

*13 同書、九一頁：p. 94。

*14 同書、九四頁：p. 97。

*15 ピーター・ドネリー「権力、政治とオリンピック」『スポーツ社会学研究』（二三（二）、二〇一五年）。

*16 長野オリンピック施設の維持管理問題については、藤居良夫・河田明博「住民意識に基づく長野オリンピック施設の経済的価値評価」『ランドスケープ研究』（六五（五）、二〇〇一年）。

*17 トロントの一九九六年オリンピック招致に対するBread not Circusesによる批判が良く知られている。それについては、Ruitter, Z., "Pan Am Games Torched: Anti-poverty Activities Decry Spending on Games Spectacle While City Faces Homelessness Crisis," 2015, on line.

*18 ジョン・W・ロイ「オリンピックをなぜ開催するのか」『スポーツ社会学研究』（一四、二〇〇六年）。

*19 "The London Olympic Bid — Money Well Spent?" online.

*20 影山健他編著『反オリンピック宣言』（風媒社、一九八一年）の水田洋による「まえがき」。

*21「近代」スポーツに対して、協同的で参加を旨とする「スポーツ」や非西洋的で伝統的な「スポーツ」を対置させる向きもある。例えば、Brian Martin, "Ten reasons to oppose all Olympic Games," *Freedom* 57 (15), 3 August 1996. 両者が区別可能であるのは認めてもよいが、後者を前者の「代わり」にせよ、という批判は、前者そのものに対する批判にはならない。また、後者をそれほど文化政治的に信用してよいとはとても思えない。

*22 岡崎勝「オリンピックと子供たち」、影山健他、上掲書、一六四頁。

*23 この点で。安丸良夫『日本の近代化と民衆思想』（青木書店、一九七四年／平凡社ライブラリー、一九九九年）における通俗道徳の肯定論を想起せよ。ホルクハイマー／アドルノの言い方を借りるなら、「硬化した社会と比べれば、けっして絶対にというわけではないが、硬化した個人も、いくらかはましなものを表している」（『啓蒙の弁証法』［徳永恂訳、岩波文庫、二〇〇七年］、五〇〇頁）。

*24 ポール・ヴェーヌ、上掲書、七四三－七四四頁：pp. 663-664。

*25「近代」スポーツは、国家・都市・人種（民族）の違いを前提とし、それを基礎とする友／敵を原理として興趣を構成していると見るべきである。その類の興趣を消しても観賞に堪えるような競技種目など無いに等しいであろう。だから、ナショナリズム・リージョナリズム・レイシズムは必ずやそこから湧き出してくるのであって、表面的に国家・国旗・ヘイトスピーチを消去したところで事態が変わるわけではない。むしろ欺瞞的な改革にしかならないであろう。国籍条項を緩和したり他民族を受け入れたりしている「ナショナル」チームを見ると、それがどの国・地域のチームであっても応援したくなるが、それにしても事態を変えるわけではない。これに対し私は、国家・都市・人種（民族）は友／敵の区分を原理とするスポーツでしか役に立たないものであると考えている。国家・都市・人種（民族）の機能をスポーツだけに縮減することの方が政治的に重要であると思っている。

*26 とりあえず、次を参照せよ。Eunjung Kim, "Heaven for disabled people: nationalism and international human rights imagery," *Disability & Society* 26 (1), January 2011.

老女と人形　現代における迷信と科学

念持仏のように

朝の街角、通勤と通学の人波が途切れてから、すこし経つと、今度は、高齢者の人波が現われる。相当の数である。主として、スーパーマーケットや病院へ向かう高齢者たちである。その人波のピークをやり過ごして出かけると、ときに、あの老女を見かけることがある。京都三十三間堂の婆藪(ばす)仙人像をグッと縮めた風貌の人で、腰を曲げてシルバーカーを押している。その買い物籠には、ぬいぐるみの赤ちゃん人形が坐っており、老女が一息入れて椅子に腰かけるときには、その人形も籠から出され、隣の椅子に並んで坐ることになる。私の見る限り、老女が人形に語りかけることはなく、おそらく街中では人形に語りかけられることもなさそうである。老女は、人形を伴侶としているだけである。私は見とれて、内心で手を合わせる。それが倫理的に正しいことかどうかはあずかり知らないが、ぬいぐるみ人形を念持仏のように携える老女は、私にとっての念持仏のようである[*1]。

今日、高齢者と人形の関係が学者的に取りざたされるのは、主として、認知症セラピーや高齢者介護においてであろう。認知症の進行に伴うコミュニケーション障害や異常行動を緩和するために、また、孤独な生を送りながら非社会化するどころか反社会化しかねない傾向を阻止するためにということで、高齢者に人形を持たせることが推奨されることがある[*2]。

そのとき、今日では表立っては語られないものの、人間学的・心理学的に暗々裏に前提とされている観念が二つほどある。一つは、高齢者は徐々に幼児化して退行していくとする観念、もう一つは、高齢者は人形を何ものかの代替物として愛でているとする観念である[*3]。こうした観念に従うなら、あの老女の経験、すなわち、老女自身が人形について経験しているはずの経験と、老女と人形の関係を対象的に知覚している私の経験という二つの意味での経験は、学者的には、例えば、次のように分析されるだろう。老女は、人形を、実の子供の代わりとして、あるいは、亡き（母）親の代わりとして、あるいは、本来は傍に居合わせるべき隣人の代わりとして、ともかくリアルな人間の代わりとして、その限りで人間に似たものとして、さらにその限りで、魂や心や生命（いのち）あるものとして経験している[*4]、とである。したがって、老女は、その残存する理性において人形は生命なきものと承知しているのだが、それでも人形を生命あるものとして想像し経験してしまうという意味において、その主観的経験は否認や妄想に近い、とである。

他方で、次のように事態は分析されて、今日の高齢者の処遇が正当化されるだろう。すなわち、嬰児や幼子は、当初は何が心あるもので何が心なきものであるかを見分けられない想像的な世界を生きているが、いずれ、その混雑し混乱した世界の中から、おのれの生命を救い出し育て上げてくれるはずの人間を切り出して見分けていくための、その限りで人間化し社会化していくための、人とも物ともつかぬものの世界から人なるものとの相互主観的世界への移行の媒介となる移行対象を必要とするのであって、その一つが人形的なものであるからには、高齢者をその時期へ退行するものとして取り扱うことも結局は妥当なのであって、高齢者を人間的な世界から脱落させないためにも人形的なものは大事な媒介となる、とである。

しかし、以上のような人間学的な認識を私は信じることはできない[*5]。とりわけ、それが前提としている観念、魂や心や生命をフルに有するのは人間、それも成年の人間であるとする観念、その人間中心主義を信じることができない。というのも、成年自身の生に「退行」や「移行対象」は形を変えて必ず伴っていると見ることが真の人間学的洞察であるからというだけではなく、少なくとも、あの老女にとって、ぬいぐるみ人形はそれ自体として魂を宿し心を有し生きているものであることは、私には疑いようがないからである。実際、「魂」や「心」や「生命」なる言葉を使うとき、そのように使用せずにどう使用するというのであろうか。妄想的で擬人的な誤用であると言われるだろうか。しかし、理性的な人間の代表格たる科学技術者が、そのような誤用を事としているとしたらどうであろうか。

痛々しい光景

ヒューマン＝ロボットインタラクション研究の岡田美智男と、発達心理学研究の松本光太郎は、ぬいぐるみ型のロボットに語りかける老女について、こう叙述している。

それはある朝の公園での出来事だった。桜のシーズンということもあって、「花見でもしようか…」と朝早く出かけたのだけれど、生憎、小雨模様でまだ少し肌寒い。ただその公園の桜はちょうど満開であり、人出もまばらなこともあってか、静かに花見をするにはいい雰囲気であった。／公園の中をしばらく歩いていると、そこにポツンと立っている一人のおばあちゃんの姿が目に留まった。「花見をしているのかな…」と思いつつ、もう少し近づいてみると、その胸の中には小さなぬいぐるみ型のロボット。おばあちゃんはその小さなロボットを抱っこしながら、一緒に花見をしていたのだ。「きれいだね…」「ねぇ、きれい、きれい」とそのロボットに優しく語りかけながら……[*6]。

そして、岡田美智男・松本光太郎は、この情景に喚起される自らの「複雑な気持ち」について、次のように分析している。

それは「えっ？　これでいいのだろうか…」という漠然としたもの。それにくわえて、なにか痛々しさのようなもの、後ろめたさのようなもの、そして居たたまれなさのようなものをそこに感じたのである[*7]。

二人が認めるように、「こうした気持ちを抱かせた要因は、幾重にも織り込まれたもの」であるが、先に「後ろめたさ」と「居たたまれなさ」に着目しておこう。

おばあちゃんがその小さなロボットに優しく語りかける姿に「後ろめたさ」や「居たたまれなさ」を感じた理由、それは筆者がそういうロボットの研究に関わる者の一人であったことと無関係ではないだろう。そのおばあちゃんに対して、「とても申し訳ないことをしてしまっている」。そんな気がしたのである。おばあちゃんの愛でる相手は、このようなものでいいのか。もう少し、どうにかならないものか。／おばあちゃんは、〈心あるもの〉としてロボットの相手をしてくれているけれど、その期待に応えているだろうか。いかにも心あるように見せかけながら、実際のところは〈心ないロボット〉を提供しているのかもしれない。見方によっては、この心優しいおばあちゃんを欺くことになってしまっているのだ[*8]。

その老女は、その対象（ロボット）を〈心あるもの〉として認知している。その老女にとって、その物（ロボット）はそれ自体として〈心あるもの〉である。ところで、科学技術者はそのことを真理として認めることができない。実際、多くの成人は、それを真理として承認することを躊躇うだろう。それは、誤謬であり妄想であり、迷信的な信仰にすぎないとの疑念を払拭はできないだろう。

科学技術者は、その物を、〈心なきもの〉として認知している。同時に、科学技術者にとって、その物は、〈心あるもの〉と見せかけられた〈心なきもの〉である。そして、科学技術者がその見せかけで老女を欺くことができるのは、当の老女が迷信の信仰者であるからだ。今日の科学技術的理性は、迷信的で妄想的な非理性を糧としているわけである。「後ろめたさ」は当然であろう。しかし、話はそこで終わらない。

機械を、人間に似たもの、人間らしいもの、人間に近いもの、人間と部分的に同じものとして制作しようとしている科学技術者を考えてみよう。科学技術者は、機械がどの程度人間であるかの基準を設けているかもしれない。例えば、外部感官に相当するセンサーの作動を内部感官に相当するセンサーで認知しそのことを内的に記銘すること、あるいは、機械体内部の制御可能な範囲外の変動を感情として経験すること、あるいは、知覚対象の質感をそれとして感知する徴候を発することを、人間の特性として、ひいては、人間なる生き物の魂として、ひいては、人間なる生き物の生命として定義しておいてから、それを機械的に実装できたときに、機械に生命が吹き込まれたと宣言することができるその日を夢みているであろう。あるいは、科学技術者であるのだから、主観性に特化した基準ではなく、もっと客観的な基準を採用したくなるかもしれない。例えば、生き物の形相として、自己組織化能、内在的力動性、発生・分化能、適応的進化能、環境との物質・エネルギー交換能をあげて、言いかえるなら、生き物の本質である生命を他の別の用語で形式的に定義しておいてから、それを機械的に実現できたときに、ついに機械に生命が宿ったと宣言できるその日を夢みているであろう。

ところが、この科学技術者の予想はいささか奇怪である。ある日、科学者が、制作物である機械に生命が吹き込まれて宿ったと認知するとしよう。その認知は、個人的で主観的な判断にすぎない。ひょっとしたら、マッド・サイエンティスト呼ばわりされかねないような迷信的で妄想的な判断にすぎない。そのように判定する科学者が複数いようが、それに賛同する人間が多数いようが、そのことに変わりはない。要するに、その科学技術者は、人形を伴侶とする老女たちとまったく変わりがないのである。それは相当に痛々しい光景と言うべきではないか。

無神論者の偶像崇拝

ここで、ヘーゲルの啓蒙論を参照してみることができる。ヘーゲルは、現代の科学技術者にも見受けられる啓蒙的理性、その欺瞞性について、こう書いていた。

このように啓蒙は誤謬とたたかうことになるけれども、そのたたかいの本性は、これらの誤謬において啓蒙がじぶん自身とたたかっているというものであって、それらの誤謬のなかで啓蒙が弾劾していることは、自身の主張しているところであることになる[*9]。

啓蒙的理性は、迷信の誤謬を弾劾するのだが、実は、啓蒙的理性自身が、当の迷信を主張してもいるのである。ヘーゲルは、同じ批判を、もっと強い調子で繰り返している。

啓蒙の語るところによれば、啓蒙が意識にとって異他的なものと言明したものこそ、ただちに意識のもっとも固有なものとしても言明されるものなのである。——かくてこうなるだろう。

啓蒙がどの口をひらいて、欺瞞やら瞞着やらについて語りうるというのだろうか。啓蒙はその舌の根もかわかぬうちに、じぶんが信仰にかんして主張することがらの正反対を、自身で信仰をめぐって言明するのだから、啓蒙は信仰に対して、かえってじぶんのほうが意識して虚言を弄していることを示しているのだ[*10]。

したがって、啓蒙的理性を事とする科学技術者が、一方で、「後ろめたさ」を感じているのはとても誠実であるとは思うが、他方で、介護・福祉ロボットや高齢者・発達障害者セラピーといった名目で稼ごうとしているのにはやはり「複雑な気持ち」を感じざるをえない[*11]。その時代状況のゆえに言葉は厳しくなっているが、フランス啓蒙思想家のドルバックは、こう書いていた。

宗教の誤りを悟った人びとが、それでもなお宗教が民衆には必要であり、彼らはそれなしには制止できないだろうと主張するのは日常茶飯事である。だがそうした推論は、毒が民衆には有用であり、民衆の力の濫用を妨げるべく彼らを毒するのはよいことだとか、民衆には彼らにめまいを起こさせ、彼らを盲目にし、彼らを狂信者や、その愚かさに乗じて全世界を攪乱する詐欺師に服従させるための亡霊が必要だとか主張することではなかろうか。それにまた、宗教が民衆の習俗にとって真に有益な影響を及ぼすというのは、本当だろうか。宗教が民衆を改善せずに奴隷化することは容易に分かる。宗教は彼らを一群の無知な奴隷にしてしまい、それを得体の知れぬ恐怖が暴君と聖職者との頸木につなぎとめる。宗教によって愚かにされた民衆は、盲従とくだらぬ勤行のほかに徳を知らず、それらに自分には知らされなかった現実的美徳と道徳的義務よりもずっと高い価値を付与するのである[12]。

しかし、ドルバックの糾弾にも、やはり啓蒙に固有の限界が含まれている。「宗教の誤りを悟った人びと」が、民衆を飼い馴らすために、毒にして薬なる宗教を、言いかえるなら阿片としての宗教を与えて、民衆を奴隷化するだけでなく、その宗教を産業化して稼ごうとすることができるのは、何よりまず、民衆が迷信を信じ偶像を拝んでいるからこそなのである。もちろん両者は協同して文化産業を隆盛させていると言えば言えるのであるが、その民衆が、例えば、人形が生きていると信じ、そのことによっておのれの生き方を作りながら、同時に、その生き方を通して人形を生きさせている、そのような「盲従」と「勤行」に宿っているかもしれぬ「現実的美徳と道徳的義務」を遂行していると見ることができるのであるからには、やはりドルバックの糾弾はすこし違っていると言うべきであろう。啓蒙的理性と宗教性は、ヘーゲルが批判する低次のレベルにおいてではなく、より高次のレベルで一致するかもしれないのである。

啓蒙的でもある学者にとって、老女たちの経験、すなわち、老女自身が人形について経験しているはずの経験と、老女と人形の関係を対象的に知覚している私の経験という二つの意味での経験、それらを可能にしている歴史的で文化的で社会的な条件、あるいはまた、老女たちの経験の対象、私のような者がそれを経験する際の対象性、それらを可能にしている歴史的で文化的で社会的な条件を解明し分析することは容易いことである。その（準）超越論的な方式は、現在の学者共同体の標準的な方式である。しかし、そのことは、無神論的であるとも一人教団をなすとも言える老女たちの信仰の力、偶像崇拝的でも迷信的でもある信仰の力、その信仰に伴う生の力に決して届いてはいない。私はそのことだけは分かっている[13]。

*1 念持仏は、個人が自宅に安置したり日常的に持ち歩いたりする仏像のことである。京都泉涌寺所蔵の念持仏、奈良般若寺・十三重石宝塔の中に納められていた念持仏であったと推測される諸仏は素晴らしいものである。

*2 人形セラピーの初期の歴史については、次のものが有益である。Mical Raz, "Anaclitic Therapy in North American Psychoanalytic and Psychiatric Practice in the 1950s-1960s," *Psychoanalysis and History* 12 (1), 2010.

*3 古いものだが、次の論文はいまでも有益である。倉橋惣三「人形の心理」『心理研究』(一五巻八七号、一九一九年)。

*4 魂／心／生命と三つの異質と思われる単語を並べざるをえないのは、今日の生命論が、アリストテレス由来の図式に従っているからである。アリストテレスは、生き物を大きく植物的生き物／動物的生き物／理性的生き物に分類して階層化する(それらの上方に天体や神々が配され、下方や側方に人工物が配される)。そして、それら生き物を生かしている原理を「魂」と術語化する(「生命」とは術語化しない点については、ギリシア語と日本語の語法を論ずる必要があるのでここでは省く)。それゆえに、「魂」は多義化し、ひいては「心」も「生命」も多義化する。混乱するのである。このような図式の下で、人工知能が「人間並み」の知能を持つことがあたかも「魂」「心」「生命」を宿すことになると観念される。このアリストテレス的図

式に対して、私は生命の一義性を押し出したいのだが、そのとき、生命と生き物の関係について厄介な論点が出てくる。このあたり、いまだ粗い議論にしかなっていないが、次のものは示唆的ではある。Eugene Thacker, *After Life* (The University of Chicago Press, 2010).

*5 この点ついては、すこし論じたことがある。小泉義之『ドゥルーズと狂気』（河出書房新社、二〇一四年）、二二一-二二七頁。

*6 岡田美智男・松本光太郎編著『ロボットの悲しみ——コミュニケーションをめぐる人とロボットの生態学』（新曜社、二〇一四年）、ⅰ頁。

*7 同書、ⅰ-ⅱ頁。なお、『ローカル路線バスvs鉄道乗り継ぎ対決旅6』で、出演者の村井美樹と高城れにが、それぞれの伴侶である、こけしとサンタ人形を取り出し、「ぬい撮り」しながらコミュニケーションする場面は、老女たちの光景と通じ合うものがある。

*8 同書、ⅲ頁

*9 ヘーゲル『精神現象学』下（熊野純彦訳、ちくま学芸文庫、二〇一八年）、一八六頁。

*10 同書、一九二頁。

*11 人工知能研究やロボット研究などは、生人形（いき）の見世物興業の系譜に属する限りでは、さほど欺瞞性もないと思うのだが、といった程度の感想である。生人形についての文献は多いが、次のものをあげておく。竹原明理「「生人形」という言葉をめぐって」『文化／批評』（第一号、二〇〇九年）。

*12 澤野雅樹『絶滅の地球誌』（二〇一六年、講談社）、三四六頁。

*13 花田清輝『復興期の精神』所収の論考「群論」は、疎外論批判の観点から、人形の力に迫っている。藤井貴志「〈人形〉のレジスタンス——花田清輝の〈鉱物中心主義〉的モティーフと〈革命〉のヴィジョン」『日本近代文学』（第九五巻、二〇一六年）を参照。また、ユージン・サッカーの見地を応用するなら、ぬいぐるみ人形は「風変わりな対象」(Weird Objects) であり、その光景はホラー (Horror) であると言うこともできる。そして、サッカーは、ハイデガーのいう存在と存在者の存在論的差異を、大文字の生命 (Life) と

生き物の差異に転用しようとするが、そのとき、老女たちは、ハイデガーのいう現存在（Dasein）に相当することになろう。しかし、サッカーの生命哲学は、昨今の環境論や災害論を、自然を神的で霊的なものとする生気論の回帰と見なすところにポイントがあり、別の検討を要する。Eugene Thacker, *After Life* (The University of Chicago Press, 2010). なお、当然にも、サッカーの議論に対応するものは科学技術にある。例えば、板垣祐作他「ITACO on the Room: アンビエントな情報提供を行う生物感のあるエージェントの提案」『HAIシンポジウム』（二〇〇八年）、高橋英之他「多神教的世界観に基づく〝空気感エージェント〟の創成」『HAIシンポジウム』（二〇一八年）。かつてニーチェが述べたように、ここでも「迷信が啓蒙の徴候である」（フリードリヒ・ニーチェ『愉しい学問』〔森一郎訳、講談社学術文庫、二〇一七年〕、八九頁）。

人工知能の正しい使用法

人間の仕事がなくなる危機を好機とする

技術的失業と労働移動

人工知能開発が唱道されているが、その際に、考えておくべき問題として押し出されていることは、人工知能の進化と普及が大量失業を引き起こすのではないかということ、それに備えてどのような対策を講ずるかということである。問題は、特化型人工知能と汎用人工知能の二段階に分けて論じられるのが常である。

特化型人工知能が及ぼす影響については、従来の技術革新の場合と変わりがないとする見方が大勢を占めている。井上智洋はこう書いている。

「今の世の中に存在する人工知能は全て「特化型人工知能」であり、一つの特化された課題しかこなすことができません。Siri は iPhone などを操作する目的に特化された人工知能です。将棋をする人工知能は将棋だけに、チェスをする人工知能はチェスだけにそれぞれ特化されて作られています。／特化型人工知能の及ぼすインパクトは、耕運機や自動改札機といったこれまでの機械と質的にはそれほど変わりがないかもしれません」[*1]。

自動改札機導入以来、それまで改札係を務めていた労働者は職を失った。これが技術的失業である。元改札係のなかには、転業や配置転換で別の職に就いた者もいた。これが労働移動である。あるいは、それまでなら改札係を志望していた人間が、別の職を志望するようになったはずである。これも労働移動である。その一方で、自動改札機導入は改札係を消滅させたものの、自動改札機の開発・販売・保守点検といった職を新たに創出し、そこに向かって労働移動が起こってきたと見ることもできる。

総じて、技術開発は、特定の職を奪って失業を生み出すが、同時に新たな職を作り出すのであり、社会全体として見るなら、社会の便益や幸福を増大させる。技術的失業にせよ労働移動にせよ多くの摩擦や軋轢を生むが、失業対策や職業教育をやっておきさえすれば、事態は丸くおさまるものである。特化型人工知能の導入でも、これに変わりがないというのが今日のコンセンサスになっている。

労働の二極化

その上で、別に問題とされてきたことが、労働の二極化である。この問題は、近年では、コンピュータ導入による情報技術化が、事務労働者などの中間所得者層に失業をもたらしたかどうかという論点にかかわっている。

仮に情報技術化によって事務労働のルーティンタスク部分がコンピュータに委ねられ、事務労働者の失業数が増大した結果として、高所得者層と低所得者層への二極化、ひいては格差拡大が進んできたとするなら、今後の人工知能の導入によって、その傾向に拍車がかけられるはずである。

しかも、一方で人工知能の開発・生産に関わる「熟練」労働者は所得を増大させ、他方で「非熟練」労働者は職を奪われ、地位上昇に要する資質も能力も習得しておらず、より低賃金の不安定雇用に向かうため、格差拡大はより広がっていくと見なされている。人工知能の導入によって、富者はますます富裕化し、中間層はますます没落し、貧者はますます貧窮化するというのである。

問題の実践的解決へ

しかし、以上のようなコンセンサスは疑われてしかるべきである。考えるべきことは、もっと多い。

第一に、コンピュータ導入が二極化の主要因であるとする見方は疑わしい。そもそも、労働と所得の関係がどう決まるかは、簡単に割り切れるものではない。素朴に書いておくが、どうして最高経営責任者や有名スポーツ選手の所得がかくも高額で、どうしてコンビニ店員の時給がかくも低額なのかについて誰もが納得できる解答があるわけではない。労働と所得の体制のどこをどのように変えるべきかという展望を抜きにして問題を論ずることなど、出来ない相談であると言うべきである。

第二に、すでに指摘されてきたことだが、技術的失業と労働移転の進行は国ごとに違っているし、産業ごと、企業ごとに違っている[*2]。その違いを生み出す要因はさまざまである。その一つに、企業経営者の態度と労働組合の態度の如何があることに注意が向けられるべきである。技術的失業は大筋では避けられない傾向であるにしても、中央政府による政策的介入以外にも、裁量可能で善処可能な部分が大きいのである。

第三に、たびたび指摘されることだが、日本の場合、将来の労働者不足が問題視されている。国民年金などナショナルな制度の維持の問題を脇に置くとすれば、人工知能の導入は労働者不足を補填するのだから、悪いことであるはずがない。

第四に、人工知能の導入によって利益を得るのは熟練労働者・高所得者層と見なされているが、それを簡単に鵜呑みにするわけにはいかない。問題は、実践的に考えられるべきである。例えば、ある職務のルーティンワーク部分が人工知能によって置換されるとしよう。そのとき、その労働者を直ちに転職させたり馘首したりする謂れはまったく無いのであって、置換された分だけ労働時間を減らしてもよいのである。あるいは、夢物語と嘲笑されるであろうが、労働時間を減らしても（職務給としてではなく、いわば身分給として）給与所得は維持してもよいのである。むしろ、そのとき嘲笑する人物が持ち出すであろう「経済学的」反論を思い描いて、それをめぐって考えを進めたほうがよい。

すこし驚かされるが、政府は、「第5期科学技術基本計画」（二〇一六年閣議決定）において、人工知能、ロボット、IOTを基盤とするSociety 5.0を夢みている。それは、次のような社会である。

「必要なもの・サービスを、必要な時に、必要なだけ提供し、社会の様々なニーズにきめ細かに対応でき、あらゆる人が質の高いサービスを受けられ、年齢、性別、地域、言語といった様々な違いを乗り越え、活き活きと快適に暮らすことのできる社会」。

これは、まぎれもなくコミュニズム的な構想であるが[*3]、それは措くとして、いくつか夢想できることを述べておこう。

いまはその実現可能性は問わないが[*4]、汎用人工知能は、通例の労働について、人間を代替するものとして構想されている。とするなら、産業労働だけでなく、対人サービス労働でも、そして、農業・漁業・鉱業などの対自然労働、さらに、警察や軍事でも、人工知能ロボットが人間を代替することになる。ついに人間は、労働から解放され、兵役からも解放されるのである。そのとき、人工知能ロボットが万人のものになっているなら、経済そのものがまったく変わるはずであり、所得だの価格だの成長率だのといったカテゴリーは死滅するはずである。格差や貧富すら、問題として立たなくなっているはずである。

そんな夢想は馬鹿げていると一蹴されてもよいのであるが、仮に夢想することをもって科学技術開発と社会改革に掣車をかけようとするのであれば、その夢想を盾に取って、現在の政治と経済の体制そのものに対する強烈な批判を進めるべきであろう。現在の政府にその胆力があるかどうかは知らないが、汎用人工知能を夢みるなら、せめてまともな夢を見るように努めたいものである。

*1 井上智洋『人工知能と経済の未来——2030年雇用大崩壊』(文春新書、二〇一六年)、五頁。

*2 P・トンプソン『労働と管理——現代労働過程論争』(成瀬龍夫他訳、啓文社、一九九〇年)、山本勲『労働経済学で考える人工知能と雇用』(三菱経済研究所、二〇一七年)を参照。

*3 カール・マルクスが『ゴータ綱領批判』で定式化した共産主義社会、すなわち「各人はその能力に応じて、各人にはその必要に応じて」を原理とする社会の構想である。現在の政府が(隠れ)共産主義者で構成されているとも思えないので、こう解しておかなければならない。科学技術に基づく未来社会を構想するとき、われわれは共産主義的構想以外のものを手にしていないことが、ここにあからさまに示されている、ということである。

*4 汎用人工知能が二〇三〇年には実現すると語る向きがあるが、話半分以下に受け取るべきであろう。特定型人工知能を「接続」するだけに終わる公算が大である。そもそも「汎用」の概念が定かではない。

天気の大人　二一世紀初めにおける終末論的論調について

サノスvsアベンジャーズ

映画『アベンジャーズ／エンドゲーム』で興味深いのは、悪玉と目されるタイタン星人サノスが、善玉に見えてくることである。あるいはむしろ、善玉の有志連合であるアベンジャーズに、確固たる大義があるようには見えなくなることである。

前作の『アベンジャーズ／インフィニティ・ウォー』において、サノスは、宇宙の均衡を取り戻すという断固たる信念を抱いて、宇宙内の生命体の半分を消し去ろうとする。その行動は、すでに存在する生命体の半分を「早死に」させることであり、その限りで悪しきことではあるので、アベンジャーズの反撃を浴びることになるが、結果として、サノスが勝利しアベンジャーズが敗北する。そこで興味深いのは、生命体の半数が消滅する過程そのものは、善とも悪ともつかぬ様相を呈することである。サノスがインフィニティ・ストーンを手にして、指パッチンを鳴らす。そのとき、生命体の半数が「早死に」するのだが、その半数の選別には何の根拠もなく、まったくの偶然に委ねられているようなのである。善玉だからといって生き延びるわけでもなく、悪玉だからといって早死にさせられるわけでもない。「天の父は悪人にも善人にも太陽を昇らせ、正しい者にも正しくない者にも雨を降らせる」[*1]。悪玉の指パッチンは善悪の区別を超越し善悪に対して無記中立である。善玉有志連合は黙らざるをえない。

『アベンジャーズ／エンドゲーム』は、終末から五年を経て、ポスト・アポカリプスの状態で始まっている。元悪玉のサノスは、隠遁して自給自足の農生活を送っている。元善玉のアイアンマンは、追悼感情を抱きながらも平穏に家族生活を送っている。生命体が半減しても、すべては丸くおさまっているのである。実際、アベンジャーズは闘う根拠も動機も失っている。日常的な悪との闘いは続けているものの、ポスト・アポカリプス世界のどこにも巨悪はないのである。

　この事態を変えてしまうのが、タイムトラベルの開発である。歴史的時間は終わっても、時間そのものは終わっていなかったわけだ。そして、タイムトラベルの科学技術が、まさにそれだけが、生命体半減を無かったことにすることを正当化していく。そしてアベンジャーズは復古主義者然として五年前の死者の復活を目指すのであるが、善人だけではなく悪人も復活させることになるからには、そのための指パッチンも善悪を超越し無記中立たらざるをえない。善玉有志連合アベンジャーズが口を噤む所以である。

　ここに来て、サノスは、おのれの日和見を自己批判する。生命体半減では足りない、生命体絶滅を目指さなければならない、万物を解体して新たな再開を期さなければならないと決意する。もはや闘いは、善と悪の闘いではない。絶滅を直ちに実現させようとする者と、絶滅過程開始以前の世界を保守しようとする者との闘いである。そして、映画は、アイアンマンに高潔な役割を振りながら、復古的保守派を勝利させる。絶滅は遂に訪れないだろう。絶滅過程が始まっても時間を操作しては無かったことにされるだろう。そして、映画は、日常的な悪と闘う善玉役をダイバーシティ政治に従って相続することをもって、何ごとかを取り繕って終えられる。

極論と日和見

デイヴィッド・ベネター『生まれてこないほうが良かった』は、サノス的な極論を押し出しながらも、アベンジャーズ的な日和見に終わる書物である。その次第を再構成してみる。

最初に、ある経験を想像してみる。その経験を、「私なんか、いなくてもいい」、「私なんか、いないほうがよかった」と言い表わしてみる。そのような経験を想像することは可能であると思う[*2]。そして、「私」を複数化し、存在概念を生存概念に置き換え、価値の程度の比較を理論的に整序して、「われわれは生まれてこないほうが良かった」と語ることも可能であろう。さらに、「われわれ」を類としての人間と読み替え、「人類は誕生しないほうが良かった」、「人類が存続しないほうが良い」と論ずることも可能であろう。また、ここにおける人類とは意識的存在者のことであると解するなら、「意識的存在者一般が存在しないほうが良かった」し、「意識的存在者一般が存続しないほうが良い」と一般化することも可能であろう。最後に、時制をめぐる穿鑿を無視して、存在者の無は良い、故に存在者は良くない、故に存在者は悪い、故に存在者の無化は良い、故に指パッチンするべきであると推論することも可能であろう。ここまでは、サノス的な議論である。

以上のような議論の運びについて、価値概念を善悪に限定し、しかも善悪を快苦に限定しておいて、それをロジカルなお話しに仕立て直すことは、それなりの力業になるにしても、不可能ではないであろう。それをやって見せたのがベネターである。そのことについて、些細な異論は思い浮かばないでもないが[3]、私としては別段の違和感もない。しかし、私にとって、問題は、次のステップである。ベネターは、アベンジャーズ的な口吻でこう書いている。

「絶滅へと進む道のりが残念に思えるものであるかもしれないし、人間が絶滅する見込みはある意味で私たちにとって悪いものなのかもしれないが、それでももうこれ以上人間が（そして実際のところはこれ以上意識を持つ生命も）必要ないのならば、総合的に見て、人間は絶滅した方が良いだろう。〔……〕あまりに差し迫った絶滅は私たちにとって良くないだろうが、とはいえ絶滅するのは遅いよりは早い方が良い、と主張したい」[4]。

「私たち」の「早死に」は良くない。しかし、「私たち」の「遅死に」、「私たち」の再生産の阻止、人類の絶滅は良い。そこで、ベネターは、サノスとアベンジャーズ双方の顔を立てるかのように、人口を漸減させて徐々に絶滅に向かうのがよろしいと結論するのだが、そのとき反出生主義は露骨に日和見的になっていく。ベネターは、こう言い訳をしている。「私の擁護する見解への抵抗は強いでしょうから、この本や中身の議論が、現実の子作りに対して何らかの影響を及ぼすことは期待していません。多大な害悪を引き起こすにもかかわらず、子作りは今後も阻止されないでしょう」[5]。理屈をご覧あれ、楽しんでいただけたでしょうか、でも、現実は理屈通りにならんので、あとは諦観。それが昨今の「学」である。

このようなベネターの反出生主義は、終末までの時間の長短の見通しに応じて、婚姻について、ひいては生殖について見解を変容させてきたキリスト教徒たちの議論を想起させる。例えば、テルトゥリアヌスは、終末は近いとの見通しの下に、サノス的な議論を提出していた。

「たしかに、神はその最初の時には、地が満ちて、新しい教えのための充分な材料が得られるまで、人類が増えることを認め、結婚の手綱を弛められた。しかし、今この最後の時において、神は以前にお認めになっていたことを抑制し、お許しになっていたことを取り消されたのである。初めに許されていたことが終りに抑えられるのはもっともなことである。常に、なにごとも初めは緩く、終りにはきついものだ。人が森に木を植え、育つに任せるのは、やがて時が来たら伐り倒すためである」[6]。

テルトゥリアヌスからするなら、「キリスト教徒」は「この世の相続権」を捨てているからには、「相続人」を求めることも、「子孫」のことを考えることもあってはならないのである。

これに対して、終末の訪れを遠い未来に想定しながら、婚姻を、ひいては生殖を聖別化したのは、例えばアウグスティヌスであった[7]。アウグスティヌスは、万人が「節制」したなら「神の国はもっとすみやかに成就し、世の終わりは早まるであろう」[8]とする論者に対抗して、婚姻と生殖の善を主張するために些か複雑な議論を展開している。その基本的着想は、こうである。「結婚には、肉的な、あるいは若々しい不節制を、それがたとい非難すべきものであっても、子孫を生むという高貴な働きに変えてしまう善がある。その結果、結婚による結合は、情欲の悪をある種の善にしてしまう」[9]。だから、婚姻は情欲より悪いのでも情欲より善いのでもなく、婚姻はそれ自体として善なのである[*10]。また、婚姻は、一般に人間社会の社会的関係の原基として自然本性的に善である。「おのおの人間は人類の一部であり、人間の本性は社会的なものであって、偉大な自然本性的な善と、また友愛の力をもっているので、そのために、神は人間が種族の類同性によるだけでなく、血縁の絆によっても、その社会性において結び合わされるように、一人の人間からすべての人間を造ることを欲した。したがって、人間の社会の最初の自然的結合は、夫と妻である」[*11]。婚姻そのものも、その婚姻から派生する社会的結合も友愛も善である。したがって、「神の国」を求めている限りにおいて、この世での善を保守することが非難される謂れはないというのである。

しかし、「世の終わり」を最高善として認めておきながら、その「世の終わり」が到来するには間があるからということで、一方で節制（反出生主義）を掲げ、他方で婚姻と生殖を追認することが、どうして両立しうるのだろうか。ベネターにしても、一方で「世の終わり」を招来するために節制を掲げ、他方で「早死に」は悪いと認めつつ、人間は情欲ゆえの婚姻と生殖を止めないと諦観するのであれば、結局は、アウグスティヌス、あるいはマルサスのように、節制の徳を説教するだけに終わるのではないか。大仕掛けの理屈は何のためだったのか。

終末の時と別の生

終末の時は、たぶん明日ではないだろう。それなりに遠い先のことであり、現存世代の全員が死んだその後のことであろう。とするなら、理論的にも倫理的にも現在主義に傾きがちな私などは、終末の時を怖れたり望んだりすることにも、それに備えて世代間倫理なるものを考えることにも何の意義も感じないのであるが、それでも、終末の時をめぐる現在の論調には多少の関心を抱かざるをえない。

終末の時には、最高善を体現するキリストが再臨して、善と悪の最終戦争が闘われることになっている。そのドラマトゥルギーの要請からして、悪のすべてを結集し体現するような反キリストが登場する必要がある。ご都合主義的な設定ではあるが、その反キリストが終末の時の最初の兆候になるというのである。「子どもたちよ、終わりの時である。あなたたちは反キリストが来ると聞いていたようだが、今や多くの反キリストがやって来た。かくて、われわれは、終わりの時であると知るのだ」[*12]。現在、温室効果ガスを排出する反キリストが指パッチンを鳴らしかけていると見なされている。そして、例えば、ナオミ・クラインは、終末の時が近づいていると予言し警告する。

「CO2 排出量が年々増加するにまかせるという今のあり方を続けていけば、気候変動がこの世界のあらゆるものを変えてしまうことを、私たちは知っている。大都市は水没し、古代文明の遺跡は海の底に沈み、私たちの子どもの世代は、激烈な嵐や極度の干ばつを逃れたり、その被害から立ち直ることに汲々として暮らさなければならない――という可能性が非常に高いのだ。そして、このような未来を現実にするには何もする必要はない。何もしない、それだけでいい。〔……〕これが本格的な危機であるかのように対応しないこと、それだけで事足りる」[*13]。

ところが、「本格的な危機」に対してナオミ・クラインが提出する指針は、「資本主義のルールを変えること」でしかない。その内実たるや、ネオリベラリズム、すなわち市場規制撤廃・社会的支出削減・公共部門民営化を阻止することでしかない。その論調からするなら、まるで資本主義そのものは、「この世のあらゆるもの」の変化を免れ、「本格的な危機」を乗り越えて生き延びるかのようであり、資本主義に対しては決して弔鐘が鳴らないかのようなのである。反キリストに対抗する振りをする、終末についての偽預言者であると評すべきであろう。

ところで、ナオミ・クラインは、飛行機の利用について疑念を長々と書き付けていた[*14]。書き付けてはいるのだが、結局のところ、数多の学者と同じように、その生活様式を変えることはしていないようである[*15]。これに対して、『ペトロの第二の手紙』には、こんな一節がある。「主の日は盗人のようにやって来る。〔……〕万物は滅び去るから、あなたたちは聖なる信心深い生を送らなければならない。神の日の来るのを待ち望み、また、それが来るのを早めなければならない。その日、天は焼け崩れ、自然界の諸要素は燃え尽き、溶け去ることであろう。しかし、われわれは義の宿る新しい天と新しい地を、神の約束に従って待ち望んでいる」[*16]。

終末の時の知らせは、現在の生活が変化することを、「聖なる信心深い」別の生へ転向することを求めるのである。この観点に立ってはじめて、グレタ・トゥーンベリの力を感じ取ることができるのだと思う。たしかに、彼女の気候変動に関する認識は偽預言者と変わるものではない。しかし、彼女は、終末の時を招き寄せないための行動に打って出るし、その行動とは、学校に行くことを放棄することである。それは、学校が代表する何ものかの終末の時を「早める」ことである。弔鐘を鳴らそうとしているのである。

「今年の八月に学校が始まるとき、私は、スウェーデン国会議事堂前で座り込んだ。私は、気候のために学校ストを行った。私は学校に行くべきと言う人はいる。勉強して気候科学者になって「気候危機を解決する」べきと言う人もいる。しかし、気候危機はすでに解かれている。すでに事実も解決も手にされている。誰一人として未来を救うために何もしていないときに、どうして、やがて終わってしまう未来のために勉強しなければならないのか。いかに重要な事実であっても、われわれの社会はその意味を認めないときに、事実を学ぶ意義があるというのか」*17。

そして、彼女は、飛行機を利用することを止めている。そこで大事なのは、あれこれの別の行動の選択ではなく、その選択を通して「別の生」が生きられているということである。しかも、彼女は、その障碍名を逆手（順手）にとって、こう語っている。

「十一歳のとき、病になった。鬱状態になった。話すことも食べることも止めてしまい、二カ月で体重を十キロ減らした。後に私は、アスペルガー症候群・強迫症・場面緘黙と診断された。その意味は、自分で必要と思うときだけ話すということだ。今がその時である。そのスペクトラムの者にとって、ほとんどすべては白か黒かだ。われわれは嘘をうまくつけない。あなた方がとても好きそうな社交ゲームに参加しても大抵は楽しくない。思うのだが、われわれ自閉症者がマトモであって、他の人々は相当にオカシイのである。とりわけ、持続可能性の危機について、誰もが気候変動は存在を脅かす脅威であり最重要な課題であると言い続けながら、それでも以前と同じようにやり続けているのだから」*18。

後期フーコーのパレーシアについて、上田和彦はこう書いている。「パレーシアにおいて重要なのは、真理を述べる者と真理を聞く者の関係を、あらたな関係に開くことだ。言いかえるなら、重要なのは別の生の内容ではなく、別の生が示されたさいに、この「別の」が開く、聞いた者がそれまでに送っている生からの隔たりである」[*19]。そして、上田は、キュニコス派のパレーシアにおける「別の生」は、「過度な惨めさ、過度な汚さ、過度な醜さ」のために人々に受け入れ難いものではあっても、それでもなお人々の習慣的な生に対する批判になりうるということ、その現在の生を「別の」という開けのなかに宙吊りにしうるということに注意していく[*20]。つまり、天気の子であるグレタ・トゥーンベリは、天気の大人たちが、一方ではそこに自分の姿を見出しながらも、他方でそこに自分の姿を認めたくないと思わせるような「割れた鏡」なのであり、そうであるからこそ、ベネターを含む天気の大人たちを「別の」生へ開いていく力を有しているのであると、いまさらのようではあるが、やはりそう言っておきたい。

*1『マタイによる福音書』五章四五節。

*2 森岡正博による区別、「無化解釈」と「別世界解釈」の区別を考慮するなら簡単ではないが、別世界の可能性を想像することができないまま、森岡解釈と違う仕方で無化を願望するような経験は想像可能だと思う。森岡正博「「生まれてこなければよかった」の意味」『人間科学：大阪府立大学紀要』（八巻、二〇一二年）参照。ここで私は、小西真理子のあげる事例に「適当な変更」を加えた、被虐待児の経験のことを想定して

いる。小西真理子「親をかばう子どもたち——虐待経験者の語りを聴く」『現代思想』（二〇一九年九月号）参照。

*3 デイヴィッド・ベネター『生まれてこないほうが良かった』（小島和男・田村宣義訳、すずさわ書店、二〇一七年）。ベネターは、ともに否定形の価値評価句である「悪くはない」と「良くはない」について対称性を認めず、図2-3を退けている（四九-五〇頁）。しかし、両者は否定形であるからなおさらのこと、両者に対称性があるとしか思えない。また、ベネターは、超越的名辞である存在者（ens）と善（bonum）の可換性に代えて、存在者と悪（malum）の可換性を採り、他方で善悪の経験的使用をそのまま保持せんとする。そのいわばグノーシス派内の保守派的な理論に内的な破綻があるわけではないが、善悪の超越的使用と経験的使用の両義性を正当化していないと批判できなくもなかろう。

*4 同書、一七二頁。

*5 同書、三頁。

*6 テルトゥリアヌス「貞潔の勧めについて」『キリスト教教父著作集　第一六巻』（木寺廉太訳、教文館、二〇〇二年）、九四-九五頁。なお、出生数を決める要因について議論はあるものの、少なくとも近代において決定的な要因は婚姻数と婚姻時期である。池周一郎「現代日本の出生力の低下とその要因に関する諸仮設」（『帝京社会学』一八号、二〇〇五年）参照。

*7 アウグスティヌス「結婚の善」『アウグスティヌス著作集7　マニ教駁論集』（岡野昌雄訳、教文館、一九七九年）。

*8 同書、二四六頁。

*9 同書、二三三頁。

*10 ここの議論はもっと複雑である。「善い」「より善い」「悪い」「より悪い」の諸関係について、ベネターとちょうど対称的な論法をアウグスティヌスは展開している。同書、第八章・第九章を参照。

*11 同書、二三一頁。

*12『ヨハネの第一の手紙』二章一八節。なお、歴史的には、このテクストにおける反キリストは、セクトからの離反者を指しているようである。

*13ナオミ・クライン『これがすべてを変える——資本主義vs.気候変動』(上巻、幾島幸子・荒井雅子訳、岩波書店、二〇一七年)、五頁。

*14同書、序章。

*15ヴィーガニズム、トランス、障害などをめぐって種々の論点を持ち出しては、問題は難しいと嘆息したり、難問を誠実に考えたと誇ったりして終わる論考は、いつでも存在していたが、ここに来てまた増えている。私にしてもそのように物を考え始めたことはあったが、そこから半歩でも脱け出したいと思っていた。小泉義之「善なる行為と善なる存在——ヘーゲル『精神現象学』「良心論」に即して」(東京大学哲学研究室『論集』五号、一九八六年度)参照。本稿はそこから「進歩」してはいない。

*16『ペトロの第二の手紙』三章一〇–一三節。

*17Greta Thunberg, Speech to UN secretary general António Guterres in Katowice: "Our leaders behave like children," 3 December 2018, online.

*18Greta Thunberg, "School strike for climate—save the world by changing the rules," TEDx Program, 24 November 2018, online.

*19上田和彦「告白とパレーシア——隷従化されない主体化を求めて」『思想』(二〇一九年九月号)、一三九頁。

*20同、一四一–一四三頁。

啓蒙と霊性

一九六八年の学生運動は革命運動であった。それは七〇年を跨いで、労働運動へ波及する勢いを持っていたが、革命という出来事はついに起こらなかった。その原因は、運動内の自壊や転向に求められるのが常であるが、フーコーがそのコレージュ・ド・フランス講義録『刑罰の理論と制度』で強く示唆していたように、革命運動を阻止したのは、支配層による弾圧と抑圧であった。フーコーにとって、七〇年代初めは、革命運動に対する反動期であった。

ただし、フーコーによるなら、反動期の支配の特質は、革命運動家を直接に弾圧するところにではなく、むしろ、強権的な弾圧を契機にして、革命運動周辺で蘇生していた反秩序的な有象無象、『狂気の歴史』で言うところの「非理性」の有象無象を一斉に抑圧するところにあった。まさにその抑圧を通して、司法的で刑法的なものは、道徳的な非難、道徳的な矯正、法と秩序の正義感覚と結び付いて、規律権力を全社会的に蔓延させていったのである。そのような歴史過程を分析したのが、講義録『処罰社会』、そして『監獄の誕生』である。

では、反動期において、革命運動の志を幾らかでも引き継ぐような抵抗はどのような姿をとったのであろうか。同時期の日本について想起しておこう。六八年の革命運動とその余波で目覚めた活動家たちは、反動期を潜り抜けようとして、おおむね四つの道へと散開していった。

第一に、差別を告発し糾弾する道である。活動家たちは、活動家自身に潜む差別意識の自覚を促されて強い自己批判を迫られた。その自己批判を継続しながら、活動家たちは、種々の反差別闘争へと向かった。この闘争の主体は、自己の内なる差別性を批判することを通して、他者の差別性を批判できる主体として、主体形成を図っていたのである。フーコー流に言いかえるなら、当時の運動体は司牧権力よろしく、自己の虚偽意識を点検させ自己の罪責性を告白させ、そのようにして、被支配者に奉仕し支配者を糾弾する主体を形成していたことになる。

第二に、福祉や教育の領域へ転ずる道である。一般の就職を潔しとしなかった活動家たちは、民間の福祉事業や教育産業に生計の道を求めていった。そうした活動家たちは、国家と専門職による福祉や教育とは別に、宗教的慈善活動やセツルメント活動の伝統を引き継ぐ形で、最も貧困で悲惨であると目される民衆の中へ、国家と専門職によって打ち棄てられた民衆の中へ、資本主義の精神によって底辺へ追いやられた子どもの中へと向かった。フーコー流に言いかえるなら、この運動の主体は、国家と専門職による統治の過剰に抗して、別の統治を求めていた。そして、この運動の主体は、自己の内なる差別性を告白する主体ではあったが、むしろ、疚しき良心を抱えた美しき魂の状態を通り抜けて、自己の徳性の修練を積むことが、他者と共に新たな統治に参与することになると考え、まさにそのことによって自己の罪責性を贖罪できると考えていた。

第三に、官公庁や企業に就職しながらも、そこで革新者として振る舞う道である。この活動家たちは、戦後民主主義と戦後資本主義の守旧性や限界性はよく弁えていたからこそ、いざ職に就いたなら、有能な革新者として振る舞うことができた。その能力は、生産性向上においても技術開発においても労働者管理においても、遺憾なく発揮された。フーコー流に言いかえるなら、活動家たちは、官公庁や企業における（ネオ）リベラルで企業家的なホモ・エコノミクスの供給源になったのである。

第四に、反公害運動から環境運動へと進む道であった。この活動家たちは、革命運動の敗北後、資本主義批判の根拠を一時的に見失ったものの、今度はそれを環境破壊だけに見出すことになった。そのとき、資本主義は全般的危機に陥りつつある腐敗した社会として立ち現われ、そうであるからこそ、終末論的ヴィジョンを信仰し、別の清潔な世界を希求することになった。フーコー流に言いかえるなら、それは宗教的神秘主義や宗教的異端の系譜に連なる道である。

このように七〇年代の反動期を振り返ると、七〇年代から八〇年代へかけてのフーコーの歩みが、たとえ近代以前の文献資料を分析するときでも、たとえ権力論から主体化論へとか統治性論から自己配慮論へとか概括されるにせよ、まさに同時代の現在性を分析する歩みであったことが見えてくる。そして、私が仮説的に主張しておきたいことは、フーコーは、反動期の抵抗に対して異を唱えるようになっていたのではないかということである。とくに、最後の講義録『真理の勇気』のパレーシア論からフーコーの歩みを見直すとき、少なくとも私にとっては、フーコーは、反動期の抵抗運動の諸相のすべてから何としてでも身を引き剝がそうとしていたのではないかと思われてくるのである。その徴表を幾つか列挙してみたい。

第一に、フーコーは、講義録『社会は防衛しなければならない』で、これまでの研究に「けり(terme)」をつけたいと語り出している。たしかに、これまでの仕事は「時代に適合」してきた。

それは「従属化された知の蜂起」を促してもきた。言いかえるなら、種々の差別の告発の基礎となる知、主流派の言説に対抗する稗史でもあるような「歴史＝政治的言説」を作り出してきた。しかし、とフーコーは続けて、そうした言説にしても「流通」し「再コード化」され「再植民地化」され、支配的な「知と権力」に「取り込まれている」と語るのである。つまり、それを新しい社会運動と呼んでもよいし市民運動と呼んでもよいが、反動期の（元）活動家たちの運動は、何ものかに取り込まれてしまっていると見なしているのである。

第二に、フーコーは、「普遍的」知識人だけではなく「特定的（spécifique）」知識人にも批判を向けるようになる。「知識人の政治的機能」（一九七六年）では、「特定的知識人は諸々の障害に直面し、諸々の危険にさらされている」とし、とくに「局地的闘争」の「要求」に留まる危険にさらされており、そこから脱して、「新しい真理の政治」が可能かどうかを考えなければならないとしている。つまり、革命運動から反転してミクロなものに沈潜すれば済むという考え方が拒絶されているのである。

第三に、決定的と思われるのは、一九七八年のイラン革命をめぐる一連の論評である。この時期、フーコーは、カンボジアでの虐殺を取り上げ、現存する社会主義が絶望しかもたらさなくなった状況は、それが虚妄であっても希望をかけることのできる別の体制が地上から消え失せたことを意味する点において、由々しき事態を招いていると論評していた。しかし、そのフーコーは、当時の（元）活動家の一部がそうであったように、イランの蜂起に希望を見出していく。そのとき、フーコーが、蜂起を主導する理念として提示したのは、驚くべきことであるが、「政治的霊性」であった。そして、フーコーは、まさに同年の「批判とは何か──批判と啓蒙」において、批判ないし啓蒙にも、これも驚くべきことであるが、「霊的な態度」を見出していく。つまり、反動期の種々の運動が反動期後の統治に繰り込まれて行く過程に抗して、フーコーは、啓蒙と霊性を押し立てているのである。

このように振り返るなら、フーコーは、一九七〇年代の反動期に心身を擦り減らしながら、こんなものでは何かが違っている、こんなものは求めていた未来ではないと感じていた人々の、まさに同時代人であったことが見えてくる。フーコーは、かつての革命家たちが何よりも体制の「腐敗」に憤りを向けたように、過渡期である現在の「腐敗」を糾弾しながら、「歴史の濫造者たちについて」(一九八三年)では、「増大する砂漠を嘆いても無駄である」と語ってもいたのである。そして、最後のフーコーは、別の世界、別の人生を求めるパレーシアを打ち出したのであるが、そこから過去を振り返りながら、私たちの現在性を批判すること、それこそがフーコーの教えるところであろう。

天皇制論の罠

1　「日本国民統合の象徴」

日本国憲法第一条は、こうであった。「天皇は、日本国の象徴であり日本国民統合の象徴であって、この地位は、主権の存する日本国民の総意に基く」。天皇の象徴性は二重である。天皇は、一方で、「日本国」の象徴である。国旗や国歌、富士山や桜と同じ意味で、「国」の象徴である。他方で、天皇は、「日本国民統合」の象徴である。その「統合」は、「主権」による政治的統合とは区別される。このとき、天皇は、公教育、公共放送、ナショナルチーム、クールジャパンと同じ意味で、「国民統合」の象徴である。

前天皇は、この点について自覚的であった。最後の天皇誕生日記者会見では[*1]、「即位以来、日本国憲法の下で象徴と位置付けられた天皇の望ましい在り方を求めながらその務めを行い、今日までを過ごしてきました」と語っていた。そして、前天皇は、「象徴としての私の立場を受け入れ、私を支え続けてくれた多くの国民に衷心より感謝する」とも語っていた。

私がここで注意を喚起しておきたいのは、いまや天皇制批判論者も、あたかも憲法の法文通りに、「おことば」通りに現実がなっているかのように認識していることである。まるで「多くの国民」の一員であるかのように。

綿野恵太は[*2]、近年の天皇制擁護の動向を批判しながら、天皇による「道徳的」国民統合の「政治的」効用をもって天皇制を容認する動向をあくまで批判している。しかし、その批判は、「道徳的」国民統合に「政治的」効用などないと批判するものではなく[*3]、国民統合は「道徳的」な領域とは別の領域で成立しているのにそこを認識していないと批判するものになっている。綿野によるなら、自由主義と民主主義には非和解的な対立がある。民主主義にはその対立を縫合することのできない欠如がある。にもかかわらず、天皇家は、その民主主義に内在的な欠如をパラドキシカルな仕方で補完し、そのことでもって自由主義と民主主義の非和解的対立を隠蔽するのに成功している、というのである。綿野も、国民統合に対してパラドキシカルな性格を賦与して味付けしながらも、天皇による国民統合が成立していると認識するのである。

しかし、他方で、綿野は、国民統合の有り様についての解釈学的な競り上げから身をかわそうとしており、実直に平等理念に依拠して、天皇制が身分制度であることに問題を集約させていく。「天皇制は、生まれによる差別とともに、生まれによる特権を認める身分制度である。自由主義と民主主義のいずれにも反する制度によって、戦後民主主義（自由主義と民主主義の「結婚」）が成立しているのは、やはり矛盾であるといわざるをえない。「差別はいけない」とみんないうけれど、天皇制という身分制度からは都合よく目をそらし続けているのである」[*4]。

しかし、自由主義・民主主義と身分が非和解的に対立するかどうかは自明ではない。そもそも、身分を装塡していない自由主義体制・民主主義体制など存在したことがあっただろうか[*5]。しかも、天皇が、綿野のいう「矛盾」をも超越し隠蔽し縫合し統合することに成功しているとしたならどうであろうか。天皇が「みんな」を、「多くの国民」を欺いているとするなら、国民統合は成功していると「おことば」を追認していることにならないだろうか。この点で、三島由紀夫と橋川文三の論争を想起しておいてもよいだろう。

2 天皇は誰の「傍らに立ち、その声に耳を傾け、思いに寄り添う」のか[*6]

三島由紀夫は、『文化防衛論』において、「天皇は、われわれの歴史的連続性・文化的統一性・民族的同一性の、他にかけがえのない唯一の象徴」であるとして、憲法の天皇条項を擁護する。それだけではなく、護憲派たる三島は、憲法の基本原理も擁護していく。

「われわれは天皇の真姿を開顕するために、現代日本の代議制民主主義がその長所とする言論の自由をよしとするものである。なぜなら、言論の自由によって最大限に容認される日本文化の全体性と、文化概念としての天皇制との接点にこそ、日本の発見すべき新しく又古い「国体」が現われるであろうからである」[*7]。

このように三島が、憲法体制を護ろうとするのは、日本を分断しかねない種々のマイノリティを統合するためであるが、それは、「革命のプラン」に対抗するためでもある。三島の見るところでは、革命勢力は、「朝鮮人問題、少数民族問題」を取り上げ、国民統合から排除された諸民族の連帯をもって、当の国民統合を転覆し破壊しようとしている。だから三島は、後の語法で言いかえるなら、少数民族を国民的に同化する統合を、かつ、国籍を持たぬ少数民族については多文化主義的に包摂する統合を、まさに憲法の名をもって唱道し、そのような統合の象徴こそが天皇であるというのである。

この観点は、「社会問題」に関しても貫かれる。三島の見るところでは、革命勢力は、「日本で一つでも疎外集団を見つけると、それに襲いかかって、それを革命に利用しようとする」[*8]。しかし三島によるなら、「社会問題」の解決は、革命的にではなく、護憲的に行われるべきである。マイノリティに対しては、「欺瞞」「偽善」を疑われる余地のない「ヒューマニズムの高さ」「同情」「正義感」「道義性」をもって、その憲法的な「権利」を護るべきである。そのようにしてマイノリティを統合するべきであり、その象徴が天皇であるというのである[*9]。

この観点は、「文化的」統合に関しても貫かれる。三島は、言論の自由と民主主義の観点から、統合されるべき文化の範囲を可能な限り広くとろうと努めている。『文化防衛論』において最も有名な箇所である。

「文化とは、能の一つの型から、月明の夜ニューギニヤの海上に浮上した人間魚雷から日本刀をふりかざして躍り出て戦死した一海軍士官の行動をも包括し、又、特攻隊の幾多の遺書をも包含する。源氏物語から現代小説まで、万葉集から前衛短歌まで、中尊寺の仏像から現代彫刻まで、華道、茶道から、剣道、柔道まで、のみならず、歌舞伎からヤクザのチャンバラ映画まで、禅から軍隊の作法まで、すべての「菊と刀」の双方を包摂する、日本的なものの透かし見られるフォルムを斥(さ)す」[*10]。

三島は、一方では「伝統と美と趣味」が、他方では「生の多様性」が「言論の自由」によって「保護」されるべきであると主張する。後の用語で言うなら、クィア、セクシュアル・マイノリティ、同性婚も保護されるべきなのである。そして、三島によるなら、そのような文化的国民統合に天皇は不可欠である。前天皇をはじめとする皇族は、それを引き受けた主体なのである。さらに、三島は、国民統合の範囲を極限まで広げうると主張する。あるいは、期待する。

「文化概念としての天皇制は、〔……〕時には政治的無秩序さえ容認するにいたることは、あたかも最深のエロティシズムが、一方では古来の神権政治に、他方ではアナーキズムに接着するのと照応している。／「みやび」は、宮廷の文化的精華であり、それへのあこがれであったが、非常の時には、「みやび」はテロリズムの形態さえとった。すなわち、文化概念としての天皇は、国家権力と秩序の側だけにあるのみではなく、無秩序の側へも手をさしのべていたのである」[*11]。

ここで三島は、無秩序は秩序と矛盾しないと踏んでいるが、この点に疑問を呈したのが橋川文三であった。橋川は、例えば大逆事件は天皇制と非和解的な対立を引き起こしたのであるから、それをも天皇が文化的に統合するのはいかにも無理であると批判する。「しかし、いったい、幸徳秋水を生かしておくような「文化概念」としての天皇制とはいかなるものであろうか？」というわけである[*12]。しかし、私の見るところ、この橋川の批判は空振りしている。三島は、こう応じていた。

「天皇及び天皇制の、おそらくもっとも危険な性質は、そのスタビリティーにではなく、フレキシビリティーに在ることは、貴兄もあるいは同感して下さるかもしれません。／貴兄が指摘された私の論理的欠陥の第一は、このフレキシビリティーにどこかで歯止めをかけたい、という私の欲求から生れたわけであります」[*13]。

三島も指摘するように、橋川も天皇制のフレキシビリティーを認めている。それを認めておいてから、それでは対処できないように見える事例を持ち出している。もとより法的・政治的にはありえなかったことだろうが、仮に天皇制が幸徳秋水をも追悼し包摂し統合する構えを見せるとしたらどうであろうか。仮に天皇にそれほどの胆力があるなら、橋川の批判は空振りする。仮になくても、空振りする。どこかに罠があるのだ。

3　国民統合はどこで起こっているというのか

浅田彰は、天皇制と元号の廃止の根拠を「近代民主主義国家」の平等原則に求めながら、誰に向かって留保するのかわからないが、「誤解を避けるために」と始めて、次のように書いている。「誤解を避けるために付け加えれば、天皇制への批判と天皇への批判は別だ。平成天皇が、自然災害のたび被災者を慰問するとともに、父・昭和天皇の名で戦われた戦争の犠牲者（外国人も含む）のため、沖縄のひめゆりの塔（皇太子時代に昭和天皇の名代として初めて訪れ、過激派から火炎瓶を投げつけられたが動じなかった）からサイパンのバンザイ・クリフにいたる激戦地をめぐって「慰霊の旅」を続けてきたことは、国内外の多くの人々が高く評価するところであり、その点では私も例外ではない。実際、天皇の平和主義はかなり徹底したものだ」[*14]。

天皇制への批判と天皇への批判が別なのは、国家社会主義への批判と国家社会主義者への批判が、資本主義への批判と資本家への批判が、異性愛主義への批判と異性愛者への批判が、それぞれ別なのと同じことではある。そのことが意味することは、批判対象の担い手に対しては、それとして別の批判を差し向けるべきであるということのはずであろう。ところが、ここでの浅田は、前天皇の「慰霊の旅」にも「平和主義」にもまったく無批判であり、それによる国民統合を追認して終わっている。これはどうしたことなのか[*15]。

私の天皇（制）批判の主旨は簡単である。「慰霊」による国民統合にしても些末なことでしかないということである。「本来」の君主なら、三島が期待したように、反秩序的になりかねない「慰霊」を行うべきであろうが、現在の象徴天皇制にそんな力量はない。「慰霊」の政治においてすら無力である。同じことは、三島が列挙した領域すべてについて言えるであろう。もちろん天皇個人は平和主義者、一国平和主義者かもしれないが、そんな国民・市民は掃いて捨てるほどいるのであって、その一人が大邸宅に住んでいるというにすぎない。もちろん、私個人としては、その邸宅内から「赤い」皇族が出てくる程度のことを期待してもよいが、しかし、歴史的に振り返って、日本の王室がそんな逸材を輩出したことは一度としてなかった。高が知れているのである。

戦後期の天皇制批判も、ここまで述べてきたような難点を免れてはいなかったが、それでも、三島由紀夫が対抗したがるだけの「高さ」を備えていたと思う。井上清と安良城盛昭から引いておこう。

飢饉や流行病のときに、二階から目薬ほどのほどこしをすることが、どうして特にじまんするほどの仁政であろう。百姓は、飢饉で米はもとより木の根草の芽も食いつくし、自分は死んで行きながらも、種もみだけは決して手をつけずに、生き残った人々が、来春にそれを蒔いて収穫出来るように残して行ったが、天皇と百姓とどちらが国を愛し人をあわれんだかは明らかである。しかも天皇が、飢饉や疫病の時に人民にめぐんだ例よりは、そんなときでさえ少しもめぐまなかった例の方が多いことは、日本災異誌や、日本社会事業年表をみればよくわかる[*16]。

天皇は、常に支配階級の一員であり、秩序の象徴、保守の象徴、支配階級の象徴、としての天皇として存在しており、だからこそ、支配階級にとって常にさまざまな利用価値があるのだが、日本歴史上のどの時代をとってみても、天皇が国民や庶民であったことはいまだかつて一度もなく、国民や庶民を代表する言動も一切なかった。また、国民や庶民が天皇を利用するなどということは歴史上一切なかった[*17]。

二人の歴史学者はともに、天皇の国民統合とは別に、「百姓」「人民」「国民」「庶民」の名による国民統合を善しとしており、その点に批判を向けることもできるであろうが、いま確認すべきことは、天皇・支配階級との対立は、国民統合を容れない非和解的な対立であろうということである。しかし、現在の天皇制が国民統合に成功しているように見え、そのように「多くの国民」が認識し追認しているのは、それが時代状況の故であるのか認識主体の弱さの故であるのかはわからないが、その対立が非和解的なものへと研ぎ澄まされていないからであろう。とはいえ、天皇の国民統合なるものは、和解可能な現実的対立をも周到にあざとく回避しているのであって、その程度のものを過大視しても仕方がないと言うべきである。


*1前天皇記者会見「天皇陛下お誕生日に際し」(二〇一八年)。

*2綿野恵太『「差別はいけない」とみんないうけれど。』(平凡社、二〇一九年)。

*3私は、天皇の国民統合は政治的に有効ではないとの批判は、王党派からも共和派からも有効であると考えている。第二次世界大戦時に皇族の一員を押し立てて亡命政府を企図してでもいたなら、あるいはまた、朝鮮戦争時に、日韓条約締結時に、近年の東アジア政治状況において、何か意味のある行動に出ていたなら、天皇家に多少の政治的役割を期待してもよいであろう。しかし、幸か不幸か、天皇家は無能であった。

*4前掲書、三〇八頁。

*5憲法は、第一四条平等条項では「華族その他の貴族の制度は、これを認めない」とするが、王族＝皇室を認めている。

*6引用句は、「象徴天皇としてのお務めについての天皇陛下のおことば」(二〇一六年)、いわゆる生前退位宣言に見られる表現である。

*7三島由紀夫『文化防衛論』(ちくま文庫、一九六九年／二〇〇六年)、一一二頁。

*8 同、二一頁。三島は「原爆患者」を代表例としている。

*9 憲法第一四条「すべて国民は、法の下に平等であって、人種、信条、性別、社会的身分又は門地により、政治的、経済的又は社会的関係において、差別されない」は、能力による差別は、例示していない。それを容認しているのである。したがって、能力差別問題は、現憲法体制にとって、ひいては天皇にとっても非和解的対立になる。とするなら、天皇による知的障害者施設訪問は「欺瞞」「偽善」たらざるをえない。ただし、三島も示唆するように、その類の「欺瞞」「偽善」程度で丸く治められるのも事実である。

*10 前掲書、四二頁。

*11 同、七三‐七五頁。この「みやび」論と同形の議論は、とくに中世史ブームで一時期流行した。例えば、阿部泰郎『湯屋の皇后――中世の性と聖なるもの』（名古屋大学出版会、一九九八年）。

*12 橋川文三「美の論理と政治の論理――三島由紀夫「文化防衛論」に触れて」『中央公論』一九六八年九月号。対三島論法としては、北一輝・磯部浅一の名をあげることもできたであろう。

*13 前掲書、八五頁。

*14 浅田彰「昭和の終わり、平成の終わり」『REALKYOTO』二〇一九年五月一日、online。

*15 この点であれこれ論ずると、選定の周到さを過大視する効果を発揮するので控えるが、一点だけ指摘するなら、沖縄にせよサイパンにせよ「集団自決」の地を押し出すことはいかにもあざとい。天皇の「慰霊」に対する批判については、最低でも次のものを想起しておきたい。朝倉喬司・円井照容「木地師と天皇　大蔵貢の場合」『マージナル』第二巻（現代書館、一九九八年）。

*16 井上清『天皇制』（東京大学出版会、一九五三年）、一五三‐一五四頁。

*17 安良城盛昭『天皇・天皇制・百姓・沖縄――社会構成史研究よりみた社会史研究批判』（吉川弘文館、一九八九年）、一四七頁。

死骸さえあれば、蛆虫には事欠かない

一九七〇年の三島由紀夫事件のとき、私は高校一年生であった。そのとき、現代国語の教師が涙を流しながら三島の自決について語る一方で、友人は反動的な動きへの警戒心を強めていた。その年の六・二三に高校は無期限ストライキに入り、私は「戦闘的な生」（フーコーがキュニコス派や革命家の生き方について述べた用語）を生きることに決めていたが、三島事件には肯定的にも否定的にも心動かされることはなかった。政治的にも文学的にも重大な事件とは思えなかったのである。

当時の中高生にありがちだったように、私が読んでいたのは文学と左翼文献だけであったが、文学と政治が両立するはずがない、文学の政治化など馬鹿げている、政治の文学語りも下らない、文学は文学であり政治は政治であると思い定めており、文学者としての三島と政治行動に出る三島を関係づける気などまったく持ち合わせていなかった。だから、三島事件を文学的に受け止める気持ちもなく、政治的に評価するだけで済ませ、それを重大視すべきとも思わなかったのである。事件から五〇年を経て、当時の「識者」の反応を読んでも、その気持ちに変わりはなかったが、それでも三島の「行動化」についてはいささか考えさせられるところがあった[*1]。

三島由紀夫を行動へと駆り立てた思想的背景については、当時から幾つかのことが指摘されてきた。五・一五における橘孝三郎に見られる農本主義、二・二六における蹶起将校に見られる道義、敗戦時における蓮田善明に見られる抗議などが指摘されてきた。しかし、言うまでもなく、その類の指摘は、三島自身がその不正確さも含め承知していたことであるだけでなく[*2]、三島が明晰に自覚していたその行動の理由と動機から目を逸らすものでしかない。三島にとっての問題の核心は、革命的情勢が後退した時期、あるいはむしろ革命的情勢に対抗すべき反革命の企てもが空振りして危機的な情勢が過ぎ去ろうとしていた時期における身の処し方にあった。その問題は、当時の活動家たちが、そしてまた真摯な知識人たちが、その立場の如何にかかわらず、問い質されていたことであった。武田泰淳との対談で、三島はこんなことを語っていた。

僕はいつも思うのは、自分がほんとに恥ずかしいことだと思うのは、自分は戦後の社会を否定してきた、否定してきて本を書いて、お金もらって暮してきたということは、もうほんとうに僕のギルティ・コンシャスだな。〔……〕たとえば政治行為というものはね、あるモデレートな段階で満足できるもんなら、自分の良心も満足するだろう。たとえば、デモに参加した、危険を冒して演説会をやったということで、安心して文学をやっていられる。私は自分の良心にこれだけ忠実にやったんだぞ、ということで、文学をやる、小説が売れる、お金が入る、別荘でも建てる、犬でも飼う、ヨットを買う、そんなことほんとうにいやだな[*3]。

私は、こう考えてきた。罪の意識を感ずるべきなのは、誰よりも政府や企業に勤める人間たちである。ところが、知識人がその罪の意識をも商品として売りに出すのは、精神労働が肉体労働より高級であるかのようにして、おのれを特権化している所作にすぎない。もちろん、三島の指摘するように、とくに左翼知識人に見られる「良心」の慰め方は唾棄すべきものである。そうであればこそ、文学と政治は別物であると見切って文学を「純粋」に追求するか、政治行為には非-文学者たる一人として参画すればよいだけのことである。そう思うことで私は「安心」してきたが、しかし、いまになって振り返れば、当時の時代精神があったにせよ、知識人が大なり小なりおのれの職に罪責感を抱いていたことにはやはり心動かされるものがある。当時、高校がストライキに入ってからというもの、頭を丸刈りにした古典教師、酒に溺れて授業中もチビチビ飲んでいた英語教師、集会やデモでの高校生の喫煙だけは見逃すようになった世界史教師、公然とマルクス主義講義を始めた生物教師、これまた公然と校長側で動き始めた倫理教師、クラス編成のときにあえて活動家の担任を引き受けた体育教師、そして三島事件を涙ながらに報告した現代国語教師がいたのであり、その立場の如何にかかわらず、かれらは本当に真摯であったと思うのだ。

一九七〇年にフーコーは来日しているが、そのとき、「全世界で革命的運動がくりひろげられて以来」、「フランスの知識人」が「困難な状況」に置かれているとして、こう語っていた。

エクリチュールの体制破壊的機能はいまなお存続しているのだろうか、むしろ、書くということ、みずからのエクリチュールによって文学を存在せしめるという行為だけで、現代社会に対する異議申し立ての活動を生み出すのに充分であり得るような時代は、もはやすぎ去ってしまったのではないか、いまや、真に革命的な行動に移るべき時がきたのではないか。いまやブルジョワジーが、資本主義社会が、エクリチュールのこのような活動を完全に収奪し、そのため、いまや書くということはブルジョワ的抑圧体制をひたすら強化するようになってしまったのではないか。私がこう言うとき、どうか冗談だと思わないでいただきたい。現に書き続けている人間として、なおこう言うのです。しかし、私に親しい友人たち、私よりも若い友人たちは、決定的に、少なくとも私の感じでは決定的に書くことを放棄してしまった。そして政治活動のためのこのような放棄を前にして、正直のところ私は、感嘆の念に捉えられるばかりでなく、自分自身、激しい眩暈に捉えられるのです[*4]。

当時、フーコーは、コレージュ・ド・フランスに「栄転」していたが、この「感嘆」と「眩暈」は真摯なものであったと思う。少なくとも、「書くこと」が弁明できるものでなければならないとフーコーが考えたことは、その後の仕事を見ても疑いようがない。そして、あらためて思うのは、当時の真摯な知識人に照らして、「われわれ」に恥じ入るべきところはないのかということである。そのような「眩暈」を感じながらも、やはり私としては、三島の「政治活動」については政治的に遇することだけが正しいと思えるのだ。

三島は、おのれの行動化の理由と動機について繰り返し書いていた。「同志の心情と非情」から引いておく。

われわれはまたしても死の問題に到達した。死が戦術行動のなかで目的のための小さな手段として行使されるのは、革命の過程としては当然なことである。最高の瞬間に、最高度に劇的に、効果的に死が行使されることが保証されてゐれば、匹夫といへどもその死を容認するにやぶさかではない。しかし、その死が目前死ななくてもよいやうな小さな意味のために、犬死にするのであれば、勇者といへどもその死を避けたいと願ふであらう。ところが一個人のある時点における判断には、死のそのやうなクオリティーを見分ける能力がないといふことは、「葉隠」の著者もすでに洞察してゐたところであつた[*5]。

ここで注意すべきは、三島が「目的」の「手段」として、「死」をあげるのみで決して「殺」をあげないことである。三島は、革命過程においてであれ反革命過程においてであれ、どうやら殺すことや殺されることを「当然なこと」として認めたくないのである。これはどうしたことか。周知のように、三島が入り込んだ市ヶ谷駐屯地は、首都圏の治安を主たる任務とする部隊の基地である。治安とは、秩序を攪乱する人間を、それが「国民」であっても、殺害する任務を含むものである。それは、殺される覚悟も要請するものである。ところが、三島は、命懸けと言いながら、死ぬことだけを話題とする。そして、その観点から革命運動を批判して見せるのである。

私はその端的な例を、一九六九年一月十八日の安田講堂でみたのである。私はなにも死をもつて同志感の象徴と考へ、死をもつて革命行動の精華と考へるものではない。しかし、あの時点でもし死が戦術的に行使されてゐたならば、それがあとでどういふ大きな意味をもつたかは、もはや自明の事柄である。すなはち、封鎖された大学を機動隊が攻撃するときに、そのたびに自殺者が続出するやうであれば、世論はもはやその攻撃を容認しないであらう。機動隊も戦術をかへざるをえず、国家権力は死をもつてする抵抗に対して、なす術もなく終はるだらう。それが二回、三回と繰り返されれば、世論の方向は逆転するであらう。大学立法は当然不成立に終はり、大学における拠点の崩壊は、物理的に不可能に終はつたであらう。それによつて一〇・二一から一一・一七にいたる戦術的展開は、まったく相貌を異にしたものになつたであらう。〔……〕圧倒的な権力の武器に対抗するものが死であるならば、その武器は力を失ふにもかかはらず、その絶好の機会を安田講堂事件が逃がしたことによつて、全国大学生の無気力の軌範だつた東大は、再び全革命軍の無気力の教師になつたのである[*6]。

三島の政治観は、呆れるほどにナイーヴである。それが「犬死に」であるにせよ、なんと「自殺」をもって抗議するなら、機動隊も権力も為す術もなく力を喪失するというのである。あたかも、治安部隊が出動しても革命側で抗議の自殺者を出したら、撃ち方止めとなるというのである。あたかも、治安部隊が発砲して殺そうとしても、殺されて死ぬ前に自らを殺して死ぬなら、撃ち方止めとなるというのである。当時の「戦術的展開」の「無気力」の指摘はその通りであるにしても、三島は、どうしてかくもナイーヴなことを書けたのか。

三島の政治目標は、憲法改正による自衛隊の正統化であった。自衛隊を国家の軍隊として法的に公認すること、しかも米国から自立した国軍として再編成しながら国連に貢献する部門を新設すること、その際には、徴兵制を採らずに志気と道義ある若者の志願制によるべきことであった。端的に言えば、その程度の政治目標でしかなかった。その程度のことのために、あるいはその程度のことのためであればこそ、その手段として「自殺者」を出しさえすれば、「世論」を動かし憲法改正に向かうと語れたのである。三島の政治観は、その過剰性も含め徹頭徹尾「法学的」であった。それは、十代における二・二六「将校」への憧憬を引き摺ったまま戦後民主主義に過剰適応した結果であると言うこともできよう[*7]。

もちろん、以上の見立ては、三島に対してだけではなく、学生運動側に対してもあてはまる。なにしろ、三島との「話し合い」に意味を見出すほどに、戦後民主主義の作法に忠実であったのだから。また、三島がその登場を「期待」し「幻視」していたところの「革命軍」潜在数は少数にとどまっていたのだから。しかし、三島の幻視の先に見られていたであろうロシア革命やベトナム戦争のことを勘案するなら、三島に対置してやるべきは、例えばレーニンであるということにもなろう。レーニンは、一九〇五年の革命運動の後退期に、その後退を推し進めた「小市民」の代表格たる「ブランク氏」について、次のようなことを書いていた。

ブランク氏にとっては、革命的旋風期は狂気の沙汰のように思われ、革命の鎮圧と小市民的「進歩」の時期は、合理的な、自覚した、計画的な活動の時期のように思われている。二つの時期

(「旋風」期とカデット期)のこの比較的評価は、ブランク氏の論文全体を赤い糸のように貫いている。人類の歴史が蒸気機関車の速力で前進するときには、これは「旋風」、「奔流」、あらゆる「原理と思想の消失」である。歴史が、荷馬車の速力で動くときには、これは理性そのものであり、計画性そのものなのである。人民大衆自身が、その処女のような素朴さで、単純な、いくらか荒っぽい決意で、歴史を創造し、「原理と理論」を、直接、ただちに生活の中へ実現し始めると、ブルジョアは恐怖を感じて、「理性が後景に退く」と泣き言をいう(ああ、反対ではないのか、小市民根性の英雄諸君よ? このような時機にこそ、個々人の理性ではなく、大衆の理性が歴史の上に現れるのではないか、また、そのときこそ、大衆の理性が、書斎の力ではない、生きた、能動的な力になるのではないか?)。大衆の直接の運動が、銃殺や懲罰や笞打ちや失業や飢えによって押し潰されると、またドゥバソフの金で養われている教授的学問の南京虫が、隙間から這い出して、一握りの特権者に大衆の利益を売りわたし、裏切りながら、人民に代わって、大衆の名において問題を処理し始めると、そうすると、小市民根性の騎士たちには、落ちついた、静かな進歩の時代がやってきて、「思考と理性の番が回ってきた」と思われる[*8]。

レーニンも三島と同じく、「ブルジョア」「小市民」「教授的学問の南京虫」(ヴォルテール的な啓蒙精神と言えよう)に苛立っている。しかし、レーニンは、三島など「小市民根性の英雄諸君」(ルソー的な革命精神と言えよう)とは違って、「革命的旋風」を「狂気の沙汰」「非理性」とは見なさない。そうではなくて、「大衆の理性」が歴史と生活において現実化する時期と見なすのである。

そして、レーニンは、ここは三島に似ているのではあるが、その「理性」がまさに軍隊に現われていることに注目し、軍隊こそが拠点となることを目指していく。そしてレーニンの見るところ、「常備軍」は「国外の敵」とではなく「国内の敵」と戦うものであり、「常備軍」は「反動の武器」「資本の下僕」「人民の自由の絞刑吏」となっているのだが、その軍隊の只中に、お望みなら五・一五や二・二六のようにと言ってもまったく構わないが、「大衆の理性」が働き始めている。

ロシアの軍隊が――一八四九年にそうしたように――革命を鎮圧するために、ロシアの国境を越えた時代は永久に過去のものとなった。いまや軍隊は、決定的に専制から離反した。軍隊はまだ全部、革命的になったわけではない。兵士、水兵の政治意識はまだ非常に低い。だが重要なことは、意識がすでに目覚めたこと、兵士の間に彼ら自身の運動が始まったこと、自由の息吹がいたるところで兵営に入り込んだことである。ロシアの兵営は、いたるところでどんな監獄よりもひどいものであった。兵営ほど、個性が押し潰され、抑圧されたところはどこにもなかった。これほど、拷問、殴打、人に対する侮辱が盛んなところはどこにもなかった。しかもこの兵営が、革命の中心となりつつあるのだ[*9]。

実は、「理性」はすでに自衛隊の内部で動き出していたが[*10]、それに対抗するべき「大衆の理性」は自衛隊内部にはほとんど見られなかった。残念なことに、自衛隊は「革命の中心」になることを期待できる状態にはなかった。以上を要するに、当時の私にとって、三島事件とは、「来たるべき」革命と「来たるべき」反革命のどちらの側に軍隊を引き寄せられるかという綱引きの単なる前哨戦、しかも過剰でありながら奇怪なほどに法学的であり、すでに達成されている軍隊の反革命性に何も付け加えるところのない行動でしかなかったのである。三島にその自覚があったように、やはりそれは「犬死に」であった。そしてレーニンが語ったように、どんな死であれ、「死骸さえあれば、蛆虫にはいつも事欠くことはない」*1のであり、当時の「識者」も今の私もその蛆虫の一部でしかないのであるが、それでも、現在の世界各地の情勢を見るにつけ、三島事件はアクチュアルな意味を有していると想像したくなるのも確かである。

*1 この点で例外的であった当時の左翼の「識者」としては、山岸外史「三島由紀夫——死と真実」『中央公論』（一九七一年二月号）。

*2 三島由紀夫には、軍ファシズムにおける農本主義に見られる農村救済論、反（都市）資本主義、反財閥に相当する思想はない。その程度のことは三島も諒解していたことである。三島事件の思想的背景として軍ファシズムを見出す見解は、その立場を問わず、非歴史的で不正確であって的を外しているとしか言いようがない。「軍ファシズム」の内容については、いまでも次の文献が参照に値する。秦郁彦『軍ファシズム運動史』（河出書房新社、一九六二年）。なお、その上で、三島の背景的思想が、五・一五以降の「転向者」の天皇制社会主義に相当するとの指摘には見るべきものがある。竹中労「〝転向〟の論理と三島由紀夫——続・残酷喜劇の終焉」『現代の眼』（一九七一年二月号）を見よ。

*3 「文学は空虚か」（『文藝』一九七〇年一一月号）『決定版 三島由紀夫全集』第40巻（新潮社、二〇〇四年）、

七一〇‐七一一頁。

*4「文学・狂気・社会」(清水徹・渡辺守章によるインタビュー、『文藝』一九七〇年一二月号)『ミシェル・フーコー思考集成Ⅲ』(筑摩書房、一九九九年)、四四九‐四五〇頁。なお、三島由紀夫は一九二五年一月生まれ、フーコーは一九二六年一〇月生まれである。

*5三島由紀夫「同志の心情と非情」(一九七〇年一月)『決定版 三島由紀夫全集』第36巻(新潮社、二〇〇三年)、一八‐一九頁。

*6同、一九頁。

*7三島由紀夫「「変革」の思想とは」(一九七〇年一月)などを見よ。ところで、三島の政治目標は、それ以後、実質的には多数派のコンセンサスとなりほとんど実現している。追って推進側に自殺者でも出れば、あるいは天皇も心変わりをして憲法改正も実現するかもしれない。その限りで、「犬死に」になるかもしれぬ自殺に「小さな意味」はあったとでも言うべきであろうか。なお、現首相(当時、安倍晋三)は三島ファンである様子を示したことがある。

*8レーニン「カデットの勝利と労働者党の任務」(一九〇六年)『レーニン全集』第10巻(大月書店、一九五五年)、二四〇‐二四一頁。一部、用字を改変した。

*9レーニン「軍隊と革命」(一九〇五年)『レーニン全集』第10巻(大月書店、一九五五年)、四〇‐四一頁。一部、用字を改変した。なお、米軍内部の性的マイノリティの処遇について論議が絶えないが、このレーニン的な観点は欠落している。軍隊そのものの変革の意義が考えられていないのである。

*10川端治「三島問題と軍国主義、政治反動」『前衛』(一九七一年二月号)に引かれている、「二尉グループの意見書」(一九六四年)などを見よ。

*11レーニン「カデットの勝利と労働者党の任務」(一九〇六年)『レーニン全集』第10巻(大月書店、一九五五年)、二二四頁。

謀叛と歴史　『明智軍記』に寄せて

「牛の糞が天下をとる」（出口ナオ）

明智光秀への敬愛もあり、出口王仁三郎は亀山城址を入手して大本の聖地としたが、そのころ「大正維新に就て」（一九一七年）で次のようなことを書いていた。

現代の臣民は、祖宗の御威徳を対揚し奉らむとする忠良の至誠に乏しきが故に、現時の弊政を根本変革するの勇断無く、祖先の遺風を顕彰すべき忠孝の本義を忘却して居るが故に、亡国的弊政たる租税制度の輸入的旧套を脱捐して、世界生民の苦痛を救済し、以て咸其徳を一に成し、御勅語に奉答し得べき義勇奉公の至誠が無いのである。／米搗バッタ的官吏や、蓄音機的教育家や、商業的宗教家輩が、偽善の仮面を被って、口を開けば忠君愛国だの、敬神尊王だの、博愛慈善だの、「教育勅語」の御精神が何うだの斯うだのと、殊勝らしく吹き立て、只々自己保護の道具に使い乍ら、面従腹背・累惑腐敗の極に達して居るもの而已で、実に国家は危機一髪に迫って来たのである[*1]。

出口王仁三郎による政治経済社会に対する批判は極めてラディカルであり、それを支える規範は「忠良の至誠」「忠孝の本義」という古色蒼然たる理念、反動的と評されて然るべき理念であるのだが、安丸良夫は、その「皇道主義ラディカリズム」について、それは出口ナオの筆先の思想と一致するものであるとはとても言えないものの、筆先の終末観的世直し思想が「広汎な人々を説得し、日本の近代社会のなかで公然と存在するためには、皇道主義と結びつくことは不可避であった」とするにとどまらず、まさにそのような結びつきこそが天皇制国家との衝突をもたらすとしていた。

この結びつきによって、大本の教義は、行きづまった抑圧的な時代状況を、きびしい階級闘争と権力闘争とを経過せずに、いっきょにのりこえたいという広汎な人々の願望にこたえるものとなった。しかし、その皇道主義にもかかわらず、運動の発展は、広汎な人々の現状打破の欲求を一つの社会的な力へと組織することによって、現実の国家的秩序との衝突をつよめざるをえなかった。王仁三郎の細心といってよい注意ぶかさにもかかわらず、第一次大本事件は不可避だったといえよう[*2]。

過剰なまでの忠良と忠孝こそが大逆となりうるし大逆となるべきなのであるが、しかし、大本における社会的な力の組織そのものがまさに「階級闘争と権力闘争」であるとしたらどうであろうか。少なくとも、「権力闘争」へ引き継がれるべき「階級闘争」であるとしたらどうであろうか。かつてエンゲルスは『ドイツ農民戦争』で、既存の社会を変えるにはその「後光」を剝ぎ取らなければならないからには、体制変革は必ずや「異端」になるのであり、したがって闘争は宗教戦争の「外皮」を纏うし纏うべきであると示唆していたが、まさにその意味において、出口ナオは神道の異端、出口王仁三郎は皇道主義の異端であったと見ることができる。とするなら、尊王と大逆、正統と異端のこのような逆説的な関係を見ておかなければ、明智光秀の謀叛を理解することもできないはずである。

「偽善と腐敗と阿諛に蝕ばまれた体制」への反逆

丸山眞男は、「忠誠と反逆」(一九六〇年)で、頼山陽『日本政記』における明智光秀「反逆」をめぐる論述をその考察の出発点に置いている[*3]。

そもそも「御恩」と「奉公」の封建的忠誠関係は、「組織」や「規範」への忠誠を基礎とするのではなく、どこまでも「パースナルな主従の情誼」を基礎としている。表面的には、忠誠関係は、御恩と奉公の交換関係や取引関係であるように見えるし、とりわけ下克上の織豊期においては利害得失や力の強弱を勘案する合理的で功利的な計算を基礎とするように見えるのであるが、決してそうではなくて、忠誠関係は、主君と臣下の情誼が織りなす人格的関係を基礎とするのである[*4]。そこから頼山陽は、次のような帰結を引き出していく。すなわち、主君の側に「恩」を誠に与えようとする「意」があるなら、よしんばそれを臣下に与えることができなくとも臣下の側は感謝するし、主君がそのような誠意を持ち合わせないまま与えるようなら、臣下はその贈与者に「徳」を感じず、むしろその類の「恩」を受けることを怨むことになる。まして明智光秀の場合は、信長によって既に与えられた「恩」を奪われたのであるから、その怨みは甚だしいものとなり、信長が禍を被るのは不可避であった、とである。頼山陽は、明智光秀の反逆が怨恨に由来するとしながら、それは忠誠関係そのものによって正当化される造反有理であると主張しているのである[*5]。それを受けて、丸山は、「このように恩賞の「跡」よりも「意」に重点を置いた分析は、前述のような忠誠観の文脈のなかでは一見するほど「精神主義的」でなくて、存外にリアリスティックなのである」と評している。考えるべきは、そのリアリティの所在である。

あらかじめ丸山は、封建的忠誠関係の「減衰」を再確認する。「われわれの国の「近代化」は、「封建的忠誠」とその基盤を解体させることによって、同時にそこに含まれたかぎりの「反逆」のダイナミズムをも減衰させて行った」[*6]。そして、減衰の端緒について、福沢諭吉の「長州再征に関する建白書」（慶応二年）を参照する。福沢は、明智光秀にも言及しながら、こう書いていた。

総て名義と申は兵力に由り如何様にも相成候事にて、光秀が信長を弑候得ば、直に光秀へ将軍宣下、又秀吉が首尾よく光秀を誅し候得ば、則豊臣家の天下と相成、〔……〕右の次第に付、朝敵と云ひ勤王と云ひ、名は正しき様に相聞候得共、兵力の強弱に由り、如何様とも相成候ものにて、勅命抔と申は、羅馬法王の命と同様、唯兵力に名義を附候迄の義に御座候[*7]。

この福沢の視界からするなら、「勝てば官軍、負れば賊」の諺どおりに、戦争の正邪はその結果によって事後的に決められることにすぎなくなる。忠誠と反逆の如何を決めるのも兵力の強弱であって、勝者が忠誠を果したことになり敗者が裏切ったことになるわけである。実際、江戸期の明智光秀観の多くはそのように形成されたのであるが、しかし、そのとき、忠誠関係を基礎とする反逆の可能性そのものが消し去られることになる。忠誠の故に反逆することがあるというそのことが消去され忘却されることになるのだ。丸山も福沢も、一旦はその現実を承認する。近代化は不可避ではある。商人的で企業家的な信頼のゲームが蔓延するのも不可避ではある。反逆は「非合理的」で愚かな只乗りや裏切りに見えてくる。しかし、それを真に受けるわけにはいかない。

「本来忠節も存ぜざる者は終に逆意これなく候」というのが『葉隠』のダイナミズムであったとするならば、逆に、謀反もできないような「無気無力」なる人民に本当のネーションへの忠誠を期待できるだろうかというのが、幕末以来十余年のあわただしい人心の推移を見た福沢の心底に渦まく「問題」だったのである[*8]。

ネーションへ非合理なまでに忠誠を尽くす臣下、ネーションに対して反逆の気力も備えた人民、そのような主体が存在しなければ、本当のネーションなど設立できないというのである。その観点から織豊期を振り返ってみるとき、豊臣秀吉が「公武統一」の「天下一統」を実現するにあたって、信長政権と義昭政権が共倒れになる契機を作り出した明智光秀の謀反とその敗北こそが、歴史の逆説と言うべきか歴史の狡智と言うべきか、本当の天下一統の設立を支えたということになるであろうか。あるいはまた、その観点から未来を展望してみるとき、「革命」への非合理なまでの忠誠と反逆こそが、本当の革命を成就させるということになるであろうか。総じて、当時は非合理に見えた反逆が、事後的に歴史を想起するなら十二分に合理的であったことになるということをもって、反逆をいわば救済するとでも言うのだろうか。しかし、ここでの丸山は、そのような歴史観を丸呑みしてはいない。なぜなら、反逆の気力は、その現在においては、徹底して孤立した行動として立ち現われるからである。しかも丸山は、その行動に深く魅了されている。

実際、丸山は、「偽善と腐敗と阿諛に蝕ばまれた体制」に反逆する「志士仁人」に深く共感する。また、その「志士仁人」が、「社会主義（あるいは無政府主義）」に対して忠誠を尽くすことに敬意を表する。しかも、その「志士仁人」の反逆は、「社会的保護と福祉からほとんど全く疎外され、殺伐粗放なスラム的生活環境のなかに裸に投げ出されたまま酷使されている半浮浪的「労働者群」のほとんど生理的な爆発的反抗」と重なるのである[*9]。ところが、歴史の帰趨の定まらぬ現在の過渡期においては、その「志士仁人」や「労働者群」は、「共同体感情の昂進から発する「非国民」「国賊」の罵声のなかで光栄ある孤立を保持」することになる[*10]。「主義」への深い忠誠に発する反逆、「共同体」からするなら非合理的にも見えてくる反逆、それは謀反・逆賊として弾圧されることは避けられないし、しかも、それが歴史によって事後的に救済されるか否かも定まりようはないのであるが、その類の考量とは別に、「偽善と腐敗と阿諛」に対する怨みに発する反逆こそが、歴史過程を切断し過渡期を創出するということに傾注するべきなのだ。私の見るところ、『明智軍記』はその水準に立っている。

謀叛の主体、歴史の主体

本能寺の変から百年ほど後に、『明智軍記』が成立している。この『明智軍記』は、一部に「真正」なる史料と不整合が見られることから資料的価値のない単なる物語であるとして顧みられないことがあるが、それがまさに軍記であるが故に、謀反の主体の有り様をうかがい知ることのできる格好の文献となっている。巻第九と巻第十から何箇所か拾い出してみる[*11]。

明智光秀は、家康の饗応役を信長によって解任された直後に、備中出陣を命じられているが、その命令書を読んだ明智光秀の「臣下」たちは、大いに怒ってこう語っていく。

> 惟任〔光秀〕が臣下ども、この触状を見て、大に怒て申しけるは、既に当家は一方の大将として、京極・朽木を始め、宗徒（むねと）の人々十八人、組下にこれあるところに、この触状には次第不同の端書もなく、光秀仮名をば半に載らるること、無法の儀にあらずや。あまつさえ、秀吉が指図に任すべき旨、奥書に記さるること、かたがたもって無念の次第なり。その上、今度徳川殿御馳走の品々、故なくして召上げらるる条、よろず生涯の恥辱とこそ存じ候へと、泪を浮め申しけ

れば〔……〕[*12]。

臣下たちは、信長による理不尽な仕打ちに恥辱を感じ、それこそ怨恨をいだくのであるが、それ以上に、信長による軍編成を無念として憤っている。その軍編成は、当然にも戦後の体制構想にかかわっており、臣下たちはその構想そのものに怒っていると言うべきである[*13]。

ついで『明智軍記』は「臣下」を「家来」と言いかえ、「惟任」を「日向守」と言いかえ、光秀を「臣」の立場に据え直して、こう叙述していく。「日向守、家来どもの鬱憤の様を聞て、げにげに汝らが申通り」と認めながらも、「恨を含む儀多けれども、古語に、君、君ならずといえども、臣、もって臣ならずあるべからず、と見えたれば、必ず左様に恨み申べきにあらずとて、則ち触状に半形せしめ、先々へぞ送りける」[*14]と語っていく。光秀の臣下たちが、光秀の家来として「恨」を言い立てるのは至極正当なのであるが、光秀が武家の長としてよりは臣としておのれを顧みるなら、君が君主の資格を失っているとしても臣は臣であることを止めるわけにはいかないとして、あくまで君臣の秩序に対する忠誠を、武家の論理に反して非合理になるほどに貫こうとするのである[*15]。

ところが、その直後に、信長からの使者が来る。そして、光秀に対して、出雲と石見を「賜う」が、丹波と近江を「召上らるる」旨を「申捨て」る事態となる[*16]。突如として、光秀と「家子・郎党共」は、「闇夜に迷う心地」に突き落とされる。というのも、出雲と石見は「敵」に囲まれた領域であり、「妻子眷属」を保護する場所である丹波と近江を奪った上でそこに配置する方針は、ほとんど光秀の家に滅亡を命ずることになるからである。ここに来て、最初に「謀反」を提起するのは、「家子・郎党」たちである。信長の臣でありながらその家子・郎党が滅ぼされた佐久間右衛門尉・林佐渡守・荒木摂津守などの二の舞となる前に行動すべきであるというのだ。

前車の覆すを見て、後車の戒めとすと云える通りに候へば、以往(あなた)よりその色立これなき以前に、謀叛の儀、是非に思召立せたまうべしと、忩れる眼に涙を湔(そそい)でぞ申ける。その者共には、明智左馬助・同治右衛門・同十郎左衛門・妻木主計頭・藤田伝五・四天王但馬守・並河掃部助・村上和泉守・奥田左衛門尉・三宅藤兵衛・今峰頼母・溝尾庄兵衛・進士作左衛門、以上十三人とぞ聞えける[*17]。

明智軍団は、数年来の信長の戦闘のほとんどに関与してきた。おそらく信長配下で、最も機動性が高く最も錬成された軍団であると推測してもよかろう。その軍団の核をなす家子・郎党を最も危険な地域へ孤立無援の形で配置するという信長の方針は、あえて言うなら、革命の収拾を見越して革命軍の最精鋭部隊を解体しようとする遣り口に近いと言えるであろう。したがって、その危機に及んで、「十三人」が「謀叛」を進言するとは、当然にも、信長の戦争目的そのものへの忠誠の果ての逆説的反逆として観念されていたはずである[*18]。戦争目的のために使い捨てにされかけている軍団は、武家の論理を梃子として、臣たる光秀に対して君に対する謀叛を進言する。光秀は「黙然として座せしが」、おもむろに年来の「武勇」を回顧しながら、近日の「前代未聞」の屈辱に言及して、こう語り継いでいく。

その節、憤りを含むと云えども、大行は細勤を顧ずと云うこともあれば、思い鎮て退出せしなり。殊に今係る難題を仰懸らるるに付ては、当家の滅亡の時節到来是非に及ばざる次第なり。さあらば、当月下旬には、信長・信忠諸共に上洛あるべきと聞なれば、思い知せ申べきなり。しからば、急ぎ坂本・亀山に立越え、残る股肱の輩にも云い談じて、謀を廻らすべし。必ず何れも隠密あるべしとて、早々安土を発足の刻、日来数寄の道とて、／心知らぬ　人は何とも云えば云え　身をも惜まじ　名をも惜まじ／と打詠して、坂本の城へぞ帰りける[*19]。

光秀は謀叛の決断をする。決断するや「残る股肱の輩」に動員をかけ「謀」をめぐらす。それは「大行」への忠誠の故の反逆であったはずである。それは「人」からするなら「名」を失う行動であるが、それを打ち破るべき対抗的な「大行」として語られたはずである。そうでなければ、「股肱」にしても、わが身を惜しまぬ行動に打って出るはずもないのだ[*20]。

こうして、光秀の下、臣下・家来・家子・郎党・股肱を核とする謀叛の主体が立ち上がる。その主体は「牛の糞」(出口ナオ)に下方で結びついていると言ってよいだろう[*21]。そして、その「牛の糞」に「天下をとる」という歴史的目的を与えるのが明智光秀の「臣」たちである。安土では主だった臣たちが、「今は何の御思慮にも及ず、一筋に御謀叛を企られ、臣等が憤を散じ、且は御積鬱をも晴したまうべきなり」と、謀叛に参与する。そして、まさにこれら臣たちが、本能寺の変の直後に次のように進言するのである。

急ぎ光秀の前へ伺候して、様子を見合せ申けるは、御所存の儀、如何様の御覚悟にや候らん。古へより今に至るまで、無道の君を弑せしこと、和漢共にその例多く候。異国の殷の湯は、夏の桀王を討、周の武は、殷の紂王を亡し、吾朝には、蘇我の馬子の大臣は、崇俊（ママ）天皇を弑し、北条権の太夫義時は、頼家卿を害せしむ。さあれば、強ち御心に懸らるるべきにても候はず。総て武者の道は、不義の敵を討取るをもって、至剛智謀の勇士と申伝てこそ候へ。この上は身を全うして、一日なりとも都に旗を立られ、天下安全の御仕置を仰せ出され候はば、今生の威光、末世の名聞冥途の訴にもなるべき儀に御座候と、申けるところに、老臣共も参じて諫言数度に及びしかば、日向守理に服し、その儀ならば一先政務を執行べきなりとぞ申ける[22]。

臣たちは、今次の謀叛を過去の事象の反復として差し出す。まさに革命として差し出すのだ。そして、謀叛の相手は「不義の敵」であったからには、その謀叛こそが「勇士」の証しとなったと主張していく。さらに、この革命的な謀叛の歴史的目的として「天下安全」を差し出し、統治権奪取へと進めて「御仕置」「政務」を執り行う「理」を提起する。このようにして、謀叛の主体が歴史の主体に重なり、謀叛による切断を通して歴史の歯車があらぬ方向へと動き出していくのである。

「牛の糞」にせよ「労働者群」にせよ、おそらく忠誠のあまりに反逆する「志士仁人」の軍団なくしては、歴史に参入することはない。また、「志士仁人」にしても、「牛の糞」や「労働者群」の終末観的世直しと爆発的反抗への結びつきなくしては、謀叛と歴史に参画することはない。「敵はほかにいる」（大岡昇平）し、味方もほかにいるのである。

*1 出口王仁三郎「大正維新に就て」『著作集第二巻 変革と平和』（読売新聞社、一九七三年）、一七一―一七二頁。
*2 安丸良夫「解説」同書、四四一頁。
*3 丸山眞男『忠誠と反逆』（ちくま学芸文庫、一九九八年）、三三三頁。
*4 この点で、戦国期研究が「利害関係」を基軸とする分析や「力関係」を基軸とする分析に偏重することを批判し、「規範や慣習・観念・価値観」を基軸とする分析を強調する次の論文が重要である。山田康弘「戦国政治と足利将軍」藤田達生・福島克彦編『明智光秀――史料で読む戦国史』（八木書店、二〇一五年）、二二八―二二九頁。
*5 歴史学界では、頼山陽程度の考察すら抜きに、怨恨説は簡単に切って捨てられるのが慣例化している。
*6 丸山眞男、上掲書四六頁。
*7 同書、五一頁に引用。
*8 同書、五八頁。
*9 同書、一〇二頁。
*10 同書、一〇三頁。
*11 二木謙一監修『明智軍記』（新人物往来社、一九九五年）からの引用は、用字を私に改める。

*12 同書、二九七頁。

*13 いわゆる「三職推任」問題に関係する。

*14 『明智軍記』、二九七頁。

*15 近年、国郡制・武家官位制の名目性を強調する見解が広まっているが、ここでは名目性こそが重要である。

*16 使者の登場はまさしく悲劇・史劇仕立てになっている。この点について、桑原三郎がそれを裏付ける一次史料があるとしたが、論争がある。谷口克広『検証 本能寺の変』(吉川弘文館、二〇〇七年)、二〇九－二一三頁、小和田哲男『明智光秀・秀満』(ミネルヴァ書房、二〇一九年)、一八三－一八四頁を参照。なお、近年、光秀の謀反の原因として信長の四国政策の転換を重視する見解が広まっているが、そうだとしても本稿の主旨は変わらない。いずれにせよ、ここで争われていることは、「職所有」に関わる「儒教的革命思想」(勝俣鎮夫『戦国時代論』岩波書店、一九九六年、二一一頁)をめぐるものであろう。

*17 『明智軍記』、二九八頁。

*18 信長の戦争目的に関して、常に暗黙に、過渡期である織豊期が「天下一統」に、「超越的」で「絶対的」な「国家」に向かっていたとする歴史目的論が前提とされている。例えば、朝尾直弘『将軍権力の創出』(岩波書店、一九九四年)一一－一二頁、三〇頁、堀新『織豊期政権論』(校倉書房、二〇一一年)、二七六頁、藤田達生『本能寺の変』(講談社学術文庫、二〇一九年)、三－四頁などを見よ。この類の歴史目的論をよく免れ、「天下一統」を、外国侵略を進める「神国主義」を支える「大和朝廷の論理」「外道の統率ともいうべき異形異類の国家体制」と捉えるのが、小林正信『織田・徳川同盟と王権——明智光秀の乱をめぐって』(岩田書院、二〇〇五年)である。

*19 『明智軍記』、二九九頁。

*20 この点で、「地侍」「軍役衆」を「戦国の争乱をもたらした主体的階層」とする勝俣鎮夫の見識を想起すべきである。勝俣鎮夫『戦国時代論』(岩波書店、一九九六年)、四六頁。

*21 これに関連して、明智光秀も登場する『石山退去録』についての見事な考察がある。樋口大祐『「乱世」の

エクリチュール』（森話社、二〇〇九年）、第Ⅱ部第3章。

*22『明智軍記』、三〇七－三〇八頁。この臣の論理は、伝統的な暴君放伐論や同時期フランスのモナルコマキに相当する。なお、『信長公記』では、丹波国亀山にて光秀は初めて「逆心」を起こし、家子・郎党と「談合を相究め」、信長を討って「天下の主」となるべきと決したとある。奥野高広・岩沢愿彦校註『信長公記』（角川文庫、一九六九年）、四一五頁。

Ⅱ－2　統治／福祉

包摂による統治　障害カテゴリーの濫用について

一　結論はいつも同じ

現在の論壇の情勢認識はみんな同じだ。日本的経営の危機、日本型福祉社会の危機、グローバルな競争激化、国内空洞化、デフレ不況・財政危機、非正規雇用増加。現在の論壇の結論はいつも同じだ。機会平等、キャリア教育、再分配、セーフティネット。これ以上、これ以外のことは、ほとんど言われていないし考えられてもいない。ここでは芹沢一也を例にとろう*1。まず情勢認識から。芹沢は、一部批判勢力の過てる歴史認識を正すことから始める。

ネオリベラリズム批判をする論者には、ひとつの歴史観が前提されている。／それは福祉国家から新自由主義へとか、フォーディズムからポスト・フォーディズムへといった図式によって整理されるものだが、70年代前半ころを境に、「国家の分配による平等」（結果の平等）を基調とした社会から、「自由を前提とした平等」（機会の平等）を基調にした社会へと、統治の原理が転換していったという理解だ。

しかし、芹沢にとっての正しい歴史認識によるなら、日本では、同時期に「ネオリベ国家とは似ても似つかない、高度に安定した社会が姿を現わした」のである。そもそも、一九七〇年代前半に、「統治の原理が転換して」日本がネオリベ国家等々に転換したなどとする「臨調史観」（©天田城介）を誰が唱えはじめたのかは知らないが、それはともかく、芹沢は、その時期に、まさにプロレタリア独裁概念を放棄したあとの（正統派）マルクス主義で唱えられた通説どおりに、「高度に安定した」「日本的経営」が構築されていったとするのである。そして、日本的経営においては社会保障制度は「企業の正規雇用者とその家族を軸に設計された」のであるが、近年になって、この日本的経営＋社会保障制度が危うくなってきたというのである。芹沢からするなら、これも通説どおりに、そもそも「日本の社会保障制度は所得格差を是正する再分配効果をほとんどもたない」ものであるから、事情が悪化するや、たちどころに「正規雇用と非正規雇用のあいだに、いわば一級市民と二級市民のような分断をもたらす統治システム」が姿を現わすことになる。このとき、これに並行して、芹沢が関心を寄せる若者、二級市民候補者である若者は、「突如、社会の異物」のごとくに扱われることになる。

フリーターやひきこもり、ニートへの憎悪に満ちた批判の合唱がなされたのは、この時期、日本的経営が維持しえなくなり、しかしながら正規雇用者という既得権益層を守るために、若者たちを非正規雇用者として活用せねばならなくなったからだ。／マクロ経済の変動によって若者の雇用が流動化し、フリーターやニートを強いられたにもかかわらず、その問題性を若者の

「心の問題」に押しつけるために、あたかも若者が変質しているかのような言説が、それこそ洪水のようにまき散らされた。／安定社会崩壊によってもたらされた経済的なゆがみが、一手に若者に押しつけられたのである。

そして、周知のように、二〇〇〇年代には、「貧困問題が回帰してきた」。こうして「若者問題をめぐる問題も、心の問題から失業問題へととらえ返されていった」。ところで、芹沢の情勢認識によるなら、この失業問題は、「新自由主義改革がもたらした雇用の流動化と労働環境の悪化」によるものではない。「問題の核心にあるのは、長引くデフレ不況による安定社会の崩壊だ」。言いかえるなら、「問題の核心」は、労働と政治にではなく、経済と福祉にある。とするなら、芹沢と一部批判勢力の現状認識には大差がないようにも見えてくるが、にもかかわらず芹沢は一線を画したがっている。なぜか。

芹沢のような論者（以下、「統治論者」と一括する）からすると、性急な一部批判勢力は政治批判やポピュリズム批判を集団的に行動化しさえすれば片が付くと思っている連中であって、「貧困や格差を解消するためには、経済成長が必要」という原理原則をまったく弁えていない。統治論者にとって、この原理原則は、二十世紀半ばのトリックルダウン説や社会（民主）主義の再分配政策とは区別されるし、どうしても区別されなければならない。貧困や格差の解消に経済成長は必要であるにしても、経済成長の目的は貧困や格差の解消にあるのではない。それを目的とすると、経済的な過ちを起こしてしまう。統治論者にとって、経済は、それ固有の仕方で運動するものである。しかも技術的・合理的な介入があって初めて滑らかに運動するものである。だから、経済の運動の目的は、あくまで経済の運動の維持に置かれなければならない。経済成長の目的は経済成長にあり、経済安定の目的は経済安定にあるというわけだ。この原理原則からするなら、統治論者にとって、貧困や格差の解消のための政策は、あくまで経済の運動の維持のためのものであり、経済への技術的・合理的な介入のバージョンにおさまることになる。そして、今日、その技術的・合理的な介入は、「金融政策（および財政政策）」と呼びならわされているのである。

このような背景から、統治論者に独特な一連の態度が生み出されてくる。統治論者は、性急な一部批判勢力のような勉強の足りない連中が嫌いである。そんな連中は、昨今の経済成長は「金融政策（および財政政策）」次第でもあるということをまったくわかっていないからである。そして、統治論者は、エコノミカルな学識を聞き覚えていることをやたらに自慢したがる。単純で無知な再分配政策論者や単なる同情道徳のセーフティネット論者を軽蔑しながら、自分は金融と財政のテクニカルな知識情報を駆使する技能を持っていると威張りたがる。さらに、統治論者は、相も変わらず日本的経営への正規雇用や日本型福祉社会への包摂を唱えかねない一部守旧派を憐れみながら、それを可能にする「リソース」などないことをやたらに強調する。残念ながら、ないとである。幸か不幸か、ないとである。統治論者は、いくらか楽観的でいくらか悲観的である気分を匂わせることでもって端的に言ってしまえば自己と他者を無力化しているわけだが、そこはともかく、金融財政政策を駆使して経済成長を図ったところで、どんなにテクノクラートが操作したところで、日本的経営を立て直すためのリソースも普遍的な再分配やセーフティネットのための財源も出てこないとは思っている。つまり、そのようにして、粗暴な一部の官僚・政治家・エコノミストや時代錯誤的な社会工学者・計画経済学者からの隔たりも匂わせるわけだが、では、例えば芹沢は、「それに代わる社会構想」を何と心得ているのか。

貧困や犯罪の処遇、あるいは社会保障や社会復帰政策をめぐって、今後どのような構想を描くとしても、結局は経済的なリソースの配分の問題に帰着する。となると、とくに新奇な発想が必要となるわけではない。／財政政策や金融政策によって景気を安定させながら、自由競争を阻害する規制や業界内の取り決めを取り除き、市場の効率性と生産性を高め経済成長を達成し、そして再分配やセーフティネットの整備によって社会的弱者を救済していく。／要するに、国家と市場との、日本なりの最適な組み合わせを構築するしかないのだ。

統治論者にその学識はないようだが、この類の社会構想は、一九世紀以降、何度か新自由主義と名付けられてきた統治構想であり、いわゆるネオリベラリズムもそれと大差はないものであるが、ここで逸してはならないことは、この類の社会構想が、「一級市民と二級市民のような分断をもたらす統治システム」を補正する統治構想として差し出されているということである。その言うところは、こうまとめられる。一級市民たち、とくにその中から選抜される徳高きエリートが、市場の調整にあたって何とか景気を安定させてリソースを作り出す。それを受けて、一級市民たちのあいだで再分配を進める。それを受けて、二級市民に対して、あるいはむしろ二級市民より下の市民たる「社会的弱者」に対してはセーフティネットを張ってやる。以上が、現在の論壇のコンセンサスである。一級市民の選良のためには、ネオリベ的に味付けした日本的経営の維持を。二級市民より下の市民に対しては、社会運動的・同情道徳的に味付けした贈与ないし再分配を。二級市民に対しては、金融政策や財政政策で修飾した市場を。もっと約めるなら、一級市民の選良には政治を。二級市民以下の市民には福祉を。二級市民には経済を。ところが、現在の論壇が不安視しているのは、二級市民が自らに宛がわれる経済に満足しないように見えるということである。いくら経済的な原理原則を説明したところで納得しないように見えるということ、しかもそれは二級市民が無知無能だからというわけではなさそうであるということである。だからこそ、政治・福祉・経済とも異なる問題設定が、「分断をもたらす統治システム」を補正する統治構想が上昇してくる[*2]。その一例を、教育に見て取ることができる。

二　障害の教育行政的拡張

二〇〇〇年代に入って、教育界では大きな変化が起こり現在も進行中である。すなわち、発達障害という医療カテゴリーを行政カテゴリー・教育カテゴリーに転化して制度化された「特別支援教育」の登場と進展である。これは、一九七〇年代の養護学校義務化をめぐり分離教育か統合教育かというそれなりに激しかった争いを過去のものにしてしまったという意味でも大きな変化である。

簡単に経緯をまとめておくなら、一九九二年に、文部省は、通常学級に在籍する障害児を一定時間に限り特殊学級に通わせる通級制度を利用するために、『通級による指導に関する充実方策について（審議のまとめ）』において、教育的支援を要する情緒障害を拡張する形で学習障害をそこにカウントし始めた。次いで一九九五年に、学習障害について行政的定義を提示してから、二〇〇二年にその定義に基づく『通常の学級に在籍する特別な教育的支援を必要とする児童生徒に関する全国調査結果』をまとめ、その障害児の数を「約６％程度の割合で通常の学級に在籍している」とはじき出した。そして二〇〇三年には、学習障害に加えて、注意欠陥多動性障害（ＡＤＨＤ）、高機能自閉症も「特別支援教育」の対象としてカウントした。つまり、文部省・文部科学省は、この間、普通の学級に在籍しながら特別の教育的ニーズを持つがゆえに特別の教育的支援を及ぼすべき対象者を、教育的・行政的に定義された障害児としてラベリングしてきたのである。そして、二〇〇四年には、国をあげて教育・労働・福祉の領域で発達障害者をターゲットとする『発達障害者支援法』が成立した。その目的を定める第一条を引いておく。

この法律は、発達障害者の心理機能の適正な発達及び円滑な社会生活の促進のために発達障害の症状の発現後できるだけ早期に発達支援を行うことが特に重要であることにかんがみ、発達障害を早期に発見し、発達支援を行うことに関する国及び地方公共団体の責務を明らかにするとともに、学校教育における発達障害者への支援、発達障害者の就労の支援、発達障害者支援センターの指定等について定めることにより、発達障害者の自立及び社会参加に資するようその生活全般にわたる支援を図り、もってその福祉の増進に寄与することを目的とする。

これを受けて、二〇〇七年に「特別支援教育」が始められたのである。そして、以上の経緯は、新たに見出された膨大な障害児を地域の普通学級に統合して包摂するという、まことによき営みとして褒め称えられている。また、障害者のノーマライゼーションやらインクルージョンやらの国際的動向にかなった動きとして、これまた褒め称えられている[*3]。

しかし、この変化は異常である。少なくとも、変化に対する過剰評価は異常である。そもそも『学校教育施行令』第五条では、市町村教育委員会が小学校または中学校の入学期日を通知しなければならないのは「第二二条の三の表に規定する程度のもの以外の者」となっており、各種の障害と病気を列挙するこの「表」に該当しない者は通常学級への入学を通知すると定められている。ところが、この間、発達障害がこの「表」に繰り入れられたわけではない。言いかえるなら、『学校教育施行令』によるなら、そもそもの初めから、発達障害とラベリングされるであろう子どもは通常の学級に統合・包摂されることを予定されていた者なのである。ところが、教育界は、そもそも通常学級に在籍して当然である子どもの一部を障害児として名指し、まるで通常学級に障害を見逃して入れてしまったのが間違いの元であったと言わんばかりにして、かといって、旧来の養護学校に移すわけにはいかないのでと言わんばかりにして、突然にその教育的ニーズなるものを言い立て、それに応えると称して「特別支援教育」を制度化し始めた。もともと通常学級にいる子どもの一部を教育的・行政的に障害児と定義してやって、それでもって障害児のインクルージョンなるものが進んできたと見せかけてもいるわけだが、しかもその見せかけにわざと乗ることによって旧来の養護学校に在籍するような障害児のフル・インクルージョンを目指そうとする動きも僅かながらもないではないのだが、現実に起こっていることは、通常の内部に障害を設定してやるという操作でしかない。事態を総体的に見るなら、通常の内部に障害・異常・逸脱を包摂する制度を何としてでも現出させるという動向こそが主導的なのである[*4]。考えるべきは、その意味するところである。ところが、例えば堀正嗣は、教育学（者）的習慣に従って、こんな書き方をしている[*5]。

障害児であるがゆえに、健常児と同じ価値基準で見られないならば、それは明らかに、普通には見られないということである。たとえ問題を持った価値基準であっても、それが一般に通用しているものならば、障害児もその価値基準で見られることが、あたりまえである。ノーマライゼーションは障害者が特別の役割期待――それは病者役割とか欠陥役割とか言われるものであるが――の下に置かれる状況を克服しようとしてきた。障害者だけが通常の価値基準から落ちこぼされるなら、それは特別視されているということであり、たとえ『ベックソ』でも、通常の価値基準の下に見られているのとは質的な差異がある。〔……〕能力主義的な詰め込み教育や受験勉強が、普通学級における「普通」のあり方だとすれば、障害児もこれを体験するのが自然である。たとえ勉強がわからなくても、わからない子どもは他にも大勢いるわけで、それを理由に特別扱いする必要はない。また、「いじめ－いじめられる」関係も、子どもたちの

「普通」の姿だとすれば、障害児だけが、こうした関係に置かれないのはむしろ不自然である。

これは、まさに教育（学）的な意味においては間違った語り方ではないかもしれないが、堀のような統合教育論者たちが、このような道徳的で心理的な語り方でもってこの間の動きを呑み込んでしまうというところに問題がある。

この間の教育行政のターゲットとされている障害者は、通常の価値基準の下にある障害者、言いかえるなら、通常の価値基準からするなら下の下、あるいはむしろ下の外に位置する障害者なのではない。通常の価値基準からするなら外れていると見なされる障害者を、それでも通常の価値基準の下に繰り入れるということが目指されているのではない。教育行政のターゲットは、何度も公言されてきたように、「重度」の障害者ではなく「軽度」の障害者である。しかも、ここの帰趨は不透明であるが、少なくとも教育行政の場面では、従来の障害種別を廃棄して学校教育と社会生活と就労における困難程度だけを障害程度の評価基準とする英国がモデルとされてもいるからには[*6]、初めから通常の価値基準からして、常に既に下位に位置づけられてきた子どもがターゲットであって、それが「軽度」の「障害」者として把捉し直されているだけである。したがって、「特別支援教育」は、機会平等を保障されたレースでそこそこの結果を残すということを直接に目指しているのではない。では、何を目指しているのか[*7]。文部省が一九六一年に発行した『わが国の特殊教育』は、常に「軽度」も含みこんできたと目される「精神薄弱」カテゴリーについて、その教育目的を次のように書いていた[*8]。

自分のことは自分で始末ができ、他人に好かれ、他人と協調しながら、働くことのできる精神薄弱児、役に立つ精神薄弱児への育て上げが可能になります。〔……〕精神薄弱児の特殊教育がねらうのは、自分のことは自分ででき、他人に迷惑をかけず、よく協調して、単純な仕事ではあるがそれをきまりどおりに行うことによって、少しでも他人のためになる精神薄弱者の育成です。

この戦後教育行政の理念に対して、鈴木文治を含む多くの批判的一級市民（リベラル、と一括してよいだろう）は、この「愛される障害者」像は、「障害者自身の生き方や幸せという発想や理念は皆無」であり、一方的に障害者に対して社会が要請する障害者役割を押しつけるものであると批判してきた。そして多くの批判的一級市民は、教育行政とそれに加担する標準的発達保障論に抗して、障害者自身のニーズや要求に発し、障害者自身の活動と協同によって、障害者自身の社会参入と社会自立を目指すべきであり、そこに対して資金や人材の再分配を宛て行ない、専門家はその陰となって支援してやるべきであると論じてきた。そして、そんな理念に基づくとされる相当数の法制度も整備され、その一部であるかのようにして「特別支援教育」も実施されてきてはいる。では、そこで何が行なわれているか。鈴木文治はこう書いている。注意しておくが、鈴木は、よきこととして、局所的にだけではなく大局的にもよきこととして書いている[*9]。

障害児教育では、1人ひとりの個別教育計画の中に個別移行計画を加えている。学校から社会への指導計画である。2005年度から、個別の教育支援計画の作成が義務づけられ、入学前から卒業後も視野に入れて、一生涯にわたる支援計画を作成することになった。これは学齢期だけではなく、学校と直接関わりのない就学前に、そして卒業後にもどのような支援ができるかを計画するものである。学校という特定の場所ではなく、地域で生きるための支援について計画するのである。これには労働、福祉、衛生、医療などの多くの専門機関との連携が必要とされる。1人の進路にさまざまな機関が関わる。もちろん、当事者の自己決定や保護者の参画が、計画作成の前提条件となっている。

それが闘争の成果であったかどうかは別として、ともかく重度の障害者について目指されてきたことが、軽度の障害者でも目指されるというのである。それがよきこととして進められているのである。両者を区分することがまるで政治的に正しくはないかのように、両者の区分を言い出すことはタブーであるかのようにして進められているのである。これは何ごとなのか。

三　学校に包摂して分割して統治せよ

軽度障害者の卒業後のことを考えあわせてみるとよい。内閣府編『障害者白書平成22年版』によるなら、全国の精神障害者は約三二三万人であり、そのうち障害年金受給者は約五二万人である[10]。残りは、生活保護を受給したり低賃金の職に就いたりしていると推定できるが、確実に言えることは、精神障害とされる者の過半が極めて低い所得で生活しているということである。ここで注意すべきは、精神障害の範囲も急速に拡張されてきたことである。軽度の障害もそこに含めるようになってきたからである。また、かつては退院したなら一応は精神の病者ではないことになったのだが、地域精神医療の進展に伴って退院後も精神の病者であり続けることが公然と可能になってきたからである。そしてまた、精神障害に完全回復を認めないでそれを慢性病化する傾向が強まってきたからである。こうして、先進諸国におけるアンダークラスの重要な構成部分は、いまや新規に障害者とされてきた精神障害者であることになり、その予備軍ないし供給源が、学校における発達障害者であると見なされるようになってきた。格差社会における非正規雇用者、福祉社会において生活保護や年金給付の主要な対象である重度障害者とは区別される有能でも無能でもない者、制度の狭間に陥りがちで特段の再分配にもセーフティネットにも与ることを期待できない低所得者層が、軽度の発達障害、軽度の精神障害という新規の医療的・教育的・心理的・労働的・行政的・福祉的カテゴリーでもって表象され代表され把捉されるようになってきたのである。この間の統治はまさにそこをターゲットにしており、乳幼児健診に始まり、義務教育・高等教育を経て、職場・施設・病院を経て死ぬまで、一級市民全員が、軽度の障害者の社会適応のための支援を展開しようというのである。では、生涯にわたるこの包摂、旧来の〈ゆり籠から墓場まで〉以上に介入的な支援は、何を目指しているのか。とくに学校における包摂を通して何を行なおうとしているのか。

この間、文部科学省の旗振りで、全国のいくつかの全日制高校がモデル校となって、「円滑な移行支援」の取り組みを進めてきた。そこで行なわれていることは以下のようなことである[11]。

①入学選考において発達障害であることの確認を行なう[12]。
②在学中に職業評価を行なう。
③障害特性に即した職業リハビリテーションの情報提供を行なう。
④必要に応じて、療育手帳や精神障害者保健福祉手帳の取得を勧める。
⑤進路先の選択・決定を援助する。
⑥在学中の体験学習を重視し、進路先として予定される企業・福祉施設で実習を行なう。

要するに、普通高校に包摂して分割するのである。分割後の振り分け先は、大学・短期大学・専修学校、公共職業能力開発施設（一般校／障害者校）、就職（学校紹介等障害者雇用／学校紹介一般扱い雇用／その他）、一時的な仕事、その他（福祉施設等利用／在宅等）となる。この移行を「円滑」にするためにということで、特別な教育的ニーズへの応答、特別支援学校の教員の専門的力量、「自己理解（障害理解）」の「修正」などが必要とされている。

したがって、軽度の障害者の拡大と包摂ということで進められていることは、それを修飾する共生社会やら自立支援やらをはぎ取ってしまえば、なんのことはない、不平等の円滑な再生産にすぎない。種々の理由で手帳取得申請に抵抗する者や種々の理由で手帳獲得に執着する者を説得して善導する。あるいはまた、分を越えて四年制大学を目指す者や分より下で楽をする者を分相応に善導する。あるいはまた、障害受容しない者や障害自覚のない者を適当な専門機関に振り分けて善導する。これは従来からよく知られた光景であるが、この間の動向の特徴は、体制的に学校を巻き込んでいること、あるいはむしろ体制的に学校をセンター化しようとするところにある。そして、注目すべきは、本人・家族というより、そこにたむろする一級市民とその候補者たちの有り様である。

発達障害支援モデル事業を推進するある高校では、申し出によって発達障害と認定された全学で三人の生徒の支援ということで、大学教員・児童精神科医師・社会福祉法人理事・臨床心理士・校長・教頭・教諭・養護教諭の十五人からなる研究委員会が設置され、その下に、個別の教育支援計画を立案して実行する複数教諭からなる修学支援委員会・特別支援小委員会を構成している。それぞれ何回もの会議や一般教諭を動員した研修が実施されている。その一方、生徒保健委員会は文化祭で「ストレスについて展示発表」を実施し、一般生徒を対象に「ストレスマネジメント講習会」を実施もしている。発達障害者が習得するべきとされる一連の〈自己の技法〉、すなわち、ストレスマネジメント、ソーシャルスキル、社会適応技能、姿勢保持技能、認知行動改善技法、状況パターン変化への対応技能、状況適合的回答技能、専門家への相談訓練、服薬訓練といった〈自己の技法〉について、一般生徒も含む一級市民たちが、陰気な研修やお祭り騒ぎを通して多少の知識を身につけながら、誰とも知れぬ誰かを啓蒙しているのである。そして臨床心理士が授業を巡回し、ハローワーク職員と連携して進路相談を実施している。つまり、大学・医療・

福祉・心理・労働の専門職が連携し、一般教諭と生徒も動員しながら、対象の三人を支援しその進路を円滑に振り分けようというのである[13]。

これは二年間のモデル事業であり、それが終われば人員も予算も減らされるはずであるから、体制は縮小するであろう。それに対して、各種専門職と教職員は、自己保身のためにもリソースの再分配を求めてその労力を費やしていくことになるだろう。似たようなことは大学を含む教育界の彼方此方で起こっている。いつもの光景とはいえ、どこか狂っているのだ。いまは、対象となる三人にとっての善し悪しの評価は留保する。批判しておきたいのは、この類の事業に、そして事業終了後に関係諸機関に対して恩顧を求める活動に主体的に関与していく大人や生徒のことである。実は、その過程で、彼ら／彼女たちこそがガス抜きされているのではないか。実は、彼ら／彼女たちこそが統治のターゲットなのではないか。いや、これでは言い足りない。彼ら／彼女たちこそが統治の主体であるように統治されているのではないか。言うまでもないが、この統治は治安であり社会防衛であり、その対象は「軽度」な人々であり、学校こそがその装置になっているのである。社会の彼方此方に見出されるこんな事情に並行し同調しているのが、近年の政治思想である。

四　自由・平等・友愛による統治

この間、メインストリームの政治思想は同じことしか言ってはいない。統合・包摂は機会の平等の保障にすぎない。だから、メインストリームの政治思想にとっては、機会の平等を保障してやったのに、一定の時間経過後の結果として不平等・格差が生じたことに対して文句を言うような輩のガス抜きをすることが最重要の課題となる。ところで、そんな輩の候補は、普通に紛れる劣位の連中である。知能や認知は高機能だが劣位の連中である。加えて、そんな軽度に劣位の連中を代弁したがる一部の一級市民である。だから、メインストリームの政治思想にとっての課題は二重になる。劣位者のガス抜きとその代行者のガス抜きである。その二重の課題を果たす最も有用なカテゴリーが障害、メンヘルと略称される精神衛生の対象たる障害[*14]に他ならない。とりわけジョン・ロールズ以降のメインストリームの政治思想は、そのことしか言っていないのである。その点について、いまさら学術的スタイルで書いても仕方ないので、ここではアレンジして示しておく[*15]。一級市民の統治者、一級市民のイデオローグは、次のように語っているのだ。

諸君。諸君のうち、重度の障害者については、中絶の自由の成果もあって随分と減らすことができた。それでも残っている諸君については、慈善や同情に発する友愛によって、その最低限の生活を保障してやろう。諸君は、一人で働くことも生活することもできないのであるから、この社会の価値基準からするなら外れ値であり、初めからこの社会のレースのスタートに立てない。われわれが意図的に排除する前から、諸君は除外された位置にある。だから、われわれは、同じ人間として、諸君の生存権を友愛をもって保障するし、諸君に公的年金を給付する。この点は、われわれの間ではとっくにコンセンサスはとれている。リベラリストや社会民主主義者は言うまでもなく、ネオリベラリストもリバタリアンもコミュニタリアンも、保守主義者もポピュリストもレイシストもその点では一致している。その点だけは一致している。諸君は何も心配することはない。私的な不測の事態を除けば、殺されはしない。生存は保障されている。それでも文句があるようなら、多少は加算してあげよう。

諸君。重度の障害者のうちで高機能の諸君については、いささかお詫びしておかなければならない。われわれは、諸君を施設や地域や家族のなかに埋もれさせて、見つけ出すことを怠っていた。また、諸君のために、そのインペアメントが家庭環境や社会環境のせいでディスアビリティとして現出してハンディキャップを強いられる事態を少しでも改良することを怠っていた。諸君と諸君の代理者の抗議はもっともであった。だから、われわれも、国際標準に従った社会モデルを国是とし、バリアフリーやユニバーサルデザインや福祉工学に努めることにしよう。諸君をわれわれのレースのスタートに立たせてあげよう。そうすれば、諸君のうち有能な者は、自力で、あるいは支援を受けて結果の平等を手に入れるだろう。それでも文句があるようなら、合理的配慮の範囲で、企業や司法において多少の調整はするし、一級市民の一部を自立支援者として差し出そう。

諸君。有能でも無能でもない諸君に呼びかけたい。その代理者にも呼びかけたい。諸君は機会平等の含意を十分に弁えていない。平等なる理念は、財の平等や能力の平等のことであるというよりは、同じように尊重を受けるという平等のことなのだ。相互に対等者として承認し合うという平等だ。このことをお互いに理解しているなら、たとえ財や能力の不平等があっても相互にリスペクトし合うことが可能だ。そんな友愛社会を実現しようではないか。そこで、諸君には、特別の教育的支援や福祉的支援を与えて教育や就労の機会平等を保障してやるが、その結果の如何にかかわらず、勝ち負けを越えて、初めからオフサイドで、フェアなプレーに参加した選手同士のように友愛を交わすことができるはずだ。それでも、諸君のなかにはまだ納得していない人もいることだろう。対等の内実にどんなに美辞麗句を盛り込んで飾って見せても、納得できない人もいるだろう。平等の理念を掲げながら不平等を容認するというのはどうしたって語義矛盾に見えるからだ。しかし、諸君だって、完璧な平等を望みなどしないはずだ。それは悪平等だと思うはずだ。諸君にとっても、全員が同じ能力で同じ財産で同じ服装で同じことをやる社会など悪夢だろう。諸君にしてもおのれの有り様を差異ある個性として捉えることもあるじゃないか。ここについても、諸君はよく勉強して理解すべきなのだが、財や資産の分配や再分配の不平等は、全員の生活が向上するために経済的に必要不可欠な条件なのである。社会の構成原理、社会の初期設定はそのようになっているし、そのようなものとしてしか考えられないのだ。われわれが最も手の込んだ説明を案出してきたところだ。だから、諸君はこう学び知るべきだ。諸君の下位には重度の障害者がいる。諸君のようにそこそこ勉強して働ける能力もない障害者がいる。誤解してはいけないが、下には下があるから我慢しろと言っているのではない。われわれと諸君の不平等が、最も恵まれない人のための経済的制度として意味づけられるようになるなら、また、その意味を失わせない程度に初期賦存量を配分しておいたと考え、以後の経済成長のリソースを合理的に再配分していることにしておくなら、現状の不平等は友愛の制度として見えてくるはずだ。実際、われわれは、そうやって重度の障害者を支援してきたと言えなくもない。そして、われわれは高機能の障害者についても社会モデルに従って改良を進めている。だから、諸君もその自由と平等への友愛に満ちたパレードに参入するべきである。そのような仕方で包摂されて円滑にライフステージを順序よく渡っていくがよかろう。

諸君。諸君にあって、最もよくない態度は妬みである。下位にいることをもって、それだけを根拠として分け前を要求することである。上には上があるということだけで、どうこうする態度だ。もちろん、要求することは構わない。非合理な分け前の要求であっても、啓蒙してあげるので構いはしない。そこもわれわれが手の込んだ議論を重ねてきたところだ。ただし、繰り返すが、リソースがいくらでもあるわけではない。そもそも再分配のためのリソースを再生産するには、有能な者が上位にいて有能ではない諸君が下位にいる不平等がどうしたって必要になるのだ。そういう世界に諸君は生まれたのだ。そこをよく理解してほしい。それが理解できたなら、諸君も自由と平等を実現していく友愛を経験し、共生社会を生きる自尊を感じることだろう。そしてまさにその点でわれわれも諸君も対等なのだ。

諸君。諸君も薄々感じているように、ここには欺瞞がある。気取って言うなら、高貴な嘘がある。諸君の高機能やスキルに着目しそこに支援を向けることは、あたかも多様な通約不可能な諸能力を複数の仕方で測って社会全体にそれを通用させることを目指しているかのようではあるが、現実には経済的・社会的不平等を誤魔化すことにしかなっていないからだ。そうなっていることは率直に認めよう。しかし、それが欺瞞になってしまう状況をわかっていただきたい。そうならざるをえないのだ。経済にかかわる能力が別の能力に優位に立ってしまうようになっているのだ。われわれのせいではないし、誰のせいでもない。こんな世界では、ボランティアがそうであるように、たとえ欺瞞であっても、善意と善行があるなら行なうに越したことはない。それは誰よりも諸君にとって好都合なはずだ。そして、その機微をわかり合う高次の社会連帯もあることをわかってほしい。そのとき、われわれにしても、諸君の個性や別の能力程度をリスペクトする余裕ができるというものだ。それが共生である。

以上が、メインストリームの政治思想が口を揃えて語っていることだ。現在の最強のイデオロギーである。この下で、論壇は口を揃えて、機会平等、キャリア教育、再分配、セーフティネットと言っているのだ。そして、以上は、社会正義論なるものが語っていることでもある。正義とは、街学的議論を捨象してしまえば、要するに、分に応じて、ということである。社会正義論とは、経済的な身分・階級の不平等だけではなく、社会的な不平等も含めて、分に応じて資産・地位・職位・評判・名誉を受け取るというそのことに満足させようとする説教である。そのターゲットは誰よりもアンダークラス、経済的な意味でのアンダークラスである。そして、このアンダークラスの一部を軽度の障害者として指定すること、軽度の障害でもってアンダークラスを社会的・心理的・道徳的に指標してやることは、自由・平等・友愛でもってアンダークラスとその代理人をガス抜きする相当に有効な戦術になってきたし現になっているのである。

とはいえ、情勢はもつれている。国をあげて障害カテゴリーでもってアンダークラスを包摂して訓育しようとしているわけだが、その戦術が功を奏する保証はまったくない。統治論者の賢しらが功を奏する保証も、政治思想家の屁理屈が功を奏する保証もまったくない。早晩、それがどのような形で実現するかはわからないが、その戦術は底が割れるはずである。

五　何が嬉しくて、何が悲しくて、同じことを続けるのか

ロベール・カステルは、『社会問題の変容』において、社会的包摂についてこう論じている。「社会問題を取り扱うさい、社会の周縁部分から出発し、その「排除」を告発することで満足しているだけでは不十分だ」[*16]。カステルはそう明言しているわけではないが、「周縁部分」の「救済」措置については、すでにコンセンサスは成立している。障害カテゴリーの濫用にともなって、おのれを「周縁」的な障害者に排除＝包摂するという悲しくもある倒錯的要求も出されているが[*17]、それに対する対処の仕方も既に固められている。医療・福祉・公衆衛生の専門家が「認定」するなら一級市民たちが分け前を再分配してやることについては、その分け前の再分配先については多少の出入りがあるものの、慈善救済の制度でもって処置するとのコンセンサスは成立している。この場面で問題になるのは、調整だけである。したがって、「告発」は空振りになるか、既存の施策に回収されて通常のクレームに還元されるだけである[*18]。

これに対して、カステルが指摘するように、近年になって問題化されている「排除された人び

と」とは、「二〇〇万人から三〇〇万人の身体的精神的な障碍者、一〇〇万人以上の高齢廃疾者、三〇〇万人から四〇〇万人の「社会不適格者」といったところである」[*19]。この相当数の二級市民に対して、フランスでも日本でも先進諸国では、「参入支援」や「社会援助」が企画され実行されている。ところが、カステルも冷徹に指摘するように、参入を支援され社会的自立を援助されたところで「雇用が保証されるわけではない」。通例の自立も保証されるわけではない。リソースが足りないから、というだけではなく、そもそもそんな保証をすることなど出来ない相談なのに、再分配やセーフティネットといった掛け声でもって保証できるかのように一級市民を動員しているだけであるからである。では、この参入支援や自立支援とは何を目指しているのか。それは普遍的な平等や普遍的な統合を目指すものではない。かといって二級市民以下の市民に対するように個別的な介入・援助を目指すものでもない。では、それは何を目指しているのか。カステルは、それこそが「新たな統治テクノロジー」[*20]であると捉えていく。

職業参入につながらない、つまり統合につながらない社会参入なるもの、いったいそれはどのようなものであるといえるのか。要するにそれは、永遠の参入支援が宣告されているということである。いったい永遠の参入者とはどのような者をいうのか。完全に見捨てられない誰かであり、現状における「支援」の対象者であって、その周りにはさまざまな活動、新たな創意、さまざまな計画のネットワークが張りめぐらされている。こうしてある種の福祉サービスにおいては、職務にたいするまごうかたなき熱狂が沸き起こる。こうした努力を過小評価することがあってはならない。それがデモクラシーの名誉（そして同時におそらくはその良心の呵責）であるのは、そのただひとつの罪が「雇用機会の喪失」であるような人びと、ますますその数を増やすこうした同胞たちの救済を断念し、完全に見捨てることを拒絶しているからである。しかし、こうした試みには、どこか悲壮なところがある。それが頂上に着くやいなや、またその斜面をころげ落ちる石を押し上げ続けるシジフォスの労働であるのは、結局その石を安定した場所に据えることは不可能だからである。参入支援最低所得（ＲＭＩ）の成功、それは依頼人でもある参入支援を受けるべき主体が、統合された主体へと変わることで、みずから問題を解消することだろう。ところで、参入支援所得（ＲＭＩ）の直接の「受益者」の数は、その実施当初より倍増し、今日では八〇万人に到達した。多くの者にとって、参入支援はひとつの段階ではなく、ひとつの状態となってしまったのである[21]。

カステルは事態をよく見ている。結局のところ、統治論者や政治思想家がそれなりに見ている事態もこれなのである。また、カステルの気分と情調も、現在の論壇で広く共有されているものである。だからこそ、いつも同じ話で終わるのだが、では、そこからどう進むか。

カステルは、こう言ってしまう。「ベビー・シッターやマクドナルドの店員、あるいはスーパーマーケットでの包装係などを集めれば、それもやはり「社会」となるのだろうか」[22]と。そんな「社会」ができるのだろうかと。できるとして、望ましいものであろうかと。それに対しては、留保抜きに、Ｏｕｉと応じよう[23]。そして、失業者や路上生活者もまた精神障害でもって表象されることが多くなっているが、そのことを念頭に置きながら、また、過去の救貧院はその実情からして現在の各種施設と大差のないことを念頭に置きながら、また、過去の警察の機能は現在の自立支援や特別支援教育に関与する一級市民たちに引き継がれていることを念頭に置きながら、イヴァン・イリイチ『シャドウ・ワーク』が伝えたエピソードを想起しておこう[*24]。

> どれほど苛烈な政府であっても、侵略には成功しなかったようである。群衆は依然として統治の外にあった。プロシアの内務省は、一七四七年に、貧民対策警察を妨害するものは誰であろうときびしく処罰するとおどしをかけた。
>
> ……われわれは日夜、浮浪者をなくすためにこの警察に街路のパトロールをさせている。……ところが、兵士や庶民や群衆は、乞食が捕えられて救貧院へ連行されようとしているのを察知するや、ただちに騒ぎだし、わが警官を袋だたきにし、時には痛ましいほど傷つけ、そして乞食を解放するのだ。貧民対策警察を街頭パトロールに向かわせることはほとんど不可能に近くなった……。
>
> これと似たような宣告は、続く三十年のあいだに七回も繰り返された。／十八世紀全体をつうじて、そしてさらに十九世紀のかなりあとまで、「経済的錬金術」の事業は下からの共感を生まなかった。庶民は暴れ騒いだ。彼らは公正な穀物価格を要求しては騒ぎ、自分たちの地域からの穀物輸出に反対しては騒ぎ、負債のために囚われの身となった人々を保護しようとしては騒いだ。

こうした騒動の歴史を想起して到来させる必要があるのだ。ところが、いちいち書名はあげないが、この間の調査報告やルポルタージュは陰気なものばかりである。学校を辞めることを多少なりとも肯定する視点さえも失われている。それを失わせてきたものこそ、障害カテゴリーの濫用による心理化の動向である。しかし、素朴に書いておくが、一定世代以上にとって、学校化を免れた人生は身近なものであった。学校に行かずとも、学校に行かないからこそ、尊厳ある生き方を生きることができている人々がいた。一定世代以上からするなら、この数十年間の学校化は歴史的に見てもあまりに異常だったのである。ところが、昨今の書き手は、この異常な時期を標準と思いこんでいるものだから、あるいはむしろ、この間のメインストリームの思想だけによって教育されてきたものだから、そこから外れる生き方を陰気に見ることだけが習慣化している。しかも、問題を個人化して教育化・心理化・病理化しておきながら、そのことに無自覚ですらある。状況がこうであるので、こう言っておきたい。書物や映像で陰気に報告される暗い話を、そのまま明るい話として読み替えてしまうことだ。絶望の只中にこそ希望があるなどといったことを言いたいのではない。暗いと見なされている事情こそが、現状を変える力を含んでいるということなのである。「シジフォス」の労働など「軽度」に笑い飛ばしてしまう者たちこそ、革命的楽観主義を培ってくれたプロレタリアートであったし、これからもきっとそうであるに違いないのだから。

*1 芹沢一也「〈敵〉は新自由主義なのか?」『犯罪社会学研究』(三五号、二〇一〇年)。

*2 小さな感想をさしはさんでおく。統治論者に限らないが、自由競争を阻害する規制を解除することは誰でも口にする。ところが、そういう論者に限って、具体的には何も考えていない。例えば、電力規制や港湾労働規制について具体案を示すものを見たことがあるか。自由市場を唱える論者に限って、実際には何も考えていないのである。どうしてだろうか。私は、それは実は革命の課題にならざるをえないからであると以前から思ってきた。なお、ポピュリストの支持層探しが一時期流行ったが、その探し方は、統治論者の〈まなざし〉そのものであった。

*3 詳細は省くが、障害に関する欧米法制度・国際機関をめぐる幻想・神話化は度し難いものがある。ここに来て、さすがに国連軍への幻想は消えてきているが、こと教育・福祉・医療の分野になるや、ほとんどの知識人・活動家は〈帝国〉のそれこそ左足である。

*4 もちろん現実はいくらか複雑であって、これは「皮肉」な結果と言われていることだが、通常学級内の新規障害児が今度は旧来の養護学校に大半が流れている。あるいは、通級制度が柔軟に利用されるようになったり、「表」に記載されるような障害児が地域の学校に通いやすくなったりもしている。教育現場が常にそうであるように、さまざまな局所的動向が渦巻いてはいる。こうした局所的な動きについては、以下が有益である。鈴木文治『排除する学校——特別支援学校の児童生徒の急増の意味するもの』(明石書店、二〇一〇年)の「6つの事例」五五-七一頁。

*5 堀正嗣『障害児教育とノーマライゼーション』明石書店、一九九八年、一〇四頁。

*6 この論点はそれなりに厄介である。障害種別によって「分離」を行なう制度の廃棄を要求することは、現在においては、社会性やら被雇用可能性やら生活能力やらの基準でもって差異の程度を計測されることによる「包摂」を要求することになる。それは、一見すると、障害概念の廃棄を目指しているようにも見えて多少評価に迷わないでもないのだが、現状からすると、特段に喜ばしい知らせにはならない。ともかく、その立場や経歴にかかわらず、この点を見ていない論者が多すぎる。

*7 米国、英国、国連、ユネスコの各種の法文・条約・宣言の名前だけを持ち出して、あたかも先進諸国ではフル・インテグレーションを理念・目標としているかのように語り、それに比して日本は遅れているとする言説が大量に流されているが、それはまったくの誤認、あるいは為にするデマである。しかも、この間、先進諸国では「軽度」こそがターゲットとなっていることが一貫して見逃されている。なお、私自身は、フル・インテグレーション自体は支持している。そして、いかに重度であっても統合し包摂するべきであると思っている。ただし、その場合、公教育・義務教育の年限は数年間に短縮し、教科教育は廃止し、それこそ読み書き算盤と遊びだけを教えればよいと考えている。しかし、そうは言っても、健常者と障害者の共生なるものを実現するために教育を手段として使うということ、しかも公教育・義務教育を用いるということはどこか間違っているという感触がある。それは大人の責任を子どもに押しつけていることになるからであると言ってもよい。また、そもそも公教育・義務教育の学校は廃棄すべきものであると思うからだ。一般に、貴族身分制と学校制度は、統治者の選定と不平等の再生産の装置である。社会主義諸国の党＝政府は、革命直後においては、旧制度の統治者のリクルートに加えて新たな統治者をリクルートする装置であって、機能的には学校制度と同じものであった。したがって、身分制と党＝政府を廃棄すべきなら学校も廃棄すべきである。共産主義は学校を廃棄しなければ決して実現しないであろう。もとより、以上は理念である。それを基準にして現状を評価することになるが、そこからして、ごく局所的な振る舞いの記述としては堀正嗣のような語り方にも一理はないではないと判定するわけである。

*8 鈴木文治、前掲書、七五頁から。

*9 鈴木文治、同書、一五四 - 一五五頁。

*10 この数値は、青木聖久「精神障害者の暮らしと障害年金の権利性の保障」『精神保健福祉』（四二巻四号、二〇一一年）などに依拠したが、当の『白書』を含め、総数三二三万人についての推計根拠を見つけ出すことはできなかった。厚生労働省『患者調査』での「精神及び行動の障害」者数は、入院と外来を合わせて約五〇〇万人のオーダーである。ともかく、精神障害カテゴリーの濫用の一例である。

*11 望月葉子「障害者の職業選択に伴う問題と支援の在り方――『発達障害』のある若者に対する就業支援の課題」『日本労働研究雑誌』(五七八号、二〇〇八年) 参照。なお、大学でもこれに準じた動きが進められている。

*12 この大半は保護者からの申し出による。ここに見られる家族の機能の評価は重要な問題であるがいまは措く。

*13 以上は、当該事業について各高校が提出している最終報告書をアレンジして作成している。たった「三人」に対してこんなに、とも言いたくなるが、たぶんそういうことではない。あるテレビ番組で、ある高校教諭が、生徒が階段で昼食弁当を食べた後、爪楊枝を拾い忘れていたのを見つけて、「爪楊枝一つで、学校は壊れるんだよ」と怒鳴るのを見たことがある。爪楊枝一つで壊れるのだから、たった「三人」でも拾い忘れられたなら想像を絶する破壊が起こるのである。ことほど左様に、学校は脆弱化していると見るべきである。そこによき知らせを聞きとれるかどうかが分かれ目である。

*14 日本語の「障害」は、disability, impairment, handicap だけではなく、disorder, disease, trouble も含んだ融通無碍な用語になっている。英語では disorder がそんな機能を担っている。「障害」の表記をどうするかと談義し、「障碍」「障がい」「しょうがい」などと表記を拡散していくことは、実は障害カテゴリーの濫用と軌を一にしている。なお、現在の障害カテゴリーは、明らかに人種カテゴリーの後裔である。

*15 学術的なスタイルのものとしては、以下のものがある。児島博紀「ロールズにおける平等と友愛」『倫理学年報』(第六一集、二〇一二年)。

*16 ロベール・カステル『社会問題の変容――賃金労働の年代記』(前川真行訳、ナカニシヤ出版、二〇一二年)、四六二頁。

*17 それが「楽しい」倒錯的要求になるのなら「よい」のであるが、現状ではほとんど期待できない。

*18 各種の「認定」に振り回されている運動のことを想起せよ。なお、そうした認定のモデルとなっている障害認定については、その歴史と実情は複雑であり、総合的な分析はまだなされていない。年金制度に関しては、百瀬優『障害年金の制度設計』(光生館、二〇一〇年) が有益である。

*19 ロベール・カステル、前掲書、四七五頁。いまや高齢者全体を障害者カテゴリーで括る提案すら出されている。伊藤周平『雇用崩壊と社会保障』（平凡社、二〇一〇年）、二四四頁。結局、この障害カテゴリーの拡張・濫用の根にあるのは、「福祉サービスの提供」「現物給付方式」なる技法・テクノロジーが同じまま流用可能であるということをもって、それが適用可能な一定のポピュレーションを焙り出していく動向である。それこそがフーコーのいう〈権力の技法〉である。

*20 ロベール・カステル、前掲書、四七七頁。

*21 同書、四八九‐四九〇頁。

*22 同書、五〇九頁。

*23 アンダークラスの労働者及び失業者のポジティヴな姿、とりわけ先進諸国におけるそれを取り出したものは大変に少なく、それが時代の空気をわるくしているが、一つだけ比較的よいものをあげておく。Katherine S.Newman, *No To Shame In My Game: The Working Poor in the Inner City* (Vintage,1999)。

*24 イヴァン・イリイチ『シャドウ・ワーク』（玉野井芳郎他訳、岩波現代選書、一九八二年）、二〇四‐二〇五頁。

統治と治安の完成

自己を治める者が他者を治めるように治められる

一　五・一五から八十年

あれほどの災害の後でも、ほとんど略奪も騒動も見られないのは珍しいことであると感心されることがある。世界的に災害のたびに略奪や騒動が常態化しているかどうかは知らないが、少なくとも八十年ほど前の日本では、ただでは済んではいなかった。

一九三二年二月七日、前蔵相・井上準之助が血盟団の小沼正によって暗殺されたのにつづき、三月五日、三井合名理事長・団琢磨が、同じく血盟団の菱沼五郎によって暗殺された。そして、同年の五月一五日には、犬飼毅首相が射殺される五・一五事件が起こった。八十年前の日本では、政界・財界の中枢人物が相次いで、軍隊の若手幹部候補生と民間の革新派団体構成員によって殺害されたのである。その五・一五事件に決起した陸軍士官候補生・後藤映範は、陳情書にこう書いていた[*1]。

国家革新が〔……〕一日も猶予すべからざるを痛感せしめたものは東北地方の大飢饉でありました。〔……〕ある村小学校では児童の大部分が朝飯を食わずに登校し、中食せずに空腹をかかえて午後の課業を受け、ひょろひょろしながら帰ってゆく。〔……〕或る一家は腐った馬鈴薯を摺りつぶし、これに草の根を交えて露命をつないでいた。〔……〕また或る所では、一村の娘五百人中三百人まで一家の生活が立ち行かぬため他所に売られ、為にまた同村の青年は対者を失って他郷に流離しなくてはならなかったと申します。〔……〕また財閥は多数同胞のこの苦境を尻目にかけ、巨富を擁してますます私欲を逞しくしておりました。彼らも世界的不況の影響はうけたでしょう。しかし現実の生活に差し支え生命を脅かされるようなことは決してありません。同胞の苦しみを見ても鼻糞ほどの義捐金を国民一般の熱意に恐れて嫌々ながらも出したにすぎませんでした。等しく陛下の大御宝たる忠良の同胞をかくのごとく惨苦に放置しておくことができましょうか。

直接行動の論理はこうなっている。東北地方は餓えている。児童は餓えている。餓えたまま通学している。若い女性は他所に売られている。若い男性は他所に流れている。東北地方の同胞は苦しんでいる。国民の一人として平等なはずなのに放置されている。まるで蝦夷・俘囚の地ではないか。まるで内国植民地ではないか。ところが、財界は為替操作や満鉄配当金で巨富を築き、政界は窮民救済も失業者救済も怠っている。まるで西洋資本主義ではないか。まるで西洋帝国主義ではないか。とするなら、東北地方を救済するには、国家革新・昭和維新が急務である。そのための最も合理的で効果的な運動は、直接行動以外にはない。日本では議会制民主主義が行なわれているが、どんなに多くの人間が街頭に繰り出したところで、どんなに多くの請願書を取りまとめたところで、どんなに多くの発言を公にしたところで、しかも、そのことでもって次の総選挙での政権交代の可能性を思い知らしめたところで、議会政党には何の違いもなく政権が交代したところで何も変わらないのは明らかである。日本では民主主義は機能していないも同然であるので君主政体や貴族政体に対する運動方式にならって、どんなに多くの人間が街頭で騒ぎ立てたところで、どんなに多くの合法的な実力行使を行なったところで、しかも、そのことでもって政界人と財界人の生命を脅かす暴力の可能性を思い知らしめたところで、為政者を防御する軍事力と警察力は強大であり、その安眠が妨げられることはないのも明らかである。とすれば、蝦夷・俘囚の叛乱、農民一揆や大塩平八郎の乱、明治維新期のテロル、困民党や借金党の輝ける伝統を引き継いで、ここらで血の雨を降らさねば自由の大地が固まらない、とばかりに直接行動に打って出なければならない。では、その主体は誰か。民衆が後に続くか否かにかかわらず、民衆が主体になることに希望などかけず、誰よりも先ず、国民のために生命を捧げることを使命とする軍人が打って出なければならない。軍人こそが変革の主体でなければならない。歴史上のどんな革命をとってみてもよい。その引き鉄を引くのは、必ず命がけの暴力である。悲しいことにと言ってもよいが、革命はそうでなければ始まったためしがない。

八十年前、そのようにして事件は引き起こされた。八十年後、略奪や騒動をはじめとして直接行動と呼べるものは起こらなくなった。どうしてだろうか。直接行動が抑圧されるようになったから、ではない。昔の方が悲惨だったから、でもない。昔の人間は血気盛んで野蛮だったから、でもない。そうではなくて、政界と財界の人間の心胆を寒からしめても無駄であるから、何人かの首を刎ねても何も変わらないのは明らかであるから、総じて直接行動を正当化し合理化する論理が無効になったからであると考えなければならない。八十年後のいまとなっては、後藤映範に対して、こう応答することができよう。

①現在、児童を飢えさせないために、児童を学校に行かせるために、すべての大人が必死になっている。児童に給食を与えること、児童に運動場で遊ばせること、児童に授業を受けさせること、児童を地域や家庭でも見守ることは国民の最大の関心事になっている。いまでは、開発途上国の貧困対策プログラムの最重要アジェンダとして、給食付きの学校建設があげられるほどである。児童を然るべく治めてやれば、大人も然るべく治まっていくということは国際機関におけるコンセンサスになっている。子どもを救え、子どもは未来、子どもは希望、と誰もが口にしている。

②現在、若年労働者は他所に出て行くのが通例となっている。地元の就職先が乏しいことはすでに当然視されている。中央と地方の格差は、地方を維持するためには止むを得ざる正当な格差であると見なされている。もはや故郷はそこで働くべきかどうかを問われる場所ではなく、そこに戻るべきかどうかを、そこから老親を呼び寄せるべきかどうかを問われる場所である。いまや故郷を失ったり奪われたりしても、喚起される情動はといえば、憤怒ではなく哀切でしかない。

③五・一五以降、完全雇用が政治経済の最大目標に掲げられて久しい。一九七〇年代から、暗

黙のうちにその目標が取り下げられてからも、持続的な経済成長が達成されるなら自然と追加雇用が確保されるものであると深く信じられている。実際には経済成長が期待できなくなってからも、景気循環の存在は依然として信じられていて適切な金融財政政策を採用するならそのうちよいことがあると信じられているし、五・一五以降の社会政策と社会事業を引き継ぐ社会的承認や社会的包摂を目標とする諸策が功を奏するはずであると信じられている。政治的・経済的・社会的プランは満載であり、直接行動の占める位置は理論的にも思想的にもなくなっている。

④財界における為替操作利得は経済合理的で当然のものと見なされるようになった。しかも財界がそうしなければ地方に経済効果が及ばないとも信じられている。グローバリゼーションの賜物である。五・一五の衝撃を受け、三井をはじめとする財閥は、社会事業への寄付や助成などを強めたが、いまでは国家・企業・市場・市民組織が仲良く打ち揃って福祉多元社会を実現している。そこに多くのボランティアも加わっている。東北の同胞の多種多様なニーズに答える、これまた多元的な主体が活動している。

⑤いまでは誰もが東北地方に関心を寄せている。政界も財界も復興プラン作りに熱心である。大学もシンポの花盛りである。社会起業家も雨後の筍のように出ている。全国民が、国債や租税の増加も厭わない雰囲気である。しかも、復旧ではなく復興を、ということで、ビジネスチャンスにしようというのであるから、東北を見捨てるどころではない。

⑥軍隊はといえば、純軍事的な訓練として遂行されながらも、遺体捜索・瓦礫撤去・物資支援

に打ち込んでいる。一般に、国民の生命と財産を守ることを使命とする職業人は、基本的に低賃金労働者でありながら、必ずしも貧困層のハビトゥスを身につけてはいない。むしろ貧困層を治めるためのハビトゥスを身につけている。だから、いまや軍人にしても、貧しく飢えたる者の代表たりえない。実際、国民的歌手の下に若手も見事に統合されている。

⑦八十年後の状況はこのようであるから、直接行動に打って出ようなどとする者がいたなら嗤われるだろうし、それよりは東北地方に直接に役に立つ行動に出るべきであると諭されるだろう。そもそも政権交代を引き起こしたところで、政界や財界の何人かを消し去ったところで事態が変わるはずもない。というより、そもそも事態を変える必要がないのである。五・一五以降の戦時体制から戦後体制を経ての、今日の日本型福祉多元社会を変える必要はひとつもないのであり、むしろそれを維持し保守することが必要なのであると深く信じられている。

あれほどの震災後、日本でさしたる混乱や略奪が起こらなかったのはなんら不思議ではない。略奪や騒動を起こす必要がないからである。それほど、日本は治まっているからである。どれだけ人間が死のうが、どれだけ家を失おうが、どれだけ家を追い出されようが、日本はビクともしない。統治と治安は完成しているのである。問われて然るべきは、その統治と治安を担うものは誰か（何か）ということである。

二　治安機関としての大学

チュニジアでは街頭行動が、ギリシアではストライキが、パリ郊外では暴動が、ニューヨーク金融街では占拠が行なわれているのに、嘆かわしいことに、この日本では、とくに大学では、何も行なわれていないし何も起こっていない――このように語る「批判的」大学人が多い。しかし、「批判的」であろうがなかろうが、日本の大学人がまったくわかっていないことを幾つか指摘しておかなければならない。

①街頭行動などの集団的示威行動――それは当然にも暴力化の潜在性を誇示するものでなければならないが――、そのようなスタイルの行動をとらざるをえない状況は、どちらかと言うと不幸な政治状況である。憤怒や義憤を政治化し、それを政治的要求に絞り込んで為政者に突き付け、それを政治的選択肢に還元して改良していくためのチャンネルが制度化されていないからこそ、人々は街頭に繰り出すのである。制度化されたチャンネルへとキャナライズされることは面白くもなんともないとしても、そのルートがないがために街頭に打って出ざるをえないという状況そのものは、必ずしも褒められるものではない。街頭からの民主主義は、人々を危険に曝すことになるからである。したがって、暴力を潜在させる集団的示威行動が起こることは、当該の国家の病理の徴候であるからには、日本にそんな行動が突発しないことについてはむしろ喜んでみるべきである。日本は十分に民主的であり十分に統治されている。この平和は

喜ばれるべきものである。日本の治安は完成しているのであり、この秩序と安寧は喜ばれるべきものである。

②この点を「批判的」大学人もしかと確認しておかなければならない。ひょっとしたら「批判的」大学人はわかってはいないのではないかと思うことしばしばであるが、街頭行動や占拠行動は潜在的暴力である。潜在的暴力でなければ意味のない政治行動である。仮に「批判的」大学人が日本の大学及びその周辺においてそんな集団行動が起こるのを期待しているのだとしたら、おのれの地位と身分が暴力的に簒奪されることを予期して覚悟していなければならない。一応、注意しておくが、大学教員だけでなく学生もまたそのように覚悟していなければならない。わかりやすく言うなら、卒業証書や就職を棒に振る覚悟である。では、「批判的」大学人にそんな覚悟はあるのか。ないにもかかわらず、秩序を紊乱する集団行動のないことを嘆いてみせること、そのことをもって日本は遅れているなどという言説をまき散らすことは欺瞞的でしかない。そんな欺瞞性は疾うに見抜かれているから、素直に日本の安寧秩序を明示的に肯定してやる方がマシである。その上で、問われて然るべきことがあるのだ。

③では、日本の統治と治安を担っている機関は何であろうか。大学人の思うところとは違って、その主要な機関は、軍隊でも警察でもない。官庁や企業でもない。日本の統治と治安を担っている主要な機関は、幼稚園や自動車免許学校を含む各種の教育機関であり、なかでも大学である。大学こそが、日本を治めている機関である。大学人は、このことをしかと自覚的に認識しなければならない。

④ここで誤解してならないが、大学に監視カメラが設置されたり禁煙命令やらが布かれたり校舎使用時間が限られたりして管理統制が行き渡っていることが、大学が治安機関である所以なのではない。これも誤解してはならないが、政界・財界の御用学者を輩出している部門――たとえば法曹養成の部門、産官学協同を旨とする理工系の部門、リスクコミュニケーションやサイエンスカフェによって愚民化教育を担ってきた文理融合部門――が大学に存在していることが、大学が治安機関である所以なのではない。そうした部門が輩出する人材は、所詮は専門家にすぎない。専門家権力の担い手ではあっても、統治や治安の主要な担い手ではない。

⑤大学が統治と治安を担っている主要な機関であるのは、大学に人文・社会系の部門があるからである。大学の人文・社会系こそが、統治と治安の機関である。この際、「批判的」大学人のほとんどは、人文・社会系であることに注意しよう。「批判的」大学人の存在そのもの、「批判的」であろうがなかろうが人文・社会系の大学人が多くの青年層を教育し訓育する制度そのものが統治と治安の機能を果たしているのである。大学が、集団行動の拠点たりえないことは自明である。大学は、集団行動を未然に予防するための機関であるからである。大学の理工系をモデルとする産官学協同など言ってみればかわいいものである。それは資本主義イデオロギーの一齣でしかない。大学の人文・社会系は、産官学協同どころか、産軍複合体やコーポラテイズムや福祉多元社会等々を結ぶ結節点として統治と治安にあたっているのである。

以上のことは、おぼろげながらも了解されてきたことであると思うが、明確に指摘されて認知される必要がある。仮に占拠や暴動が良いことであるなら、悪いのは大学の人文・社会系である。仮に占拠や暴動が悪いことであるなら、良いのは大学の人文・社会系である。例示しよう。仮に路上生活者が集団的に占拠や暴動に立ち上がるのが良いことであるなら、悪いのは、それを予防し抑止するものである。では、その主要な機関は何か。路上生活者に対して授業の一環として支援ツァーを行ない、卒業生の一部を低賃金労働者として支援者に仕立て上げながら、路上生活者を夜回りして監視し、そのニーズに基づきケアを行なっては畳に上げて孤立化させ、その個別化され心理化されたニーズに応じて福祉事務所や医療施設や臨床心理施設に送致して専門家の手に委ねてしまうようなそのような人材を供給しながら、そうした統治と治安を学問的に肯定し修辞的に粉飾し続ける大学の人文・社会系である。仮に路上生活者が集団的に占拠や暴動に立ち上がるのが悪いことであるなら、良いのは、それを上のようにして未然に防いでいる大学の人文・社会系である。路上生活者を主要に治めているのは、軍隊でも警察でもない。そうではなくて、大学と大学が輩出する種々の専門家や支援者、それが結節点となって形成されている国家機関をも一つのアクターとする福祉多元社会である。

同じことは、路上生活者だけについてではなく、若年失業者、心身障害者についても、そして被災者についても確認することができる。これは、昔はよく知られていた簡単明瞭な事実であることも強調しておこう。大学で理屈を身につけると行動力が落ちる、ということである。もっと俗に言いかえれば、大学は頭でっかちを育成する、ということである。被災者に対して、種々の修辞を駆使して、よく考えなければならないと絶えずメッセージを発するというそのことが、被災者の潜在的暴力性を昇華（ガス抜き）させる、ということである。そして、何度も繰り返しておかなければならないが、そのことは悪いことではない。まさか誤解はないと思うが、路上生活者支援、障害者自立支援、被災者支援は、悪いことではないし、立派なことですらある。その上で、まさにそのことが潜在的暴力性を治めているという事実を、その最大の機関が大学であるという事実を指摘しているのだ。そして、おのれがその一翼を担っている統治と治安の機能も自覚せずして、「批判的」であることなどできるはずがないと指摘しているのだ。以上のことを、一般的な現状分析に触れてから、最後に大学の統治と治安の様相を例示していこう。

三　「日本型システム」の完成

高原基彰による現状分析を借りながら論じてみる[*2]。高原の所説で興味深いのは、言うところの「日本型システム」がすでに「完成」していると見立てながら、その「問題」や「矛盾」を分析しようとしている姿勢である[*3]。ここに「日本型システム」とは、「自民党型分配システム」（私なら、平等主義的リベラリズムの再分配システム、社会民主主義的な承認と再分配の政治と言いかえる）、「日本的経営」（私なら、国家独占資本主義、あるいはむしろ、中産市民階級の家族を主体とする国家資本主義、あるいは単に先進国資本主義と言いかえる）、「日本型福祉社会」（私なら、日本型という限定は無用であって、福祉国家・福祉社会とあくまで連言して言いかえる）、これら三つのものが噛み合わさったシステムのことである。高原は、その「日本型システム」の一応の完成の時点を一九七〇年代に置いている。

「日本型システム」として総称されるような完成形をみたのは一九七〇年代中盤、石油危機の頃だったと筆者は考えている。これは「(アジアのほかの地域と違い) 豊かで安定した日本」という、戦後日本の根源的な自画像の形成と連動していた。これ以後の日本の左右対立とは、ある意味で、そんな日本を「誇らしく思おう」という「保守」と、「戦争責任や弱者の存在の無視の上に成立した、まやかしである」とする「革新」とが、延々と論争を続けてきたものである。

とすると、高原は明言していないが、その延々たる論争に終止符が打たれた時が、日本型システムの文化政治的・思想的な完成であると言うことができるはずである。実際、その論争には、九〇年代に終止符が打たれた。では、その終止符を打ったのは何か。大学の人文・社会系に他ならない。ポストコロニアリズムが「実証的」帝国研究・植民地研究に引き継がれ、戦争被害者をめぐる研究が著しく修辞化されたことに明らかなように、要するに、「戦争責任や弱者の存在」が研究ネタに還元され、しかも大学外の関係者の大半もその研究ネタ化のフレームをもって自己を語り始めたことに明らかなように、延々たる政治対決は大学の人文社会系の論議へと還元され飼い馴らされて治められたのである。それでも残って燻ぶるものがあるとするなら、それは大学の人文・社会系の語り物の中においてのものでしかないが、存在の金切り声、声なき声、トラウマ的な傷、漠然とした生きにくさ、等々と残余的に表象されるようなものにすぎなくなった。高原は、八〇年代についてこう書いている。

八〇年代に入る頃には、日本は西洋文明を超え、安寧秩序に満ちた社会を実現させたという言説が多くなる。／こうした肯定的、かつ多幸感に満ちた自画像を可能にしていたのは、都市部の被雇用者における「日本的経営」「日本型福祉社会」という「安定」のビジョンが示されたこと、およびそれ以外の人々には「自民党型分配システム」による分配が期待できるようになったからだろう。これらのビジョンや期待は、むろん十全に実現されていったわけではないが、人々の存在的不安感を緩和する機能を持っていた。

ここに都市部の中産市民階級「以外の人々」とは、たとえば戦争被害者、公害被害者、難病患者、重度身体障害者、各種のマイノリティなどであるが、そうした「以外の人々」に対して「安定のビジョン」を説教し「分配」を保証してみせたのは、平等主義的リベラリズムである。そして、そうした「以外の人々」の「存在的不安感を緩和する機能」を担ってみせたのは、差異の政治、承認の政治、臨床心理、ケアの倫理である。そこでは、「存在的不安感」は、分配不可能なもの、計算不可能なもの、交換不可能なものなどとマークされ、あたかもそれが資源やサービスの再分配の統制的理念であるかのように位置づけられて、「存在的不安感」をめぐる修辞的で道徳的・心理的な癒しとそれを理念とする世俗的で物質的な再分配とが調和させられてきた。ときおり大学人は「政治化」すると語ってみせてきたが、それはせいぜいおのれの研究ネタにアンダーラインを引いてみせる以上のことではなかった。いまでは、当事者研究やアクションリサーチの普及にともない、「以外の人々」自身が大学の言説を駆使し出している。そして、さしたる被害を持たない「以外の人々」は、より正確に言い直せば、その苦悩を社会的に承認してもらえない「以外の人々」は、その語りを大学人によって「抗い」とか「抵抗」とか呼んでもらうことでその差異要求や承認要求を満たされながら、同時に、国家からの再分配を得るために平等主義的リベラリズムのビジョンに従うままに、何としてでも障害者年金受給資格者として国家によって承認されたがるまでになっている。こんな仕方で、九〇年代から〇〇年代にかけて「以外の人々」の統治と治安は完成したのであり。それを行なってきたのは大学の人文・社会系に他ならない。

ところで、高原によるなら、「日本型システム」は「重大な不平等」を内包しながらそこを糊塗してきたが、最近になって綻びが生じ始めている。

しばしば言われる「一億総中流意識」というのが、意識の次元であったことはおそらく事実である。しかしこれは、すなわち高度に平等な社会がかつて実現していたことを意味しない。実際、大企業と中小零細企業の下請け関係、社内のヒエラルキー、また正社員／それ以外など、数多くの不平等があることは当時から認識されていた。しかしかつての日本は、それらの不利を被る層にも「豊かで安定した」配分を行き渡らせることができると広く思われていた。その漠然とした信頼感が消失したという問題なのである。／ここからわかるのは、この社会構想には、反国家主義と、国家への寄生が同居していることだ。トップダウン式の堅固なヒエラルキーであると同時に、個別の集団には高い自律的決定権が与えられているとされる。両者をつなぎとめているのは、豊かで安寧秩序に満ちた日本からは、無限に富が生産されることができ、確かに不平等はあっても、上から下へのトリクルダウンによる分配が永遠に可能である、という信念の共有であった。

再確認するが、この「信頼感」「信念」を供給しているのは大学の人文・社会系である。そして、確認しておくが、「反国家主義と国家への寄生が同居している」典型的な機関こそが大学なのである。ありふれた事実を想起してみるがよい。米国の教育評価機関や文科省の審議会で新しい用語が持ち出されてから、各大学の事務方の末端がその用語を使い始めるまでの時間は、おそらく四十八時間を切っている。そうしてあっという間に、教員もその用語でもって語り始める。「批判」ですらその用語でもって構成される。このように大学は、法令や通達を発給されるまでもなく、国家中枢に最も迅速に服従する機関である。大学は、軍隊や前衛党を遥かに凌駕する中央集権的組織体であり、行動だけではなく思考も徹底的に統制された組織体である。同時に、大学は自治的で自律的な組織体である。国家中枢にその自立を支援される当事者組織体である。このような大学が、学生と社会に向って「信頼感」や「信念」を供給している。そして、この国家と大学の関係をモデルとして、国家や地方政府と「弱者」との関係が設計されてきたと言うべきである。「弱者」は、大学が供給する「信頼感」や「信念」によって訓育されて、反国家主義ないし非国家主義を標榜しながら、自立支援や再分配を求めて国家に寄生していく。国家は大学を治め、大学は自らを治め、大学は「弱者」を治め、「弱者」は自らを治め、そして国家は「弱者」を治めていく。

高原は、この「信頼感」や「信念」が消失したと見ている。高原によるなら、「日本型システム」には、「その「分配」を誰が受け取るかという基準」はどこにもない。どこにもないからこそ、その分捕り合戦が政治の核心と見なされてきたわけであるが、高原によるなら、「日本型システム」のその「幻想は力ずくで食い破られつつ」ある。そして、高原はそこに「問題」や「矛盾」を見て取る。そして、高原は、「個別の主体が「おれたちにカネをよこせ」というだけでしかない主張を繰り返すことをやめること、また制度設計として「公共」に向けた合意形成への意志と、正当な権限委譲の手続きを地道に整備していくこと」を推奨するのであるが、それもまた統治と治安の人文社会系の構想のバージョンの一つであることに変わりはないだろう。というか、高原は、自覚的に統治と治安を目指してもいるようでもあるのだ。

とすると、現在の大多数の大学人・知識人を三種類に分類することができよう。第一の部類は、「日本型システム」の主要機関たる大学の大多数を占める平等主義的リベラリスト・社会民主主義者であり、これはおのれの統治と治安の機能にまったく無自覚である。第二の部類は、平等主義的リベラリズムの欺瞞性に多少なりとも「批判的」な少数の大学人であり、これは日本には街頭行動が起こらないと嘆いていては、秩序攪乱を修辞的に想像においてのみ歓迎してみせるのであるが、要するに「日本型システム」の「問題」や「矛盾」について何も考えていない。第三の部類は、統治と治安を自覚的におのれの使命とする一見したところ保守的で反動的な大学人・知識人であり、これは「日本型システム」の綻びを感知しそれを放置するなら秩序紊乱が起こると危機意識を高めているからこそリベラリズムを越えようとしている。ここに高原の所説は含まれるだろう。いずれにせよ、これら三つの部類のどれがヘゲモニーをとったところで、大学は統治と治安の機関であることに変わりはない。大学で何も起こらないのも当然である。

四　アンダークラス化する教養中間層の行方

大学の統治と治安の様相を例示するために、第二の部類の「批判的」大学人の言説を手がかりにしよう。

大学の就職予備校化・サービス産業化はとどまるところを知らず、その進展の度合いは激しさを増す一方である。数年前には自信をもって就職予備校化への批判をおこなってきた教員や学生たちも、現在ではまったく少数派となり、むしろ批判する側のほうが「おかしな人々」として大学運営から遠ざけられるようになった。各大学とも少子化時代を生き残るために、学生の就職率向上と提携高校からの推薦枠拡大、受験生にアピールするための大学改革・学部新設が至上命題になった。学生たちもまた、不況にくわえて福島原発事故後の不安定な経済・社会状況のなかで、これまでになく強い不安を抱いている。そして少しでも「よい企業」に就職ができるように、資格取得やキャリア形成に役立つ授業や講座に可能なかぎり多く出席しているが、同時にその過酷なストレスのなかで、自殺やうつ病などの深刻なメンタルヘルス上の問題を抱える学生も増加する一方である[*4]。

「おかしな人々」と名指されるらしい「少数派」の大学人に典型的な言説である。この前半で指摘されている大学の動向については、大学は中産市民階級を育成する主要な機関であるからには当然のことであると言っておこう。もちろん、その滑稽なサバイバルレースの見せかけにこそ腐朽性の徴候があるのだが、その点には言及しない。ここで注意したいのは、そうした大学の動向に対して、「不安」「ストレス」「自殺」「うつ病」「メンタルヘルス」を問題として差し出すそのありふれた手付きである。この類の言説から大多数の大学人が引き出していく帰結は、大学内においてであれ大学外においてであれ、そのような問題を解決することをおのれの使命として言挙げすることである。そうして研究費・補助金・助成金を獲得し、そのような問題を解決すると称する学生を送り出し、日本型システムの思想的根幹たる平等主義的リベラリズムを吹聴しながら、新しい公共たる福祉多元社会なるものを実現することをおのれの使命として言挙げすることである。言うまでもないが、それこそが統治と治安なのである。それは、社会問題の心理化や臨床化ということにはとどまらない。もっと赤裸々な警察＝治安＝ポリツァイなのである。

ただし、直ちに留保を付けなければならない。あえて露骨に言うが、「メンタルヘルス」を問題化されてクライアントとなるような人々に潜在的暴力性があると私は必ずしも思ってはいない。そのような人々は、統治と治安にとって潜在的に危険な階級なのではない。そうではなくて、ここを強調しなければならないが、そのような人々に対して、福祉や介護や教育や相談やケアの与え手となっていくような人々こそが、決してそうは見えないだろうが、また、いまはルサンチマンの表明しか聞こえてこないが、実は潜在的暴力性を抱えており、潜在的に危険な階級なのであると私は捉えている。大学の人文・社会系が「日本型システム」の担い手たる中産市民階級として送り出している教養中間層のうち、アンダークラス化した層、ないしその予備軍にあたる層こそが、統治と治安の主要なターゲットである。大学は、そのアンダークラス化する教養中間層をしておのれを統治する主体に仕立て上げ、さらに「以外の人々」を統治させる主体に仕立て上げることによって、その統治と治安の機能を果たしているのである。

たとえば、発達障害をめぐる言説をとってみるとよい。発達障害概念の歴史と運用をめぐる事細かな議論は別にして、それがどう形容されているかを拾ってみるとよい。「社会的な苦手さを、生まれつきもっている」、「社会性の障害」、「社会的適応障害を生じている」、「知的障害のない、より軽度の、しかし社会的な問題を多発させている子どもと大人」、「競争する、心の理論が苦手、権力重視、自己中心的、表情を読み取るのが苦手など、男性的な特徴を強拡大したもの」、「虐待の連鎖」、「次の世代にもさまざまな連鎖を作る」などである[*5]。一見したところ、これら「弱者」は潜在的に危険な階級と見なされていると思われるかもしれない。なにしろその認知や行動は、反社会的で非社会的と形容されているのだから。しかし、そういうことではない。たしかに、仮に現に危険性が発揮されるなら、それは触法行為として警察や医療の管轄に委ねられるべきものと見なされている。しかし、誤認してはならないが、警察的・医療的処遇が統治と治安の主要な部分なのではない。そもそも、発達障害に象徴される潜在的な危険性は、中産市民階級がそのライフコースを辿るべき家庭・学校・会社の内部でのみ発現されるものと見なされており、その発現を封じることが大学をはじめとする教育機関の使命として引き受けられているからには、各種の教育機関こそが統治と治安の主要な部分なのである。実際、そこに向けて実践的にだけでなく思想的・心情的に動員されている大学関係者の数の多さを思ってみるべきである。それら膨大な数の大学関係者はこの反社会的で非社会的な「弱者」を社会化することをおのれの使命としている。そして、大学関係者は、当事者主権と言おうが代理批判と言おうが自立支援と言おうが、「弱者」の代わりとなって承認と再分配のベストミックスでもって問題の解決になると自らと他人を訓育し続けている。この構図は、身体障害者にも路上生活者にも難病患者にも失業者にも在日外国人にも広げられてきた。それが現代の統治と治安の様相なのである。

さて、以上のような現状は悪いことではない。統治と治安は、万人の生命・生活・財産の安全を保障するものであるからには、悪いことではない。安寧秩序は定義上、悪いことではないのである。そして、「批判的」大学人を含め、大学の人文・社会系はそこに最大の貢献をなしている。

かくも統治と治安は完成している。これ以上それを拡大したところで、これ以上それを深化させたところで、大して得るものはないほどに完成している。そして、これからは腐朽が始まる。その腐った臭いを感じる者だけが、新鮮な空気を呼び込むために行動に打って出ることになるだろう。すなわち、あくまでここでの例示の限りで言うなら、仮に「学びからの逃走」と「労働からの逃走」に全力を発揮する者[*6]が本当に存在するとするなら、仮にそんなアンダークラスが数々のガス抜きにかかわらず本当に存在するとするなら[*7]、そして仮にその一部でも「発達障害」として括られる者と重なっているとするなら、その一部の人々の行動化を導くことのできる力を持つような者だけが、また、そのように他者を導くためにおのれの行動を導くことのできる力を持つような者だけが、現在の統治と治安が腐朽していく過程で新たな主体として立ち上がってくるだろう。

統治と治安は完成しているが、その完成の条件の一つは、学びと労働から逃走しながらも生存を続けているアンダークラスと教養中間層出自のアンダークラスとが出会い損ねていることにあると見ることができる。わかりやすく言ってしまえば、たとえば地方都市郊外で外国人労働者に交じって働くアンダークラスと大都市で大学卒業後にサービス業でフリーターを続けるアンダークラスが決して出会うようになってはいないということである。私はそんな出会いの歴史的記憶を持たないではないが、それを結語として希望を仄めかすよりは、現状では、統治と治安の完成という状況を正直に認めてから事にあたることの方が大切であると思う。

*1 安田常雄「財閥批判と財閥の転向」石井寛治他編『日本経済史3　両大戦間期』（東京大学出版会、二〇〇二年）参照。

*2 高原基彰「東日本大震災にみる日本型システムの脆弱性――復興を転機とするために」遠藤薫編著『大震災後の社会学』（講談社現代新書、二〇一一年）。

*3 万物に盛者必滅の理があるなら、シュンペーター『資本主義は生きのびるか』の筆法のごとく、資本主義はその完成をもって衰滅に向かうと言ってみることができる。その筆法を借りて、ロザンヴァロンは、福祉国家は完成したが故に批判されるようになったと書いたこともある。Cf. Pirre Rosanvallon, *La crise de l'Etat-providence* (SeuiL 1981). もとよりそれほど「楽観的」になれるものではないが、少なくとも万物には固有の時があるという程度のことは確認しておいてよいだろう。

*4 村澤真保呂「都市、青年期、大学――ポスト・モラトリアム時代の大学」『現代思想』二〇一一年一二月号。

*5 杉山登志郎『発達障害のいま』（講談社現代新書、二〇一一年）より。

*6 内田樹『下流志向』（講談社、二〇〇七年）参照。

*7 現在の統治と治安の主要なターゲットは、「以外の人々」や「弱者」やマイノリティではない。そうではなくて、アンダークラスである。大学の人文・社会系を通過する若者の一部はその予備軍であるからこそ大学が統治と治安の機関となっている。そして、近年の一連の動向を、アンダークラスという潜在的に危険な階級を治めるための営為として分析することができよう。小さな例をあげておくなら、アンダークラスに「固有」の文化と称されるヒップホップのPVは、しばしば荒廃した廃屋や倉庫を舞台とするが、それは、秩序紊乱のイメージを近未来に投射して予め祓いのけてしまうための治安装置の一つである。諸君が騒いだところで現出するのはたかだかこんな世界だ、行動したところでこの程度である、そんなものが欲しいのか、というわけである。もちろん、優れた音楽PVは、断固として、欲しいと語っているのだが。

多彩な療法の分散　その歴史と行方

一　歴史を垣間見て

精神医学史・精神医療史に関する文献を読んでいると、新奇なものとして話題になりがちな療法にしても、それとそっくりの療法が過去に行われていたことに気づかされる。と同時に、「われわれ」のいささか硬直した考え方や行い方を反省させられる。

フーコー『狂気の歴史』は、いわくつきの思想書ではあっても、歴史研究としては買えず、まして「現場」で役立たぬと思われているだろうが、思いこみを捨て丹念に読んでみると、そうでもないことがわかってくる。例えば、フーコーが音楽療法に触れた一節を引いておく。

ルネサンス以来、音楽は、古代において付与されていた治療上の効能を再発見してきた。音楽の効果はとくに狂気に対して著しかった。シェンキウスは、「深いメランコリーに陥った」一人の男を、「彼がとりわけ好きだった合奏曲」を聞かせて治したのである。アルブレヒトもまた、ある妄想者を、あらゆる他の治療を試みたが無駄に終わった後で、治している。その妄想者が発作を起こしたとき、人に歌を歌ってもらったところ、「そのちょっとした歌が、病者を目覚めさせ、病者を喜ばせて、笑わせた。そして激しい発作を永久に消した」。(Foucault, 1972 : 343-344)

私自身はここに示されているような経験が昔も今もありうることをまったく疑っていないが、その上で気になるのは、演奏者たちや歌い手をどのように調達したのか、謝礼はどうしたのか、ひょっとして病者の知り合いであったのかといったことである。ことにその効能や効果をどのように説明して理解していたのかということが気になる[*1]。フーコーは、続けてこう書いている。

ところで、このような観察は、決して心理的な解釈に付されないのである。音楽が治すのは、音楽が人間存在の全体に作用するからであり、魂そのものに浸透するのと同様に、直接的・効果的に身体に浸透するからである。(Foucault, 1972 : 344)

音楽は、精神だけに働きかけるのではなく、人間の全体、精神と身体の結合体としての人間に働きかけるというのである。もっと絞って言うなら、心身結合の領域に位置づけられる情念や感情に働きかける。だから、効果が生ずるというわけである。心を癒すだけではなく、体を癒すだけでもなく、人間を癒すというのである。これだけでは何とも雲をつかむような説明であるが、おそらく肝心なことは、メランコリー者も妄想者も、そのことを信ずることができていたということであろう。それだけでなく、臨床家を信用し演奏者・歌手を信頼できていたということであろう。「当事者」を含めた人間の徳性や資質が肝心なのである。

二　ピネル瞥見

私自身は「理論的」な話としてはこれだけで足りる、それ以上続けても「実践的」には無駄話にしかならないと思っているが[*2]、もう少し話を引っ張るために、先の引用の「あらゆる他の治療を試みたが無駄に終わったあと」という句に注目しておきたい。おそらく「深い」メランコリーの男にも同様の状況があったと推測されるし、関連して多くの症例報告が想起されるが、ここでは精神医学・精神医療の祖とも呼ばれるフィリップ・ピネルに触れておきたい。

ピネルは、精神医学の歴史に新しさを持ち込んだ人であると見なされてきた。そして、ピネルが狂人を鎖から解放して初めて狂人に治療という救済をもたらしたとする神話、啓蒙主義的で進歩主義的な神話が、とりわけフーコー『狂気の歴史』によって退けられた後でも、その新しさが何であるかについて議論が積み重ねられてきた。そこで確かめられてきたことでもあるが、ピネルは、狂気が人間精神と人生のすべてを障害して全面化するという観念を退け、狂気は人間の一部だけを冒すのであり必ず人間には理性の部分は残るのであって、実際、たとえ病識を欠くように見えても急性期を過ぎれば細部にわたって想起されるのが常であるから急性期においても理性は潜在していると捉え、したがって、狂気を癒すには人間に残存する理性を生かすことが必須であって、実際、そのような「自発的な内的革命」(Pinel, 1800 : 50) を経てほとんどは治癒するということを強く主張したのである。

そうは言っても、ピネルにしても、他の時代の専門家と同じく、器質的原因のために生まれながらにして精神全体を障害される場合や、各種の精神疾患の一部が精神全体の障害に落ちこむ場合はあって、それらは治療不可能で治癒不可能と判断せざるをえず、基本的には保護と救済の対象とせざるをえないとしているが、それでもピネルは、当時の啓蒙思潮にも影響され、その一部については教育可能性と発達可能性を新たに強く押し出したのである。

そして、ピネルは、狂人そのものの中に、狂気を自覚し狂気を自ら治し自らを変化させることのできる主体を見出し、そのことが近現代の主体観の起源ともなったとする見解が打ち出されてきた[*3]。

しかし、ピネルの新しさを理解する上で強調しておきたいのは、ピネルが当時の医学に対する強烈な批判者であったということである。もちろんピネルは、当時の療法を全否定したわけではないが、肯定するところの一部療法についても当時の理解と運用を厳しく批判している[*4]。ピネルの述べるところでは、当初は「精神病の原因」として「大脳や脳膜の病的状態」を考慮するなら大きく進歩できると信じ込んでいたが、そのように結論できるのは極めて僅かな症例に過ぎず(Pinel, 1800：115)、さらに悪いことには、精神病を「脳の器質的欠損や頭部の何らかの部位に結びつける」ことによって、精神病を「治癒不能」と見なす傾向があって、それこそが「人間性に対して最も害悪を与える偏見で、殆んど至るところで精神病者を放置している遺棄状態の呪わしい元となっている」と痛烈に批判するようになった(Pinel, 1800：134)[*5]。その契機となったのは、比較的よく知られた事実であるが、ピネルが、「退屈極まりない書物や無益な編集の大洪水、学派の滑稽な物言いや何でも説明しようとする熱狂振り」を捨てて（Pinel, 1800：180）、優秀な「監護人」の実践に学んだことである（Pinel, 1800：94）。そして強調されることは、観察と経験であり、「心身の養生を用いた待期療法」である（Pinel, 1800：181）。その際に、ピネルが、監護人、言いかえるなら医師以外の人間の徳性を強調しながら療法の探索について述べる一節を引いておこう。

精神病者救済院内で静寂や秩序の維持を、またこのような監護に必要な心身の諸資質を著者が極めて重要視しているからといって少しも驚かないで頂きたい。なぜならこの監護こそがマニー治療の基本的土台の一つとなっており、これを欠いては薬物治療をどのように自慢しても、正確な観察も永続的治癒も得られないからである。〔……〕一部の極めて困難な事例では、このような研究を数カ月もかけて行った後に、試みることのできる試験的処遇の種類がようやく正しく決定され、固定される。（Pinel, 1800：88-89）

では、その「試験的処遇の種類」はどのようなものであったのだろうか。それがモラル・トリートメントと総称される療法であり、その範囲は、「われわれ」が知るもののすべてを含んでいると言ってよいだろう[*6]。

三　療法の分散と治癒の行方

ここで強調しておきたいのは、歴史的に振り返ったとき、専門職による療法と民間における療法を区別しても意味がないということである。たしかに、それぞれの療法について、歴史的に変化したことはある。いかなる制度の下で、いかなる資格で、いかなる場所で、いかなる正当化によって、いかなる技術や技法を用いて、いかなる薬物療法を施した上で、いかなるカテゴリーで括られる対象者に対して、その療法を実践したのか、何を成功や失敗と称するのかについての変化はある。しかし、ある療法は、ある条件の下で、ある人間が、ある人間を快調にしたり失調を深めたりすることがあるという事実に変わりはない。

その上で、歴史性に少しだけ立ち返るなら、ピネル以降のモラル・トリートメントは、基本的にアサイラム、コロニー的なアサイラムの内部で、医療専門職の管理の下で、ピネルの言葉では「人間を制御する技法と人間の疾病を癒す技法」が一致する場で執り行われたということである(Pinel, 1800：186)[*7]。しかし、現在は、脱施設化、地域医療、専門職連携が進められ、そのような一元的管理が効力を発揮する場は解体されている。言いかえるなら、多様な療法が多様な仕方で分散している。まさにそのようであるから、おそらく、近年の病者は、「自発的な内的革命」といったクリティカルな経験をすることなく、あるいは、それを免除されるなり封印されるなりして、ある経路を渡り歩きながら、間歇的な発症と完解を繰り返している。あるいは逆に、そのような状況が確立される中で、人間の狂いは変容を始めている。臨床医学をモデルとする精神医学によって医療化され病理化される限りでの精神病者の形象が崩壊した後で、各種の療法が手を変え品を変えて繰り出される中で、人間の狂いの変容をどう考えるべきかということは次世代に課せられた課題であろう。

文献

Foucault M (1972) *Histoire de la folie à l'âge classique*. Gallimard（『狂気の歴史——古典主義時代における』田村俶 訳、新潮社、一九七五）〔引用に際しては訳本頁数を表記する〕

小泉義之『ドゥルーズと狂気』河出書房新社、二〇一四年

小泉義之『新しい狂気の歴史』青土社、二〇一七年

光平有希『「いやし」としての音楽——江戸期・明治期の日本音楽療法思想史』臨川書店、二〇一八年

Pinel P (1800) *Traité médico‐philosophique sur l'aliénation mentale, ou la manie*（『精神病に関する医学＝哲学論』影山任佐 訳、中央洋書出版部、一九九〇）〔引用に際しては訳本頁数を表記する〕

Swain G (1977) *Le sujet de la folie : Naissance de la psychiatrie*. Calmann-Lévy

*1 日本の音楽療法の歴史研究としては、光平（二〇一八）が重要である。

*2 理論が灰色に見えてくるや情念論・感情論が持ち出されることは定期的に繰り返されてきた。しかし、思想史を振り返っても、新しいことは何ひとつ言われていない。

*3 この見方をフーコーに対抗して打ち出したのが、Swain (1977) である。その第二部はピネル神話の形成過程についての詳細で有益な叙述である。

*4 一九六〇年代から七〇年代にかけてのいわゆる反精神医学は、たとえ精神医「学」の全否定であっても，精神「療法」の全否定ではなかったことに注意されたい。その意味ではピネルは反精神医学の祖である。小泉（二〇一四）参照。

*5 次の告発も見よ。「白痴は救済院内で極めて多い種類の一つで、彼らの状態というのは、他の所で受けた余りにも積極的すぎた治療の結果であることが極めて多い」(Pinel, 1800：140)。ピネルが精神疾患に白痴を含めたことは後に批判されるが、ピネルの観点は重要である。

*6 小泉（二〇一七）参照。

*7 ピネルは、フーコーが『監獄の誕生』で分析する規律権力を自覚的に採用しているのである。フーコーは気づいていなかったようだが、そこにもピネルの新しさがあった。

経済の起源における債権債務関係の優越的地位

『道徳の系譜』と『通貨論』

人質をめぐる物語

民法の教科書を開くと、こんな一節に出くわすことがある。

たとえば、戦国時代の武将が、隣国の武将と契約をとりかわし、お互いに攻撃しないことを約束しあう場合（いわゆる和平協定）、それぞれが相手に債務を負う関係に立つが、その履行を保証するために、人質を交換しあうことが行なわれた。この場合の人質は、立派な担保であり、人に対して質権を設定したということができる（だから「人質」という）。／ただ、現代では、人質の非人道的性格から、担保としての人質はもはや認められない。現存する人質は、誘拐の一種であって、それ自体違法行為であるし、そもそも担保されるべき債権があるわけではない。／こうして、今日では、人に対する担保は姿を消し、担保の目的物は「物」に限られる[*1]。

債権とは、教科書的には「人が人に対して一定の行為を要求する権利」である。フーコーの用語を導入してみるなら、人が人の一定の行為を導くところの統治性が、法的には債権として制度化されていることになる。そして、債務者がその一定の行為を履行できない場合、「現代では」、債務者は債権者に対して、あくまで「物」でもって支払わねばならず、おのれの身体で支払ったり命で支払ったりすることはできないとされている。どうしてか。教科書的には、それが「非人道的」であり「違法行為」であるからであると説明される。ところが、おそらくその説明だけでは落ち着かぬものがあるからだろうが、昔は人質の慣行があったと付言される。とくに「非人道的」であったと決めつけられる暗黒の「戦国時代」が引き合いに出され、債務の履行の保証のために、あるいは、債務不履行に対する弁済のために人間そのものを差し出すことができたのだと語られる。では、ひるがえって「現代では」、債務不履行になり、しかも担保「物」も喪失した場合、債務者や債務国はどうすることになるだろうか。「現代では」、債務者や債務国が破産した場合、債権は行使しえない権利になってしまうだろうか。これも「戦国時代」の制度である徳政よろしく、無償の贈与が施されるだろうか。身体で支払うことも命で支払うこともできない債務者は、破産の宣告でもって債務から解放されるだろうか。解放奴隷になることもなく無罪放免となるだろうか。昔も今も、そんなことは決してあるまい。あるはずがない。というか、そんなに単純ではあるまい。とすると、教科書的歴史観は何か重要なことに触れながらもその要諦を語り落としているということにならないだろうか。言うまでもないが、こうした教科書的な物語は、たとえばニーチェ『道徳の系譜』（一八八七年）に由来している。そこで問われていることは、債権債務関係の成立における人質の可能性の条件とその不可能性の条件であった。

ニーチェによるなら、「人間に関する本来の問題」は、「約束することのできる動物を育成すること」である。そして驚くべきことに、その問題は「高い程度で解決されている」。つまり、ほとんどの人間が、相当に高い程度、民法の原則にしたがって思考し行動することができるようになっている。一体全体、どうしてこんなことが可能になっているのか。

およそ約束者たるもののそうあるごとく、遂には未来として自己を保証する（gut sagen）ことができるようになるためには、いかに人間そのものがまずもって、自己自身の観念にたいしてすらも、算定可能で規則正しく必要条件とならねばならなかったことか！

人間が「約束することのできる動物」になるためには、人間そのものが算定可能なものとならなければならなかったというのである。人間が算定可能なものとなって初めて、人間が遂行することになる（約束・契約・履行、等々の）諸観念が算定可能なものとなり、そして「物」が算定可能なものとなってきたというのである。こう言いかえてもいいだろう。「物」に価格がつくためには、観念に価格がつかなければならないし、それ以前に人間に価格がつかなければならないというのである。ニーチェはその次第を「責任の由来の長い歴史」として探求するわけだが、その際のいわば初期条件として、人間を「同等者（Gleichen）」と捉えていることが重要である。すると問題はこうなる。人間が相互に同等で対等で平等であるとき、一体全体、どのようにして同等・対等・平等な者たちに数値をあてがうことができるであろうか。人間A＝人間B＝人間C＝……のとき、この等式にいかなる特定の数値をあてがうことができるというのであろうか。この等式をどんなに眺めたところで数値が決まるはずがない。そこでニーチェは、同等者たちを算定可能なものにする条件として、「習俗の倫理と社会的な拘束衣（Zwangsjacke）」をあげていくことになる。

さて、人間に記憶を刻みつけるための最も効果的な方法は、記憶すべき事柄に併せて苦痛を与えてやることである。誰かが約束したり誓約したりする場合、そのことをしかと記憶させるためには、その言明の際に、当人に対してであれ、当人の関係者に対してであれ、恐怖・血液・拷問・犠牲を用いてその言明の発話状況をいわばトラウマ化すればよい。ところが、約束する動物の育成のためには、約束を記憶させるだけでは足りない。約束によって未来へ繰り延べられた行為を実際に履行させるのでなければならない。約束を守れずに履行できなかった場合には、その代替となるものを差し出すべきことも記憶させるのでなければならない。要するに、約束のゲームが可能になる条件は、約束の記憶だけでは足りないのである。

ニーチェは、こう進めている。約束がそれとして十全に成り立つためには、「責め（Schuld）の意識」が必要である。記憶を刻みつけもする残酷な習俗は、倫理化されて責めの意識を生み出すのでなければならない。では、その意識はどこから由来したのか。「責めという道徳の主要概念は、債務（Schulden）という物質的な概念から由来した」。つまり、約束・誓約・契約の起源は、債権債務関係にある。それだけではない。人間を算定可能なものとする「社会的な拘束衣」の起源も、債権債務関係にある。そしてニーチェは、刑罰の起源の考察も付加しながら、その議論をこう進めている。契約関係を中核とする民法的なものと刑罰制度を中核とする刑法的なものの起源は、債権債務関係を中核とする原‐民法的で原‐刑法的なものに存するのである。あるいはむしろ、原‐民法的なものこそが原‐刑法的なものに先立つのである。

「人間」という動物が、「故意」「過失」「偶然」「責任能力」といった原初的な区別とその反対物を作り始め、刑罰の量刑で考慮し始めるようになるためには、先ずは高度の人間化を必要とするのである。

この高度の人間化は、債権債務関係に由来する。したがって、次の有名な一節も原‐民法的なものの優位を示すものとして読まれなければならない。

人間の歴史の長期間にわたって、加害者（Übelanstifter）にその所業の責任を負わせるという理由で罰が加えられたことはなかったし、有責者（Schuldige）だけが罰せられるべきという前提のもとで罰が加えられたこともなかった。むしろ、いまでも両親が子を罰するのと同じように、受けた損害（Schaden）について加害者（Schädiger）にぶちまけられる怒りからして罰が加えられたのである。しかし、すべての損害はどこかにその等価物があり、加害者の苦痛によってであれ、現実に計算されうるものであるという観念によって、この怒りは一定の制限内に納められ調えられた。このきわめて古い、深く根を張った、おそらくいまや把握しがたい観念、損害と苦痛の等価性という観念は、どこからその力を得てきたのだろうか。すでに私は示唆しておいた。債権者と債務者の契約関係においてである（in dem Vertragsverhältnis zwischen Gläubiger und Schulder）。

では、この債権者と債務者の契約関係とはいかなるものであるのか。当然予想されるように、ここでニーチェは、債権債務関係の構成要件たる抵当の概念を持ち込む。

債務者は、その返済の約束をして信頼させるために、その約束の厳粛と神聖に保証（Bürgschaft）を与えるために、自己自身において返済を義務・責務としてその良心に刻みつけるために、返済しない場合に、契約にもとづいて何ものかを債権者に対して抵当に入れるのである（verpfänden）。

では、抵当に入れられる何ものかとは何か。債務者が「所有」していてその権勢内にあるもの、例えば「自分の肉体、自分の妻、自分の自由、自分の生命」、あるいはまた「自分の浄福、自分の魂の救い、墓の中の安息」である。自分が所有するかけがえのないもの、自分にとっては代替不可能なものが抵当に入れられるのである。むしろ逆に、抵当に入れられうるものこそが自己の所有物として確定されると言った方がよい。したがって、自分を人質として差し出すことは、債権債務関係の可能性の条件となっているとひとまずは言うことができる。ところが、注意すべきは、債権者の側は、任意の抵当を恣意的に選んで取ることができるわけではないということである。債務者の側の抵当の設定にも、債権者の側の抵当の取立てにも「冷酷、残忍、病苦」が宿っているにしても、そこには限度があらざるをえないのである。債権者が債務者の生命を奪っては元も子もなくなるというだけではない。そもそも、債務がどの程度なら生命に値するというのか、どの程度なら妻に値するというのか、冷酷がどの程度のものに値するというのか、かけがえのなさはどの程度のものであるというのか、そんな一連の程度問題を予め契約しなければならないのである。こうして「冷酷、残忍、病苦」は必ずや算定に転化する。あるいはむしろ、算定そのものが、生命を供したり生命を奪ったりする以上に、それとは本性的に異なる仕方で「冷酷、残忍、病苦」なのである。

債権者は、債務者の肉体にあらゆる種類の凌辱や拷問を加えることができた。例えば、責めの大きさに相当すると思われるだけのものを債務者の肉体から切り取ることができた。まさにそうであることによって、「四肢や身体部位それぞれの見積もり」が行なわれる。そして債権者は、債務者の肉体の一部を切り取ることに伴ってかすめ取られるおのれの「福祉＝幸福の感情（Wohlgefühl）」でもって、債務不履行の場合の片をつける。このとき、債権者の残酷な福祉＝幸福は、債務者の苦痛と等価に置かれる。そして、債務者の苦痛は、その肉体の部分と等価に置かれる。そして、債務者の肉体の部分は、債務の量と等価に置かれる。債権者が「貨幣、土地、所有物」を返されて得るはずの「利益」、これが債務者の肉体的苦痛と等価に置かれる。この「債務法」の「等価化全体の論理」はニーチェの議論にあって混乱した形で叙述されていると言わざるを得ないが、しかし、まさにその混乱した等価性の論理こそが、言いかえるなら「すべての事物はその価格をもつ。あらゆるものは支払われうる」という経済の原理こそが、一切の道徳と正義の起源となる。総じて、債権債務関係こそが、経済の起源、道徳と正義の起源なのである。

ニーチェは、この起源から経済的なものがどのような順序で歴史的・論理的に発生してきたのかについてはさほど論じてはいなかった。「あらゆるものが支払われうるし支払わなければならぬ」という正義の論理が、「支払無能力者を大目に見て放任する」という「最強者の特権」、言いかえるなら先行世代・神・国家の特権、及びその下で発生する法的責務に少しばかり論及するものの、教科書的な物語に引き継がれる程度でしか論じてはいなかった。だから、債権債務関係を端緒的原理として、経済的カテゴリー、道徳的カテゴリー、法的カテゴリーの歴史的・論理的発生を理論化するという問題は、いまだ未解決のままであると言ってよい[*2]。その理論的探求は経済・道徳・法についての斬新な展望を切り開くはずであるが、直ちに思いつかれることは、労働の価格と労働力の価値の発生論であろう。実は、ニーチェに先んじて、福澤諭吉の『通貨論』（明治一一年＝一八七八年）がその問題に取り組んでいた[*3]。

「雲助」から「社会の良民」へ

福澤の『通貨論』は、その「緒言」に、「近日我日本にも通用紙幣の議論甚だ多けれども、その本来の性質及びその数の過不及を詳説明言して利害得失を断ずるに足るものなし」とあるように、その後の一九〇五年のクナップの貨幣国定学説の登場を契機としての金属主義と名目主義の論争に先んじて、通貨の本質論から発して「通貨の価格」「紙幣の多寡」を論ずるものである。ここでは、その本質論の部分を取り上げることにする。それは、江戸時代のエピソードから始められる。

> 道中の雲助が、右の肩を抵当に取り左の草鞋を質に入るゝと云うことあり。こは実に肩と草鞋とを受授して金を貸借するに非ず。雲助が博奕(ばくえき)に敗北して、有合(ありあい)の銭は勿論、襦袢も股引も金の方に取られ、真の赤裸と為りて尚借金を償うに足らず。是に於てか貸方に約束し、譬えば七日の内に借用の金高三百文を返済すべし、皆済に至る迄は右の肩にて荷物を担ぎ申まじく、左の足に草鞋をはき申まじくとの談判を遂げ、その後借方の者は肩と足との痛に堪えず、苦しき余りに様々と才覚して遂に三百文の借金を払い、始て片足の草鞋をはき、又荷を担いで左右に肩を替るの自由を得ることなり。

運輸・交通労働者である雲助が、博打で負けたため、有り金をすっかり失い、その所有物すべてを換金して支払っても足りず、三百文の借金を残してしまったというのである。そこで雲助は、七日の内に三百文を返済する約束を交わそうとするが、抵当に入れるべき質物を持たなかった。約束を守る誠意を証し、約束を果たせなかった場合に埋め合わせるべき保証を提出できなかったのである。どうすればよいのか。雲助が貸方と約束したのは、返済を完済するまで、雲助がその仕事をしているあいだ、右肩だけで荷物を担ぎ左足を裸足にして歩いて苦痛に堪えることをもって、また、自ら自由を制限して隷属的になることをもって支払いを繰り延べるということである。この貸借関係が成立してから、雲助はその苦痛のあまり「才覚して」借金を支払うことになるのだが、このエピソードにおいて「等価化全体の論理」はどうなっているのであろうか。

福澤は、このエピソードにおける錯綜した等価性のうちから「冷酷、残忍、病苦」の相に着目する。そこに経済の起原を見て取ろうとするのである。「今この質物の性質を尋るに、その品を取りて貸方の便利と為らざるは無論」であり、「唯借用を皆済せざれば借方の身に苦痛を覚えしむるのみと云うに過ぎず」であるから、「我に益する所なくして徒に人の苦痛を見物するとは何事ぞ」と一旦は断定する。それではまるで、貸方が、借方の苦痛を見物して感ずる福祉＝幸福をもって、借金の支払いの繰り延べの代価（利子）にしているようではないかというのである。その一方で、福澤は、雲助に見られる野蛮で野卑な「不文」の相も指摘してみせている。この雲助の所業は、「戦国の世」の「人質」と同類のものである。「この人質に敵の親を取るも妻子を取るも、固より味方の利益たるに非ず。唯違約のときに人質を殺して敵に親愛の苦痛を覚えしむるの趣意のみ」なのであるからというのである。その上で、福澤は、この「趣意」が「質物」全体に関与していると指摘していく。「家の系図」や「由緒ある古書、古器の類」を質に入れるのも、「琉球の国」にて「墓所」を質に入れるのも、「都会の豪商」が「地方一村の田地」を質に入れるのも、すべて「苦痛を引当にして金を手離すこと」であるからにはその「有様」は同類である。では、福澤は、こうした「冷酷、残忍、病苦」を野蛮で野卑で封建的な習俗として退けて債権債務関係を近代的に啓蒙しようとするのであろうか。決してそうではない。

前条に記す所は何れも皆他人の苦痛を質に取る例にして、之を理論上に考れば不文とも殺風景とも実に言語に絶えたる次第にして、少しく智識ある人なれば窃(ひそか)にこの有様を愍笑せざる者なかるべし。然るに古来大智大識と称する人物が、この不文殺風景なる雲助の所業に類似する事柄を見て嘗て怪しまざる者あり。その事柄とは何ぞや。金銀貨幣の通用、即是なり。事柄とは何ぞや。金銀貨幣の通用、即是なり。

福澤によるなら、雲助の所業に類する「不文」が、まさに金銀貨幣の通用に効いている。福澤はこう論じていく。「人間社会通用の貨幣に金銀を用る由縁を尋るに」、しばしば「金銀の功能」としてあげられることは四つである。①金銀は容易に取得し難いものである。②金銀の産出高はさほど増減することはない。③金銀は随意に分割可能である。④金銀は真偽を見分けるのが容易である。そして福澤は、この四つのうち、「最も大切なる眼目」は①だけであるとする。なぜか。

即ち金銀を山より掘出すには多くの人工を費すと云うことなり。之を掘出して精製するには人身に苦痛多しと云うことなり。然ば即ち金銀貨幣は人工の結果にして、取りも直さず人の苦痛の塊と云うも可なり。

金銀貨幣の貸借関係において人質に類する事柄が伴うことは、そもそも金銀貨幣が「苦痛の塊」であるからには何の不思議もないのである。雲助の「不文」は、金銀貨幣をめぐる「大智大識」から派生したものにすぎない。

人に衣食住の品物を与え、その代りとして必ず金銀貨幣を渡せとて之を促すは、その人に向て、汝は礦山に行て金銀を掘り来れ、その金銀は吾れ固より之を喰うに非ず、着るに非ず、又これを見て悦ぶにも非ず、全く無益のものなれども、吾れは唯汝が礦山に役して苦痛するその有様を見て之を楽しむのみ、若しもこの苦痛を免かれんとするならば、先きの品物を返すか、又は他の品物を持ち来れと云うに過ぎず。その不文、殺風景なること、博奕に勝利を得た雲助が朋輩の肩と草鞋とを質に取り、その肩を腫らし足を痛むるを見て三百文の返済を待つ者に毫も異なるところなし。

ところが、福澤は、『通貨論』において、金銀貨幣から通用紙幣への切り替えを何としてでも正当化したいあまり、「苦痛の塊」たる金銀貨幣を核とする経済の総体について、「人間開明の社会にあるべからざる事なり」と断じている。教科書にその残映を見ることのできる啓蒙史観を述べ立てるのである。とくに福澤は、「金銀貨幣を作るの徒費」に比して、「紙幣の発行」にはほとんど費用がかからないかのように語り[*4]、金準備金の必要性だけは認める議論を経ながら通用紙幣の正当性を論じていくわけであるが、実は福澤は、「苦痛の塊」をめぐる「大智大識」を退けきることはできない。実際、福澤は、通用貨幣の起源を商品の交換に置いてはいない。したがって、約束の履行の保証の問題は残っている。

元来商売取引の上に就て通用貨幣の功能を論ずれば、単に之を品物の預り手形と云て可なり。〔……〕この預り手形に金銀を用れば何程の便利あるや、紙を用れば何程の不便利あるや、聊かも区別あるべからず。唯その約束の大丈夫なると然らざるとの一事心配なるのみ。この一段に至て金銀は人の苦痛の塊なるが故に、之を質に取りて大丈夫なりと云わんか、決して頼にするに足らず、紙にても亦大丈夫なる訳あり。

では、その「大丈夫なる訳」はどのように説明されるか。紙幣の「用不用」は金銀と変わらぬと論じながら、また、「藩札」の経験も引き合いに出しながら、福澤はこう書いている。

藩の人民はその藩札を不安心と思えば他藩地に行て商売も営むべし、又は都会の商人と取組て正金の取引をも為すべし、兎にも角にも少しの不自由を忍べば藩札を避るの方便あるが為に、自から札の権力を殺ぐべしと雖ども、今日全国一政府の紙幣は之を拒まんとするも他に依頼すべき方便なきが故に、信も不信も安心も不安心も之を論ずるに紛う遑あらず、人々の便利の為に通用せざるを得ず。

ここで「便利」の一語でもって見失なってならないことは、債権債務関係の保証をもたらすものは、紙幣制度においても、依然として「苦痛の塊」であるほかないということである。近代の運輸・交通労働者が債務不履行になった場合にはどうするか。あるいはまた、債務不履行にならないと請け合うためにはどうするか。福澤が「人間開明の社会」の主体として期待するところの「社会の良民にして将に産を成し身代を増さんとする者」「心術律義にしてよく家を守る者」「漸く積て漸く進み社会富有の源なるべき者」が、「預かり手形」の発展形たる債権債務関係に入り込むためにはどうするか。債務不履行になった場合にはどうするか。あるいはまた、債務不履行にならないと請け合うにはどうすればよいか。ある意味で、福澤はすでに答えを出している。「全国一政府」は「他に依頼すべき方便なき」ようにしているからには、「全国一政府」という「最強者」に「依頼」するしかないのである。そこに「冷酷、残忍、病苦」の系譜が作用していないはずがあるまい。そこにこそ、少なくとも労働の価格と労働力の価値を編成する経済の起源があるはずであり、「全国一政府」の下での経済の再編が進められたはずである。ここでは、古代律令の雑令を引いておこう。

凡そ、公私、財物を以て出挙するときは、任に私の契約にしたがえ、官理することはしない。利息は六十日ごとに取れ、ただし、元本の八分の一をこえてはならない、四百八十日をこえた場合でも、元本の一倍をこえることはできない、家財が尽きて返済できない場合は、身を役して折ぎ酬いよ[*5]。

折ぎ酬いること、すなわち、身体と生命を犠牲にすることの代替であるかのごとくに生命と身体の力を費やす労働で支払うこと、そのようにして人間を算定可能なものとすること、それは債権債務関係の中から生い立つことなのである。しかも、それは国家の発行する通用貨幣と国家が徴収する租税の下で生い立つことなのである。この系譜は、「人間開明の社会」にあって途絶えたどころではないはずである。

そもそも歴史的に「人質」の事例とされるものの大半は、労役による債務返済であった。同時に、強調しておいてよいのは、「人質」は、債務不履行となった人間を「年季奉公人」としてその生存さえも保証してやるものだった。債権債務関係を起源とする経済は、残酷ではあるのだが、まさにそうであるがゆえに「人道的」でもあった。いずれにせよ、教科書的で啓蒙的な言説が必ず語り落とすところを見据えて、経済・正義・道徳を見直す必要がある[*6]。しかも、「同等者」たる諸国民国家にあって、いまや全世界一政府以外に依頼すべき方便のない「紙幣」制度の下で債権債務関係が展開されているのであってみれば、あらためて経済・正義・道徳の系譜学が探求されなければならない。

*1 内田貴『民法Ⅲ［第3版］』（東京大学出版会、二〇〇五年）、六頁。

*2 この次元になると、誰が（何が）債権者で誰が（何が）債務者であるかは混雑してくる。はたして国家は国民に対して債権者なのか債務者なのか。はたして通貨は国家の債務なのか債権なのか。「同等者」たる諸国民の国家にあって、米国は債権者なのか債務者なのか。債務不履行となった国家は本当に債務者なのか。はたして贈与は債権とは異なるのか。はたして債権放棄は贈与なのか。簡単ではない。簡単ではないが、債権債務関係の相の下で分析し直すことが課題となる。また、贈与論の流行は、債権債務関係の方から批判的に再検討されるべきである。その端緒的成果として、cf. Ilsup Ahn, "The Genealogy of Debt and Phenomenology of Forgiveness," *The Heythrop Journal* (2010) pp. 454-470.

*3『通貨論』からの引用は、『福澤諭吉著作集 第6巻 民間経済録・実業論』（慶鷹義塾大学出版会、二〇〇三年）所収のものによる。

*4 金属貨幣の鋳金コストと紙幣の印刷コストを比較して何ごとかを結論する教科書的言説は措くとしても、紙幣の発行と維持のためには、鉱山経営を遥かに凌駕する「苦痛の塊」を要することは自明である。また、金属貨幣の偽造に比して紙幣偽造をいわばコスト高な犯罪にするためのコストを考慮しても、紙幣が膨大な「苦痛の塊」であることは自明である。

*5 井原今朝男「ニッポン借金事情」『NHK知る楽』（二〇〇九年一〇－一一月号）、一五頁より。

*6 近年、債権債務関係の歴史研究においては重要な成果が出されている。現時点での総括的成果と言えるものが、井原今朝男『日本中世債務史の研究』（東京大学出版会、二〇一一年）である。そこから幾つかの刺激

的な所見を抜き出して列挙しておく。「中世の貨幣流通は、商品取引ではなく貸付取引の銭貨出挙によって活発に展開された」、「年貢徴収権を将来発生する債権として事前に地頭や代官に譲渡して、代わりに地頭・代官から借銭をする将来債権譲渡契約として考察しなければならない」、「古代中世では債務者の権利が現代よりも遥かに強固であった」、「売買取引よりも貸付取引が歴史上は先行していた」、「国家の納税や国司による財政運営では、決済システムに売買取引と貸付取引が並存して組み込まれていた」などである。もとより論点は膨大であり、理論的な見通しすらないが、端緒的にではあれ、ドゥルーズ／ガタリの『アンチ・オイディプス』と『千のプラトー』は、交換主義的経済論を越えてその方向に踏み出した書物であるということを記しておく。

残余から隙間へ　ベーシックインカムの社会福祉的社会防衛

残余の者への視線

犬儒派のディオゲネスについては多くの逸話が伝えられているが、なかでも有名なのが、アレクサンドロス大王がディオゲネスに手を差し伸べる（outreach）場面である。

ディオゲネスがクラネイオンで日向ぼっこをしていたとき、アレクサンドロス大王がやって来て、彼の前に立ちながら、「何なりと望みのものを申してみよ」と言った。すると彼は、「どうか、わたしを日陰におかないでいただきたい」と答えた[*1]。

大王が直々に援助に訪れるや、ディオゲネスは日陰に置かれる。大王は太っ腹にもどんなニーズでも満たしてやると告げるが、ディオゲネスは何よりも日当たりを返せと応ずる。お互いにそこを見越していたかのように、大王は手を引いて立ち去り、ディオゲネスは日向ぼっこを始め直す。こんな風に逸話は、徳ある統治者と貧しき賢者の出会いと別れを描き出す。歴史的にも、君主はときに最底辺の人間に手を差し伸べるのを慣わしとし、最底辺の人間はそのときだけは毅然とするのを慣わしとしてきた。ディオゲネスの逸話についても君主の儀礼的慣行についても論じておきたいことは多いが、ここでは一気に現在の思想状況につなげてみる[*2]。

ディオゲネスは、アテナイの公共の場所を住み処とするホームレスである。自ら退出して排除されながら、包摂されることを拒むホームレスである。ところで、そんなディオゲネスを描き出す逸話的な視線は、上方から底辺・外部・遠方・他者へと走る視線のバージョンの一つでもある。そして、その種の視線は現代思想にも貼り付いている。例えば、ダイアナ・ファスである。その筆法を借りるなら、「われわれ」は犬儒派の知恵と強さに打たれることはある。打たれはするものの、「われわれ」自身がそんな生き方をできるはずもない。だから「われわれ」が、弱者でもある残余の者に対してそんな生き方を推奨するのは政治的に正しくない。「持続的に、あるいはむしろ戦略的にアウトサイダーの立場（無力な者、言葉を出せない者、ホームレスなどの立場）を支持することは、ほとんど実行不可能なプログラムに見える」からである。それでも「われわれ」の視線は、アウトサイダーに向かってしまう。アウトサイダーに惹きつけられてしまう。どうしてなのか。ファスは、いまでは懐かしくもある筆法で書いている。

いかなる外部（outside）も、それによって補完されるシステムに内的な欠如の帰結として定式化することができる。内部における欠如が大きくなればなるほど、その欠如を含み込んで危険を緩和するために外部がますます必要になる。というのも、そんな外部が無ければ、内部の欠如はそれだけ眼につくものになるからである[*3]。

ファスは、こう語っていることになる。「われわれ」のホームには内的な欠如が存在する。それが可視化され顕在化されるなら、「われわれ」のホームが立ち行かなくなってしまうような欠如である。だから、そこを糊塗すべく、当の欠如を一身に体現するホームレスを不断に析出しなければならなくなっている。「われわれ」はおのれのホームを大事にしたいからこそ、ホームレスを構造的に再生産し排除しなければならなくなっている。しかし、これを逆に言うなら、ホームレスを単なる欠如の者としてではなく、そのまま社会的に包摂されるべき者として肯定的に遇するならば（実際、ディオゲネスは公共の場での「談話」を望んでいた）、構造的必然性からして「われわれ」のホームの欠如がそれだけ顕わになり、そこを「われわれ」が反省しながらホームの構造的規範を緩めていくなら、ついには「われわれ」とホームレスの社会的連帯が実現するだろう。いまや明らかだが、このファスに見られる構造的他者論の視線は、君主や福祉国家が残余の者に注ぐ視線のバージョンの一つでしかない。ホームなる社会の防衛を、残余の者への社会福祉によって果たす社会防衛的社会福祉の視線が、たかだか反省的に折り返された視線にすぎない。ところが、この類の視線はどうやら無効になりつつあるようなのだ。

散乱する隙間の者

福祉国家には複数の所得保障制度がある。社会保険、公的扶助、社会手当、最低賃金、課税最低限などである。国民・市民がこれらを受給するためには、国家・行政・専門家によって適格である（eligible）と認定される必要がある。逆に言うなら、適格であると認定・判定・承認された国民・市民は、レイベリング・スティグマ・監視・管理・治療・教育・矯正と引き換えに、いくばくかの現金を得ることができる。非行者・犯罪者が汚名・恥辱と引き換えに衣食や居場所を、うまくいくなら礼節を得るのと同断である。ところで、近年、とくに問題視されてきたのは、これら諸制度の整合性と包括性である[*4]。言いかえるなら、諸制度の不整合と断片性によって生み出される諸制度の隙間が問題視されてきた。三つの例をあげておく。①〈非正規労働者〉、とりわけ〈若年低所得者〉は、しばしば適格性を欠くがために〈失業給付を受けられない「失業」者〉になることが多く、将来的には〈低年金者〉や〈無年金者〉になると見通されている。②ときに流行の疾患名・症候群名・障害名を流用して自己レイベリングをすることによって多少の主体化を遂げる者にしても、あくまで〈医療的に障害を認定されない「障害」者〉〈病気のためにではないが就労できない「病」者〉であり、それゆえに〈障害年金の拠出条件や障害認定基準を満たさない「障害」者〉であるから、特段の分け前を得ることはない。③〈低賃金不安定労働者〉〈若年低所得者〉〈母子世帯〉〈住所不定者〉〈自立困難者〉などは、最後の残余を救うセーフティネットたる生活保護において適格と認定されないことが多い。これはストリート官僚による仕打ちのためでもあるが、しかし、だからといって、自己申請者すべてを無条件に認定せよとの大胆な主張がなされるわけでもなく、必ずやセーフティネットには隙間が生ずることになる。以上のように、諸制度の隙間に零れ落ちる人々の存在が問題視されるようになってきた。これら隙間の者は、上からの視線によってはカテゴライズもレイベリングもできない者であり、仮に構造的他者と規定したところでその外延を確定できない者である。つまり、福祉国家的な視線は無効になっている[*5]。

ところで、隙間の者は福祉国家的に承認されようがないにしても、差別的でもある記述によってその特性を記述され、その外延は確定しないものの、それなりに社会的に（反）承認されている。すなわち、〈自堕落で向上心のない生活態度が習慣化している〉者、〈社会成員としての義務、とりわけ勤労の義務を果たしていない〉者、〈働かないでブラブラしている〉者、〈ネット喫茶で寝泊まりする〉者、〈家に引きこもって親から自立していない〉者、〈対人能力やコミュニケーション能力がないために学校にも職場にもなじめない〉者、〈働き始めてもつらくなってすぐに辞めてしまう〉者、〈単純でつまらない仕事に堪え続けることができない〉者、〈病名や障害名はもらえないものの困難をかかえている〉者、〈有能でも無能でも異常でもないが、うっすらとした生きづらさをかかえている〉者などと記述されて社会的に（反）承認されている。しかも、一九九〇年代以降、文部省が不登校はどの子にも起こりうると公認し、医療界がうつ病は誰にでも起こりうる心の風邪であると公言し、先駆的には「私はアダルト・チルドレンである」と自己申告しさえすればその「障害程度」の承認を取り付けられるようになったがために、いまや誰もが障害・疾病・症候群のカテゴリーによる名乗りや言挙げを承認される雰囲気になっている。ところが、誰もが医療福祉制度や所得保障制度の適格者になれるはずもない。働きづらさや生きづらさの社会的な承認と福祉国家的な適格性承認は、必ずやずれるのである。隙間の「当事者」は、その汚名や名声と引き換えに何も得ることはできないのである。そして、現代思想にいうところの誤認・誤配は、現実にはこのように現われているのだと指摘しておこう。いまや不遇はグラデーションをなして拡散しており、上からの視線は、ジョン・ロールズのいうところの〈最も不遇な人々〉を捕捉することはもはやできなくなっている。上からの視線は、必ずや隙間の不遇を取り逃がす。むしろ、隙間からモンスター的なクレーマーが現われ出ることに怯えてみせているだけである。

こんな状況にあって、福祉国家から保障を獲得した「成功」例もあることにはある。例えば、心身障害者基本法の対象者から医療対象の精神病者が除外されたために、「せめて身体障害者や精神薄弱児なみの福祉の実現を求めた」全国精神障害者家族会連合会の運動である。これは一九九三年の障害者基本法によって一応の「成果」を得ている[*6]。他にも、難病指定の範囲の拡大、医療訴訟「和解」を通しての医療援助対象の拡大、戦後処理や公害処理における適用範囲の拡大、国籍条項の見直しなど、一定の「成果」が獲得されている。上からの視線を浴びることによる散発的な「成功」であるが、この方向を過大評価することはできない[*7]。実際、これらの「成功」例を、隙間には活かせないのである。一つには、医療やそれと同等の権威による認定を期待できないからである。二つには、それと連動することだが、隙間の者は権利請求を行なうような集団として主体形成を成し遂げることができないからである。端的に言おう。アスペルガー症候群の「患者」会や就活忌避者の「運動」体や元不登校児の「相互扶助」団体ができたとして、何を何処に向かって請求できるというのであろうか。ウィトゲンシュタインだってアスペだった、活動家は就職せずに闘ってきた、ヘキサゴンのおバカさんをご覧、と「成功」例を出されて終わりである。たかだか、隙間を埋めるべく増え続けている専門家とも素人ともつかないケア労働者・自立支援者・対人援助職・ソーシャルワーカーの対象になるだけである。しかも困ったことには、後者の人々自身が、特段の集団的主体として立ち現われることもないまま、諸制度の隙間に散乱しているのである。そして、現在の先進諸国の統治者とその名代たちは、これら散乱する隙間の者のことを、社会を潜在的に脅かす者と見なしている。日本国では移民が少ない分だけ、その事情がそれこそ目立たなくなっているにすぎない。

上からミニマムを見る視線

このように事態を捉えるなら、主としてミニマムの保障に議論を費やしてきた平等主義的リベラリズムの陳腐性も明らかになってくる。

生活保護における最低生活基準は、額面的には歴史的に上昇してきた。経済成長・消費拡大に伴う貨幣価値の変化、行政的計算技術の変化、社会福祉理念の強化などによるものである。この最低生活基準は「健康で文化的な」生活を保障するものであるからには、飢餓線を越える水準に設定されてはいる[*8]。では、最低生活基準は、飢餓線を越えるどの水準に設定されるべきであるのか。この点について膨大な論議を重ねてきたのが、平等主義的リベラリズムである。曰く、平等は重要な規範的理念である。だから、万人の平等を実現しなければならない。では、一切合財を均等に分けてしまえばよいか。そうはならない。人間には自然的で社会的な不平等がある。この不平等を善用しない手はないではないか。だから、資源であれ財であれ資本であれ税収であれ、不平等かつ不均等に配分して、言いかえるなら、効率的に配分して、よってもって生産のサイクルが一回転したその後には万人の取り分が増加するようなそんな配分を構想すればよいはずだ。必要なら、事後的に再配分して調整してやればよい。この理屈がわかれば、最低の取り分しか期待できない人間にしたって、嫉妬や羨望といった非合理的感情に襲われることなく、おのれの最低の取り分がありうべき取り分の中で最大でありうることを合理的に説得されるはずである。このように平等主義的リベラリズムは、その政治経済的な社会構想を描いてきた。では、平等主義的リベラリズムは、その最低の取り分をいかなるものとして規定するであろうか。曰く、飢餓線を越えていなければならない[*9]。絶対的貧困線は越えていなければならない。相対的貧困線の扱いは難しいが、人並みの見苦しくない生活を送れる程度の貧困＝富裕線、衣食足りて礼節を知る程度の貧困＝富裕線を越えていなければならない。その金額はともかく、そんなミニマムを用意しておくなら、この不平等社会の只中において平等の理念が実現されることになる。あとは、特別なニーズをもつ残余の者のための対策を別途講じておけば足りる。それでも把捉できない残余の残余については、そこへ注がれる視線を用意しておきさえすれば、社会の完成を幻視させることができる。このように平等主義的リベラリズムは論じてきた。

そして、飢餓線を越えることをヒューマニスティックに合理化し正当化するためにということで、社会正義論的で道徳的な論議がこれまた膨大に積み重ねられてきた。例えば、マーサ・ヌスバウムはこう問いを立てる。「人間が人間に特徴的な仕方で遂行する諸活動のうちで、真に人間的な生活を構成するような、それほどに枢要な活動とは何であろうか」と[*10]。その類の活動は何であるのか、その活動において発揮されるべき能力と機能は何であるのかについても論議が重ねられてきた。しかし、人間の「枢要な活動」についての人間学的な数え上げは概ね一致するに決まっているのであって、それを歴史的文化的に相対的であるとか恣意的であると批判しても仕方はない。むしろ問われるべきは、ヌスバウムが、どうしてかくも面白くない数え上げに現を抜かしているのかということである。答えは簡単である。能力と機能を欠如している障害者に対して、それと一目でわかる残余の者に対して分け前を与えることを正当化したいからである。しかし、幸か不幸か、この善意と正義感はおそらくその歴史的使命を終えてしまった。実際、ヌスバウムがその社会正義論の主要な国内ターゲットとしているのはダウン症者である。ヌスバウムによるなら、ダウン症者に対して行なわれるべきは、何よりも「真に人間的な生活」のための環境整備や対人援助である。この含意をあからさまに言ってやるなら、ダウン症者に所得の分け前を追加しても仕方がないというのである。つまり、ヌスバウムにあってさえ、社会正義論は、国内の残余の者を分配的正義によって救済するという歴史的使命は実質的に終わっている。だからこそ、社会正義論は国際正義論へと手を広げて延命をはかっているのである。

そして、「真に人間的な生活」は、ディーセント（品行方正）な生活と言い直されてきた。例えば、アマルティア・センは書いている。「恥辱のない生活を送るためには、友人を訪ねることができて友人と楽しむことができるためには、世で起こっていることや他人が話していることを追うためには〔……〕そこでは大半の人が、交通手段、沢山の衣装、ラジオ、テレビなどを持っているような相当に豊かな社会においては、もっと多くの財とサービスが必要である」[*11]。ところが、この社会正義は決して福祉国家では実現されない。「もっと」に切りがないからでも、「もっと」が所詮は空語でしかないからでもない。例えば、友人を訪ねることのできない人、友人と楽しむことのできない人のことを考えてみるとよい。そんな人々は福祉国家においては適格ではありえない。しかも、そんな人々は、低所得を稼ぎながら衣装もラジオもテレビも所有していてそれらだけを「友」としているかもしれないのだ。平等主義的リベラリズムと社会正義論が一般にそうであるように、センの議論もまた、隙間には届くものではない。そうであればこそ、平等の配慮、自己の尊重、理性と自由といった道徳的説教が、暗々裏に隙間の者に対して繰り返されるのである。そこに割って入ってきたのが、ベーシックインカム構想である。

ディオゲネスの応答待ち

ベーシックインカムをめぐって最も目立つ論点は、その所得水準をどう設定するのかということと、その財源をどう確保するのかということである。大方の論者は、基本所得の水準を固定していない。額面的にも概念的にも確定していない。すなわち、飢餓線や貧困線や人並み線や礼節線に等置してはいないのである。それは、ベーシックインカムのターゲットが残余ではなく隙間であるからである。また、大方の論者は、とんでもない増税論者である。それは、残余の対策は福祉国家に委ねておいて、その補完として基本所得保障を構想しているからである。私は、この大方の方向は福祉資本主義における新たな収奪を促すだけであって、思想的にも実践的にも何も産み出さないと考えている[*12]。もっと論点はクリアに設定されるべきである。二人の論者を取り上げておく。

バーバラ・バーグマンはベーシックインカム否定論者であるが、スウェーデン型福祉国家を手放しで称揚しながら、こう論じている[*13]。ベーシックインカムの主要目標は、生活水準をより平等にすること、個人の労働市場への依存度を減らすこと、貧しい家庭に生まれ育った人々により大きな選択肢と機会を与えることであると語られている。これらは望ましい目標であるが、疾うにスウェーデン型の福祉国家では達成されている。仮にそれ以上の支給を望むというなら、しかも普遍的で無条件な支給を望むというなら、そんな構想は財政と税収の実情からして不可能に決まっている。それよりは、特に必要性の高い（needy）人々、子ども・失業者・高齢者・障害者への支給水準を上げる努力をする方がよかろう。このように当然と言えば言える批判を放った上で、バーグマンはこう付け加えている。仮にベーシックインカムを俗衆に与えたとしても、受給者を管理してやらないと無駄遣いするに決まっている。資本主義は誘惑に満ちているのであって、俗衆は、ギャンブル、ドラッグ、アルコール、派手な自動車、服飾、宝石に消費してしまうに違いない。俗衆の本質的属性である、意志の弱さ、近視眼、若気の至りを矯正するのは無理というものである、と。たぶんスウェーデンにはそんな不埒な人間は存在しないのだろうし、ここで俗衆の愚かさを擁護することもしないが、バーグマンの難癖に端無くも現われていることは、福祉国家を称揚する名代たちが、隙間の不埒な人間を消去するという点においてこそ福祉国家がベーシックインカムより優れていると論じざるをえなくなっているということである。先進諸国における問題が、残余から隙間に移行していることはここにも明らかである。

これに対して、きっぱりとベーシックインカムを福祉国家の代替と捉えるのがチャールズ・マレーである[*14]。マレーは、基本所得であれ保証所得であれ、「西側諸国」がそんな過大な負担に堪えられるはずがないと認める。そのことから引き出されるべきは、むしろ「西側諸国」は現存の過大な給付システムそのものを改革するべきであるということである。そもそも福祉国家は、こう考えてきた。「貧しい老人は慈善に依存することになる。だから、政府をして万人に年金を保証させよう。失業した夫は仕事を見つけることができない。だから、政府をして彼に何か有益な仕事を与えさせよう。病気になった者は私立の病院に行くだけの余裕がない。だから、政府をしてヘルスケアに支払わせよう」と。しかし、福祉論者が思っているほど事態は単純ではない。マレーの代替案の検討はここでは行なわないが、一点だけ触れるなら、医療はまさに国家的福祉的事業になっているからこそ治療費が不当に高くなっており、それゆえにアクセス可能な「私立」病院が無くなっていると言うことができる。リベラルかネオリベか保守かといったお決まりの対立とは別に、医療福祉の過大な給付システムこそが病人の利益を損なっている面を見る必要がある。この小さな例からもうかがえるように、ベーシックインカム構想は、現存の福祉国家批判とセットにされるのでなければ、何も産み出さないであろう。その上で、マレーは、「労働倫理の凋落」「移民」「貧困の罠」「アンダークラス」を問題視していく。その眼差しは保守的なものであるが、逸してならないのは、マレーが残余ではなく隙間を直視しているということである。現状では、家族や地域（community）や正規労働者組合の復権や保護を唱える保守主義者の方が、問題への感度が高いのだと言わざるをえない。

平等主義的リベラリズムに限らないが、大方の政治経済思想は、ミニマムの保障の目的について、ミニマムな平等を基礎にして自由を実現するためであると語ってきた。衣食足りて礼節を発揮するためにというのである。ここに礼節とは、恒産に伴う恒心、市民的徳、公民的徳、積極的自由、社会的連帯、社会的互酬性などである。では、問い返そう。ミニマム近傍の衣食足りない残余の者こそが、〈起て、飢えたる者よ、地に呪われたる者よ〉よろしく、そうした礼節を発揮してきたのだとしたらどうであろうか。また、上からの視線を残余の者に向ける者こそが、いささかも礼節を発揮していないとしたらどうであろうか。福祉国家に寄生する大方の政治経済思想家こそが奴隷的であるとしたらどうであろうか。しかし、幸か不幸か、この類の反問は時代遅れになった。と同時に、大方の政治経済思想もその命脈を絶たれたのである。

問題は残余から隙間へと移行しつつある。しかも、ベーシックインカム構想に共鳴する人の多くは隙間の者なのである。では、ベーシックインカム論者は、その基本所得の目的を何と心得ているのか。あげられていることは、サーフィン、ボランティア、ファミリー、ガーデニング、メディテーション、労働市場からの退出、社会的に有意義な活動などである。要するに、何も大したことは考えていない。というより、「大したこと」を考えさせないために、隙間の者に視線を向けながらも直ちに視線を逸らすために言ってみせているだけである[*15]。福祉国家の補完を事とする大方のベーシックインカム論は、隙間のガス抜きを目指す社会福祉的社会防衛の言説である。

アレクサンドロス大王がやって来て、ディオゲネスの僅かな所持品である杖・古着・頭陀袋を修繕したり買い替えたりするに足る分だけの現金を差し出すとしよう。しかも、大王もその名代たちも、よってもってディオゲネスが公共の場で展開する不埒な生きざまを放任するのだとしよう。ディオゲネスは、衆人環視の下で自慰行為に耽ったり昼日中にランプをかざして人間を探したりする病人とも障害者ともつかぬ怪しげな者であり、その過去を問いただすなら、そもそも貨幣偽造の罰を免れるべく亡命してきた難民なのであるが、それでも大王とその名代たちは、お咎めもお助けも止めてしまうのだとしよう。そんな逸話を後世に残すことになるかどうかは、現代のディオゲネスたちの応答にかかっている。

*1 ディオゲネス・ラエルティオス『ギリシア哲学者列伝』中（加来彰俊訳、岩波文庫）、一四一頁。犬儒派のディオゲネスについては、次のものが参考になる。田中美知太郎『善と必然との間に——人間的自由の前提となるもの』（岩波書店、一九五二年）、Christopher Scanlon and John Adlam, "Refusal, social exclusion and cycle of rejection : A *cynical* analysis?" *Critical Social Policy*, Vol.28 (4) :529-549 (2008).

*2 論点の一つは、慈善制度と〈貴なければ賤なし〉という警句をめぐっている。これに関連して多少論じたことがある。小泉義之「中世身分制研究の批判的検討」『宇都宮大学教育学部紀要』第四八号（一九九八年）。なお、慈善制度研究については、次のものによってようやく長年の低迷が打破された。金澤周作『チャリティ

とイギリス近代』(京都大学学術出版会、二〇〇八年)。

*3 Diana Fuss, "Inside/Out", in Diana Fuss ed., *inside/out : Lesbian Theories, Gay Theories* (Routledge, 1991).

*4 駒村康平編『最低所得保障』(岩波書店、二〇一〇年)参照。駒村は、基本所得構想を批判して、それが個人単位であって世帯単位でないがために、複数個人が寄り集まるホームに対して過大給付になると批判しているが(二二〇-二二一頁)、そこには誤認がある。大方の基本所得構想は、実はホームを保守するものである。

*5「貧困ビジネス」に対して福祉国家行政も支援運動も有効な対案を全く示せていないことに留意せよ。各種の無認可・無許可の福祉ビジネスについても同様である。本当に福祉多元化を追求するのであれば、大胆な制度改革が必要である。しかし、現状では、歴史的相対化から始めざるをえない。北場勉「社会福祉法人制度の成立とその今日的意義――新しい福祉分野の出現とその担い手について」『季刊・社会保障研究』(第三三巻第三号、一九九九年)参照。

*6この経緯については、浅野弘毅『精神医療論争史――わが国における「社会復帰」論争批判』(批評社、二〇〇〇年)、吉村夕里『臨床場面のポリティクス――精神障害をめぐるミクロとマクロのツール』(生活書院、二〇〇九年)参照。この経緯をめぐる論争史を含め、二〇世紀後半には精神病・精神障害をめぐって重要な変化が起こり、しかもその変化は決着を見た。と同時に、精神の病をめぐる現代思想もその役割を終えた。あえて指摘しておくが、いまさらガタリの制度分析を想起したところで、またぞろ現象学的記述を学風化したところで意味のない状況になっていることが気づかれるべきである。

*7近年の福祉国家的「成果」に対する多幸症的でポピュリズム的な称賛は、ありうべき犬儒派的=シニカルな批評に対する過剰防衛であるとさえ言えよう。

*8だから日本国では飢餓で死亡する人間は存在しないはずであるが、そうなってはいない。受給資格があるにもかかわらず把捉されずに餓死する人間、医療保障とその技術があるにもかかわらず補給を断たれて餓死する人間がいる。もちろん、これは「例外」ではある。なお、私は、種々の留保をつけながらも、こうした餓

死者には自らの意志で犬儒派を選んだ側面があると思っている。そのように思うことは、死者に対する最低の礼儀であるとさえ思っている。

*9 飢餓線を越えるべき理由を提示する際に、いささか時代錯誤的にホッブズ的理由を案出しているのがジェレミー・ウォルドロンである。Jermy Waldrn, *Liberal Rights : Collected Papers 1981-1991* (Cambridge University Press, 1993), Chapter11 John Rawls and the social minimum. この点も含め、ウォルドロンのリベラリズム論には意外な含蓄が含まれている。ただのリベラルではない、どんな立場であれ、わかっている者はわかっている、と評しておく。

*10 Martha C. Nussbaum, *Sex and Social Justice* (Oxford University Press,1999), p. 39. Cf. Martha C. Nussbaum, *Frontiers of Justice: Disability, Nationality, Speicies Membership* (Harvard University Press,2007), Chapter3 Capabilities and Disabilties.

*11 Amartya Sen, *The Standards of Living* (Cambridge University Press,1987), p. 18.

*12 補完であるとする論者は、隙間の者がこの福祉国家においてレイベリングされてターゲットとされる実践的方策を示すべきである。あるいはむしろ、端的にこう言おう。現在の福祉国家において、隙間の者に対する所得保障は、隙間の者を児童や高齢者や障害者に相当する者として扱うという欺瞞的態度を抜きにして請求できることであろうかということについて真剣に考えるべきである。もちろん、その類の陰気な道を避けるためにこそ、普遍的で無条件な支給が要求されているわけだが、この点をスキップするのはやはり許されないであろう。

*13 Barbara R Bergmann, "A Swedish - Style Welfare State or Basic Income:Which should Have Priority?" in Bruce Ackerman, Anne Alscott and Philippe Van Parijs eds., *Redesigning Distribution : Basic income and stakeholder grants as alternative cornerstones for a more egalitarian capitalism* (Verso, 2006).

*14 Charles Murray, *In Our Hands: A Plan to Replace the Welfare State* (The AEI Press,2006), and Charles Murray, "Guaranteed Income as a Replacement for the Welfare State," *Basic Income Studies : An International*

Journal of Basic Income Research Vol. 3, Issue2 (August 2008).

*15 この「手切れ金」(立岩真也「BIは行けているか?」立岩真也・齊藤拓『ベーシックインカム——分配する最小国家の可能性』[青土社、二〇一〇年]、二三頁) 的性格が自覚されているなら、それはそれで一つの見識であると思うが、であるなら、なおさらのこと残余と隙間の双方について代替方向の真剣な探求が求められる。

国家の眼としての貧困調査

一　不可視の貧困を可視化するということ

第一次世界大戦後、および関東大震災後の都市下層に関する社会調査を、中川清はこう特徴づけていた。

都市下層がなお有していた他の諸階層との共通性はほぼ完全に失われる、と同時に、「下層社会」として他と区別されていた異質性もしくは固有性も失われ始め、一般的な基準にもとづく比較によって都市下層を位置づけることが可能となってきた。この可能性は端的には、都市下層が、世帯を単位として家計把握可能な対象と認められることによって裏付けられていた。〔……〕都市下層は「細民地区」から分散し、行政は、それ自身としては他の諸階層にも通じる抽象的な基準で、見えなくなった下層を捉えざるをえなくなり、そのために方面委員制度に示される組織的対応を開始した。こうして、都市下層であるか否かは、「生活標準」によって一義的に規定され、しかもそれらは「要保護世帯」というすぐれて政策的なレベルで把握されることになった。（中川 1985:2-3）

逆から言うなら、第一次世界大戦前の下層社会は、見えないものではなかった。それは「異質」で「固有」な「細民地区」というまとまりとして眼に入ってきた。第一次世界大戦前の下層社会は可視的な社会をなしていたがために、「行政」にしても特段の可視化の装置を必要とはしていなかった。仮に下層社会の暗部を可視化したいというのなら、個々の「探訪」者がその眼で光を投げかけさえすれば、たやすく「異質」で「固有」な相貌を帯びて暗部は可視化されたのである[*1]。ところが、第一次世界大戦後、そして関東大震災後に、都市下層は「見えなくなった」。それ以降、今日にいたるまで、貧困層は「見えなくなった」と繰り返されてきた。そして、行政は「見えなくなった下層を捉えざるをえなく」なった。行政は、不可視化された下層を可視化しなければならなくなったというのである。

しかし、どうしてだろうか。どうして、あたかも行政や探訪から身を隠すようになったかのような貧困層を探索し把捉し可視化しなければならなくなったというのであろうか。どうして、見えなくなったものを見えないままに放っておけなくなったというのであろうか。もちろん、われわれは何度もその説明は聞かされて知っている。すなわち、行政は、生活標準や要保護世帯なるカテゴリーを創出しそれに該当する貧困世帯を保護し救護する責務を自ら負ったからである、にもかかわらず、保護や救護の対象たるべき貧困層は都市社会に「分散」したがために、貧困者を指示し同定するためには全戸・全数を調べ上げなければならなくなったからである、とである。そして、この説明が成立つためには、行政の側にいくつかの変化が起こっていなければならず、とくに行政が自らの前から姿を隠すようになった貧困者をも救済することをおのれの責務とするようになったその事情が説明されなければならないわけだが、それについても、われわれは何度もそれを聞かされて知っている。すなわち、貧困問題が行政によって解決されるべき失業問題として認知された、貧困問題が社会によって解決されるべき社会問題として認知された、貧困問題が資本主義の維持や改良のために避けては通れない階級問題として認知された、総じて、不可視の貧困者を放ってはおけなくなった政治経済的で公衆衛生的で都市行政的な事情が生じてきたから、とである。だからということで、不可視の貧困者を可視化するための貧困調査が始まった、とである。こうして、貧困調査は、行政の眼、社会の眼として、不可視の貧困者を可視化する装置としてあらゆる方面で、上でも下でも、右からも左からも、いわば価値中立的な技法として公認されてきた。そして、貧困調査は、何度となく不可視の貧困の新発見を繰り返してきたわけである。

しかし、筆者は、以上の議論のすべてが疑わしいと思っている。それらは社会学的、社会科学的、公衆衛生学的、社会（民主）主義的な説明であるのだが、基本的にすべてが疑わしいと思っている。そして、強く言うなら、以上のような学的な議論そのものが、貧困問題そのものを不可視化する役割を果たしているとさえ考えている。本稿では、そこを解明するための予備的な作業を進めておきたい。先ず、可視化の欲望の系譜について若干の指摘をしておく。

不可視の貧困者を可視化するというのであれば、貧困調査の目的は、法と行政の対象となる世帯ないし個人を探索して同定することということになる。そのためには、貧困調査は全戸・全数を調べ上げなければならないということになるはずであるが、もちろんそんなことはやられていない。予算と人員は、いつでも足りないものであるからであろうか。すでに国家は、貧困層と目される全戸・全数を把捉する装置を備えているからだろうか。そこはともかく、貧困調査は、必ずや特定の時間に特定の空間に狙いを定めて実施される。その典型が、今日のホームレス調査の起源にあたる浮浪者調査、すなわち、東京市役所『浮浪者に関する調査』（一九二二六年）や東京市臨時国勢調査部『浮浪者に関する調査／水上生活者に関する調査』（一九三六年）である。これらの調査の方法は、一九二二年の東京市社会局による「一斉調査」、一九二六年の東京市統計課による「巡調」によって確立され、今日のホームレス調査にまで伝承されているものであるが、これについて、西澤晃彦はこんな評価を書き付けている。

「浮浪者」と水上生活者という異質なカテゴリーの組み合わせ、そして国勢調査の付帯調査として行われたこの調査の性格は、国家権力が、戸籍に象徴される定住者の世界として国民国家を構想し、管理の網にかからない非定住者はそこからの逸脱者としていったことをよく示す。「浮浪者」調査は、日と時間（深夜）を決めて市役所職員により市内一斉に行われ、「浮浪者」の完全な捕捉が目指された。調査済みの「浮浪者」には、「実査済証票」が渡され重複の防止が図られた。（西澤 2004a : 85）

西澤によるなら、浮浪者調査の対象は、貧困者であるというよりは、定住や管理からの逸脱者、その後の用語で言いかえるなら、社会から排除され、定職や定住地を剝奪され、その限りで貧困状態へ滑落させられた者である。とするなら、続いて西澤も書いているように、ここでも浮浪者調査を駆動するのは「可視化の欲望」である。それに捉われているのは、「支配層」と「知識人層」である。では、どうして、夜を徹してまで不可視の浮浪者を可視化したいのだろうか。ここでも、われわれは何度もその説明を聞かされて知っている。すなわち、「巨大な貧者の群れ」は潜在的に「危険な階級」であるので社会の安全と安心を守るための治安対策として処遇する必要がある、貧困層は場合によっては「革命の担い手」になりかねないので資本主義体制を守るための反動的対策として監視する必要がある、あるいは、同情されるべきその悲惨な状態から救い出すための「慈善の対象」として見守る必要がある、自立を支援されるべき対象を見分けて見出す必要がある、とである。となると、浮浪者調査は、同時に、資本主義国家の眼であり、警察・軍事・行政の眼であり、市民社会の眼であり、慈善・福祉の眼であるということになる。そして、西澤によるなら、その眼を駆動するのは「あられもない可視化の欲望」であり、「統計調査やエスノグラフィーといった調査技法」にしたところで、この「可視化の欲望」に導かれて洗練され、定着していったのである。

そこでの可視化の欲望の強烈さをよく示すものとして、一九二二年に行われた第一回の浮浪者調査について述べておこう。後に述べる草間八十雄が嘱託として初めて関わったこの調査では、全ての「浮浪者」を把握するというそのことがまずもって目指された。二月二五日午前零時という寒い時季の深夜を選び、大学生、在郷軍人、青年団員、市や区の職員、方面委員など五六八人を二四一班に編成し各地区を割り当て、「浮浪者」の「発見」が試みられたのである。そのうえで、簡単な質問票にもとづく聴き取り調査がなされてもいる。結果的に、「発見」された「浮浪者」の人数は二五三人であった。調査の労力を考えれば、この人数は少なすぎる。この二五三人にそれほどの情熱が傾けられたということが、まずもって驚かされるのである。東京市社会局の調査は、そのはじまりにおいて、都市の人々を把握し尽くそうとした、国家権力の均質化の欲望と軌を一にするところが大きかったといえるのではないか。(西澤 2004b:101)

この浮浪者調査の方法は今日のホームレス調査の方法といささかも変わっていないのに、西澤がそのことに無自覚であるように見えるのはどうしたことであろうか。かけた労力のわりに「この人数は少なすぎる」と評しているからには、自身も均一化の欲望と軌を一にしているのに、そのことに無自覚であるように見えるのはどうしたことであろうか。ところで、西澤は、浮浪者調査における「可視化の欲望」を「淫らな」と形容する一方で、「都市を均質化し異質なものを消し去ろうとする権力の欲望と、そこから逸れる欲望との間のずれを発見し、権力から逃れる欲望の可能性を考えること」(西澤 2004b:107) を推奨してもいる。とすると、国家権力の可視化の欲望を逃れるような可視化の欲望があり、そんな欲望に駆動される貧困調査を「知識人層」が実行できると信じていることになる。しかし、そんな調査がありうるのだろうか。不可視の浮浪者を可視化しながら権力から逃れる欲望の可能性を考える(考えさせる)ように促すような調査がありうるのだろうか。仮にあるとして、それは調査であるのだろうか。また、支援であるのだろうか。いずれにせよ、ここには何か不透明なものが漂っているのだ。

澤野雅樹は、その論考「淫らな好奇心」において、浮浪者調査に見られる可視化と均質化の欲望を「淫らな」と形容するとともに、実は、調査者自身の可視化への欲望をも「淫らな」と形容していた。

> もっと淫らにみえる好奇心があることは私も知っている。数値や図表では決して捉えることのできない彼らの悩み、悲嘆、あるいは意外に朗らかな笑顔であってもいい、——微笑を浮かべて近づき、煙草をあてがい、ふと口をついた言葉に必死で耳をそばだてようとする厄介で淫らな好奇心がある。／しかしながら、数値化への情熱が、さらに淫らにみえる欲望から無縁であるなどと考えないようにしなければならない。後者の欲望は、前者が築きあげた図表を、表面ではなしに、裏面からまさぐろうとしているにすぎない。（澤野 1995:124）

澤野からするなら、権力から逃れる欲望を「裏面」に探ろうとする欲望そのものが淫らなのである。不可視の貧困者を可視化しながらも、その貧困者との対話や支援のなかで何か善きことに出会おうとするそのことが淫らなのである。調査を通して、貧困者や浮浪者に抵抗の潜在性を探り当てようとすること、そのことをもって調査そのものを正当化しようとするそのことが淫らなのである。そして、そんな社会改革や慈善救済の欲望は、国家による均一化と可視化の欲望と表裏一体になっていると捉え返さなければならないのではないだろうか。さらに、調査者が調査をもっていかなる成果を公的に可視化させようとも、それは国家の欲望と表裏一体のものであると捉え返さなければならないのではないだろうか[*2]。

次に、貧困に関わる言動の二つのタイプ、すなわち、貧困を排除として捉えるものと貧困を低所得として捉えるものの二つのタイプを順次検討し、それらに共通する難点を指摘し、貧困にかかわる言動における隘路の所在を確かめておく。

二　排除の可視化と包摂の空手形

どうして貧困に反対するのであろうか。どのように貧困を無くす企てを正当化するのだろうか。このような問いを立てることに意味があるとするなら、何よりもまず、貧困という概念を明確に規定してやらなければならないし、貧困と規定される状態のどこにどのように反対して何を無くしたいのかを明確に示してやらなければならない。貧困に反対することや貧困を無くすことは、論じるまでもなく正当であるという思い込みを停止して、何に反対し何を無くしたいと企てているのかを自他に対して明示してやらなければならない。あるいは、このような問いを立ててしまうこと自体が正しくないのだと非難を寄せられるかもしれないが、ここにおける「貧困」を「貧民」に置き換えて読み直してみてほしい。このような問いは、立てざるをえない問いであることがわかってくるものと思う。

ところで、貧困は、一定の規準に照らして低い状態にあることと規定されることが多い。その規準の算出過程を捨象してしまえば、絶対的貧困概念も相対的貧困概念も、収入ないし所得という単一の規準に照らして規定されている点では変わりがない。思想史的に振り返るなら、資本主義における窮乏化法則に規定されて現象する状態として貧困を規定するマルクス主義が潰えて以降、貧困の社会科学的規定の企てはすべて教条化するか放棄されるかして、集計的・統計的・羅列的でアドホックな貧困規定だけが普及してきたと言ってよい。そして、この時代状況において、ある「邪悪な」意図をもって何度も指摘されてきたように、貧困状態を所得の絶対的格差や相対的格差でもって規定するだけなら、所得格差としての貧困を無くす企てをそれとして正当化するのは難しくなる。所得の格差は、学力や能力の差異があるのが自明で自然であるのと同じ程度に自明で自然であると見なされるからであるし、所得の格差は絶対的な悪と見なされはせず、むしろ低所得状態や無所得状態にある人間を救い取るため所得格差は経済的に有益であると見なされるからである。平等理念がどう口にされようが、学力や能力の差異が消去されるべきであると考える者がほとんどいないのと同じように、所得の格差が消去されるべきであると主張する者もほとんどいないのである。そこで「平等」主義者の一部は、収入ないし所得の再分配や移転を主張してきたのであるが、注意すべきは、そこにおいて貧困状態は単なる低所得ないし無所得と規定されているにすぎないということである。

しかし、一定規準に照らして貧困を低位の状態と規定するのは格差問題を扱うことではあっても、貧困問題を取り逃がしてしまうことになるという感触がある。そこで導入されてきた貧困観が欠如モデルである。実は、絶対的貧困概念は、一定の然るべき所得水準や生活水準に照らして欠けているところがあることをもって規定されているので、それは欠如モデルになっているが、この絶対的貧困概念は、先進諸国において基本的に餓死者が出なくなったことをもって底上げが完了したがゆえに全員に本質的に欠けるところは無くなったということで使用されなくなった。しかし、その後、先進諸国において「新しい貧困」が何度も「再発見」されるとともに、相対的貧困概念の使い勝手のわるさが認知され、この欠如モデルが復活することになるが、それは非経済的で文化政治的な剥奪モデルとして復活してきた。貧困とは、所得とは別の何ものかが剥奪された状態、本来あるべき何ものかを所有せざる状態であり、その何ものかが何かによって剝ぎとられ奪われた状態であるというのである。

貧困状態が一定規準に照らして低位と規定されるなら、その対策は加算や加重ということになる。貧困状態が欠如や剝奪や排除と規定されるなら、その対策は補塡や獲得や包摂ということになる。そして、欠如・剝奪・排除概念はそもそも規範的含意を有しているから、補塡・獲得・包摂をそれとして正当化する必要はないかのように思いこまれる。と同時に、貧困問題の解決とは、補塡・獲得・包摂以上でも以下でもないと思いこまれる。言いかえるなら、補塡・獲得・包摂のその先が完全無欠な状態であるということがいささかも疑われることなく間接的に正当化されるのである。以上の思潮の中に、湯浅誠『反貧困』も位置づけることができる。湯浅は、高度経済成長期以降の慣例に従って、日本には絶対的貧困は存在しなくなったということは認めている。しかし、これも高度経済成長期以降の貧困論の慣例に従って、だからといって貧困が無くなったとは言えないと論じ始める。

国連が定める絶対的貧困線である一日一ドルを超える収入があれば、生活が苦しくても貧困とは言わないと考える人は、少なくないかもしれない。しかし、貧困の実態は所得のみから理解されるべきものではないし、また貧困の指標は一つではない。本書では、その視点も提示するつもりである。日本の貧困者が一日一ドルを超える収入があったとして、それは「日本に貧困がない」ことを意味するものではない。世界の貧困への関心の強さを、国内の貧困を見えないままに止める隠れ蓑に使わせてはならない。（湯浅 2008:iv）

現代日本において可視化されるべき貧困とは、絶対的貧困でも相対的貧困でもない。可視化されるべき貧困とは、ともかく「生活の苦しさ」である。そこで、湯浅は、排除概念を導入する。ただし、その排除概念は、いささか驚くべきものとなっている。

貧困状態に陥る人々の視線で社会を見るとき、「穴を落ちる」というのは、それぞれのセーフティネットからの排除を意味する。正社員になりたいのに面接で何度も落とされる、登録しているのに仕事を回してもらえない、生活保護の申請に行っても追い返されるというのは、当の本人たちの経験としては、はじき出される（排除される）ことに他ならないからだ。（湯浅 2008 : 59-60）

貧困者の視線からするなら、貧困者自身の状態とは、「社会」から落とされ外され弾かれた成れの果ての状態である。しかし、それだけでは、貧困者の「主観的」経験の証言以上にはならない。然るべきものが剝ぎとられ奪われて欠けている状態であるとの証拠にもならない。まして、「社会」問題化して「社会」政策が行使されるべき状態であるとの論証にもならない。そこで、湯浅は、セーフティネット概念を拡張してそこに「正社員」システムをも密かに滑り込ませながら、それらセーフティネットから排除されている状態として貧困状態を規定していく。この議論は、セーフティネットなるものがそこから落ちている人々を救済するのが当然であるという規範を前提としながら、そのセーフティネット概念を意図的に曖昧に使用しているわけであるが、その善良な意図による曖昧化の功罪に注意しながら検討を進めていこう。

湯浅によるなら、貧困者がそこから排除されるセーフティネットには三つある（湯浅 2008 : 21-30）。第一に、「雇用のセーフティネット」である。「正規から非正規への雇用代替が急速に進み」、非正規労働者は急速に増えてきた。国税庁の発表でも「年収二〇〇万円以下の給与所得者」は一千万人を超えている。「もはや「まじめに働いてさえいれば、食べていける」状態ではなくなった。労働の対価として得られる収入によって生活を支えていく、というこれまでの日本社会の「あたりまえ」が「あたりまえ」ではなくなったのである」。この記述だけでは、低所得者層を貧困と規定しているだけであって、相対的貧困論と区別がつかないし、その対策としては最低賃金の引き上げ策や全体の底上げを目指す景気回復策しか出てこないことに留意しておこう。第二に、「社会保険のセーフティネット」である。非正規労働者がフルタイムで働いているにもかかわらず、「雇用保険・健康保険等」に加入しない会社がたくさんある。そのため失業給付の受給資格をもっていない非正規労働者が多くなっている。国民健康保険の納付率は低く、国民年金保険料の納付率も低くなっている。厚生年金・雇用保険・労災保険・国民年金・国民健康保険・介護保険といった「社会保険のネットからも、また多くの人たちが漏れてしまっている」。この記述は排除論として重要であるが、それだけでは、その対策としては貧困者を社会保険の正規メンバーに包摂して納付率を上げ企業への規制も強化して社会保険を再建するという策しか出てこないことに留意しておこう。第三に、「公的扶助のセーフティネット」である。生活保護の運用の問題もあり、「生活保護基準以下で暮らす」人々の数は多くなっている。この記述だけでは、絶対的貧困論と区別がつかないし、生活保護適用拡大という策しか出てこないことに留意しておこう。

このように、「日本社会」では、「うっかり足を滑らせたら、どこにも引っかかることなく、最後まで滑り落ちてしまう」。どこから滑り落ちるかというなら、「雇用」「社会保険」「公的扶助」から滑り落ちる。「日本社会」は、この意味で「すべり台社会」になっている。ところで、湯浅は、貧困状態を規定すべき排除の数をさらに増やしていく。

第一に、教育課程からの排除。この背後にはすでに親世代の貧困がある。／第二に、企業福祉からの排除。雇用のネットからはじき出されること、あるいは雇用のネットの上にいるはずなのに（働いているのに）食べていけなくなっている状態を指す。非正規雇用が典型だが、それは単に低賃金で不安定雇用というだけではない。雇用保険・社会保険に入れてもらえず、失業時

> の立場も併せて不安定になる。かつての正社員が享受できていたさまざまな福利厚生（廉価な社員寮・住宅手当・住宅ローン等）からも排除され、さらには労働組合にも入れず、組合共済などからも排除される。その総体を指す。／第三に、家族福祉からの排除。親や子どもに頼れないこと。頼れる親を持たないこと。／第四に、公的福祉からの排除。（湯浅 2008:60）

では、今度は、貧困はどこから排除されている状態であるというのか。語彙だけを拾うなら、教育課程から、企業福祉から、雇用のネットから、雇用保険・社会保険から、福利厚生から、労働組合から、組合共済から、家族福祉から、公的福祉から、ということになる。では、これら恣意的にも見える列挙を統一している観点は何であるのだろうか。「正規なるもの」から排除されていることをもって貧困状態を規定するという観点である。「正規」雇用からの排除にはじまり、「正規」教育からの排除、「正規」保険加入からの排除、「正規」家庭からの排除、「正規」公的福祉からの排除をもって貧困状態を規定するという観点である。言いかえるなら、「正規なるもの」から落第した状態をもって、補填されるべき欠如の状態と規定していることになる。したがって、「正規」の成績からの落第、「正規」の卒業からの落第、「正規」の進学からの落第、そして、「正規」の就活からの落第、「正規」の婚活からの落第、「正規」の婚姻からの落第、「正規」の育児からの落第、「正規」の夫婦生活からの落第、「正規」の家族サービスからの落第、「正規」のライフスタイルとライフコースからの落第、等々が、補填されるべき欠如の状態として主張されていることになる。逆から言うなら、「正規なるもの」全般がそれとして擁護されるべきものとして主張されているのである。

ところで、この種の排除論は、まさしく疎外論の現代版である。本来あって然るべき本質的なものが欠如している状態が疎外であり、その疎外からの解放とは自己から疎遠なものとされた本来的で本質的なものを取り戻し取り返すことであるという疎外論のバージョンなのであって、排除された貧困者を包摂してやって、本来的で本質的な正規なるものを取り返してやるのが解放であるということになる。とすると、貧困問題の解決とは、全員を正規のライフスタイルとライフコースにおさめてやるということになるはずである。しかし、貧困問題の解決方向として考えるなら、それはどこかおかしくはないだろうか。端的に例示するが、高齢単身者が正規の家庭福祉を剝奪されているからといって、誰がその高齢単身者に対して正規の婚活と正規の婚姻を公的にであれ社会的にであれ私的にであれ推奨できるというのであろうか。社会的排除・包摂論は、どこか狂いが生じているのだ。ところで、湯浅は第五の排除を付け加えていく。

そして第五に、自分自身からの排除。何のために生き抜くのか、それに何の意味があるのか、何のために働くのか、そこにどんな意義があるのか。そうした「あたりまえ」のことが見えなくなってしまう状態を指す。第一から第四の排除を受け、しかもそれが自己責任論によって「あなたのせい」と片づけられ、さらには本人自身がそれを内面化して「自分のせい」と捉えてしまう場合、人は自分の尊厳を守れずに、自分を大切に思えない状態にまで追い込まれる。〔……〕周囲からの排除を受け続け、外堀を埋め尽くされた状態に続くのは、「世の中とは、誰も何もしてくれないものなのだ」「生きていても、どうせいいことは何一つない」という心理状態である。／期待や願望、それに向けた努力を挫かれ、どこにも誰にも受け入れられない経験を繰り返していれば、自分の腑甲斐なさと社会への憤怒が自らのうちに沈殿し、やがては暴発する。精神状態の破綻を避けようとすれば、その感情をコントロールしなければならず、そのためには周囲（社会）と折り合いをつけなければならない。しかし社会は自分を受け入れようとはしないのだから、その折り合いのつけ方は一方的なものとなる。その結果が自殺であり、また何もかもを諦めた生を生きることだ。生きることと希望・願望は本来両立すべきなのに、両者が対立し、希望・願望を破棄することでようやく生きることが可能となるような状態。これを私は「自分自身からの排除」と名づけた。／セーフティネットの欠如を俯瞰する視点から、排除され落下していく当事者の視点へと切り替えるとき、もっとも顕著に見えてくる違いが、この「自分自身からの排除」という問題である。（湯浅 2008 : 61-62）

その治安的なまなざしは措くとして、まさしく疎外論の心理版であり、そこにそれなりのリアリティがあるのも否定はしないが、どうして反貧困の論脈で殊更にこの第五項目が追加される必要があるのだろうか。

正規なるものからの落第・落伍・滑落・排除は、もちろんある種の「心理状態」を生み出すだろう。それを疎外論的に、本来的で本質的な正規の「自己自身からの排除」と名づけることは認めてもよい。大多数の心理的・精神的な疎外が落伍を契機とすることに見られるように、正規なるものは心理と精神を狂わせるほどに強力である。わざわざ当事者の視点を持ち出すまでもなく、あるいはむしろ当事者の視点によって隠されてしまうのが通例だが、その正規なるものは強力な権力である。

ところで、自分自身から排除された人々の「期待」「願望」「希望」とは何であろうか。また、それら「期待」「願望」「希望」が向けられる先は何であろうか。また、「憤怒」が向かう先は何であろうか。また、「折り合い」をつける「周囲（社会）」とは何であろうか。ここにきて反貧困の課題とは何なのか。「破綻」「自殺」「諦め」が問題であるというなら、どうしてその解決方向が反貧困と命名される必要があるのか。労働＝社会運動、生活相談、心理相談など、適切な用語は他にいくらでもある。専門家ならいくらでもいる。そうした心理的・精神的なケアや破綻・自殺の予防措置が根本の貧困問題を隠蔽する欺瞞的機能を果たしているという古典的反論など一切聞かれなくなっているというのに、どうして貧困状態の定義として、何か守りに入るかのように、第五の排除をことさらに重大な項目として加えたくなるのか。ここにも何か不透明なものが漂っているのだ。

湯浅は、自分自身からの排除に対するセーフティネットを特に名指してはいないが、そこはともかく、五重の排除でもって貧困状態を規定するなら、反貧困の方向は用語の上では定まってくる。

だとすれば、「反貧困」を掲げる私たちの活動は、その逆を目指すものとなるだろう。つまり、ぼろぼろになってしまったセーフティネットを修繕して、すべり台の途中に歯止めを打ち立てること、貧困に陥りそうな人々を排除するのではなく包摂し、〝溜め〟を増やすこと、である。（湯浅 2008 : 107）

湯浅によるなら、「これは、第一義的には政治の仕事である」。労働市場規制、失業給付改善、国民健康保険・国民年金制度再建、生活保護運用改善は、「最終的には」政治的な課題である。とすると、貧困問題の最終的な政治的解決とは、貧困に陥った人々を正規なるものに包摂することであるということになる。しかし、その外見的には慎ましやかに見える「期待」「願望」「希望」は、はたして実現可能なものであろうか。正規なるもので編成されている社会は、自らのセーフティネットを装備し、そこからの脱落者にセーフティネットを用意しているわけだが、社会からの脱落者は、二度と社会に戻れないようになっているとしたらどうであろうか。あるいはまた、社会は、必ずや下層社会を装備していて、この下層社会はセーフティネットから必ずや除外されるようになっているとしたらどうであろうか。絞って言うなら、非正規雇用労働者は、必ずや非正規なるものに絡め取られるようになっているとしたら、しかもそのことが正規の社会の再生産と維持のために必須のことであるとしたらどうであろうか。社会は、下層社会に疎外＝心的病理状態を必ずや作り出し、そのことをもって社会の正常性と専門性を維持するようになっているとしたらどうであろうか。

しかし、以上の一連の問いかけは、実は楽観的なのである。それらの問いは、正規の社会が、非正規の下層社会なしではやっていけないかのように想定して立てられているからである。では、その想定が成り立たないとしたらどうであろうか。

三　低所得者層の可視化

この論点は、貧困調査の歴史にあっては、江口英一らの『都市の社会階層構造とその変動——社会構成変動調査（下）』（東京都企画調整局、一九七三年）において浮き彫りにされていたものである[*3]。

江口は、「階層的職業遍歴」が「下降移動」として起こることを確認しながら、この「階層的転落」を「貧困」とどのように絡めて理解すべきであるのかという論点を提示する。言いかえるなら、貧困者たちが、いかに階層として摑まえられるのか、いかなる階層をなしているのかという論点を提示する。このとき、階層としての貧困者は、「生活保護制度＝公的扶助の網の目からさえもれて、あるいはそこからもはじかれて」いるものとして規定される。さらに、救急病院、宿所提供施設、厚生施設、諸施策施設からも「漏れていく」ものとして規定される。すなわち、社会からはもちろん、セーフティネットからも漏れ落ちながら、しかも一定の階層をなすものとして規定されるのである。では、個人化され個別化された貧困者の単なる集積としてではなく、そのような階層としての貧困層を、いかにして摑まえて発見することができるのだろうか。江口は、その社会調査において、生活保護基準以下の「生活の中に沈む」人々を探り当て、それを階層として取り出して差し出したが、その階層としての貧困層を規定するものは何であろうか。生活保護基準以下という規定以外の積極的規定はあるのだろうか。階級と階層の生産力的規定や生産関係的規定といったそれまでの論争点は措くとして、階層としての貧困層という規定は何を新たに押し出しているのだろうか。江口はこう書いていた。

勤労世帯の最上位の方は別として、中位以下には次のような傾向が強く家計の構造のなかに内蔵され、「生活不安」に大きな力を与えていることがわかるのである。少なくともそれが一挙的でないとしても、徐々に現実の「生活崩壊」へとつながる危険性と遠くないところに位置しているということである。すなわち、家計費目のうち、「公共料金」による価格で支払われ、また、社会生活をする上で、不可欠の費目、例えば、「電気・ガス・その他の光熱費」「保健・医療費」「交通・通信費」「教育費」「負担費(町会費)」などを「社会的固定費」というなら、この種の部分が1979年年10月の総理府家計調査での分析では25・3%に達する。これを収入階級別にみると第五分位階層は22・5%、第4が23・5%、第3が24・8%、第2が25・0%、第1が28・2%と低い層ほど高くなることが分析された。またこれは、実支出の費目に属するが、家計の中から支出されるものはそれ以外に「非消費支出」がある。これは税金と社会保障費(拠出金)であり、これが大きい。それは、1979年で実支出額の15%に達するのである。これは今後ますます大きくなり、しかも、上記と同じく低位な層ほどむしろ大きい。それだけではない。家計の全体をみると、これら以外に「貯蓄」と「負債」がある。これは上記の支出の前

にはじめから差し引かれるのである。（江口・川上 2009 : 209-210）

一見すると、相対的貧困論や絶対的貧困論のバージョンに見えるし、あるいは、生活不安や生活崩壊といった措辞に窺えるように剝奪論にも見えるのだが、そのように解してしまっては江口の議論の含意を取り逃がしてしまう。江口によるなら、生活不安や生活崩壊が生じてくる所以は、生活の社会化に伴う効果の一つとして消費欲求や消費欲望が過剰に掻き立てられているからというより、生活の社会化と一体化している公共化・国家化のために「社会的固定費」「非消費支出」「貯蓄」「負債」が大きくなっているからである。それがために、家計＝消費生活は硬直的となって「ゆとり」がなくなり、「その家計＝生活が現金で計れば大きくても、何か事故があればその生活をその社会的ステータスで続けることを不可能にし、転落のきっかけとなりかねないのである」。それだけではない。「社会的固定費」等が大きいがゆえに、何よりも「教養娯楽費」や「交際費」は削られて、生活の社会化に伴う然るべき消費の欲求は抑止され、その先には「社会的孤立」や「社会的脱落」が控えることになる。

ところで、問題は、あげて「内蔵」されている「傾向」にあるのだ。では、その「傾向」はどこからやって来るのか。江口の論述は不透明になっているが、国家から、であると言わなければならないはずである。福祉国家から、であると言わなければならないはずである。国家が徴収・収奪する「社会的固定費」と「非消費支出」、国家と企業が促進・強制する「貯蓄」と「負債」、これらが低所得者層をディーセントならざる階層として、また、貧困階層の予備階層として規定しているのである。この意味で、階層としての貧困層は、単に経済的にではなく、政治経済的に規定された階層であり、しかも国家と企業に隷従する階層である。剝奪論であれ低所得論であれ、貧困調査・支援はまさにその「根本的必然性」を絶えず見逃しているのである。

このような脈絡の中で考えると、小文のはじめに取り上げた近代的浮浪者、つまり、住所不定者 Homeless single persons といわれる人々が今日の社会において不断に、そして大量に生産されてくるひとつの根本的必然性がわかるのである。(江口・川口 2009 : 211)

ここでも江口の論述は不透明なままであるが、その「根本的必然性」はどこからやって来るのか(江口 1972 も参照)。現代にあって「生活継続上の憂慮と重圧」を呼び起こしているのは、「明日の米」のことではなく、「社会的固定費」「非消費支出」のことであり、「来月の家賃」「春の入学期の授業料」のことである。広い意味での公共料金・社会的経費のことである。あるいは、社会連帯や社会的包摂の担い手としての国民・市民のステータスを買い取るための会員費のことである。とするなら、国家と社会が強制する正規なるものこそが、生活の再生産を支えながらも危うくしていると言わなければならないはずである。その「根本的必然性」は、他ならぬ福祉国家に由来している。

とするなら、複数のセーフティネットそのものが、絶えず低所得者層を収奪して転落させ貧困を生み出していると捉え直さなければならない。複数のセーフティネットこそが、絶えず低所得者層を何重にも排除し、「溜め」を剝奪し続けている。複数のセーフティネットそのものが、すべり台を内蔵している。複数のセーフティネットそのものが、そこに伴う規制によって下位企業群をして、非正規雇用層の労働条件を悪化させている。端的に言うなら、福祉国家こそが、その成員を滑落させているのである。電力産業・電力料金ひとつとっても明らかだが、この「当事者」視点から見るなら、福祉国家・福祉社会はまさに国家独占資本主義として立ち現われてくると言ってもよいだろう。

ところが、江口の貧困論にしても、大方と変わらぬ実践的帰結しか引き出さない。江口は、先進国の低所得者層には、労働力を保有する部分とそれを保有しない部分の二つあるとして、後者に対する公的扶助の「拡充」をもって対策としている。

社会を構成する一定の階層は、現代の「貧困」——Deprivation の作用をまともにうけて、「低所得階層」と名づけうる特定のかの Deprived-Strata を形成し、一般の社会階層とは区別せられるのであった。こういうわけだから、これに対する生活保障の対策は、さしあたり特別のものが計画されるべきであろう。〔……〕それとともに、means-tested benefit として特別の「低所得階層」対策をすすめることは、safety net としての公的扶助制度を、働くものへの制度として一般化していくとともに、反対に実際上、非労働力たる者を主たる対象とする現行の公的扶助制度の拡充を、はかるものでもあるだろう。（江口 1979：42-43）

結局、貧困調査・支援の結論はいつも同じである。「施策から漏れてしまった人たち」に対して、「利用できる制度は、日本の全制度を見回してみて、現行では生活保護制度しかない」(湯浅2008:120)。そして、「反貧困」の相談活動によって、貧困者は各種のセーフティネットの窓口たる機関、福祉事務所や各種専門家へ手渡されていく。この自立支援のスタイルは二〇世紀を通していささかも変わっていない。例えば、一九一〇年の鈴木文治の言説と、一九一六年の笠井信一の言説を引いておく。

不良少年もあらう。子どもの極貧者もあらう。出獄人もあらう。乞食もあらう。病人もあらう。此等は凡て取扱者の周到及び注意に依って病人は慈善病院に、老廃衰弱のものは養育院に、不良少年は感化院に、一時的の窮迫者は職業紹介所に、子供は養育院、孤児院に、職業浮浪人は強制労役所にといふ風に振り分ける。即ち無料収容所の任務は此の各種各様の浮浪人を選り分けて各其所を得しめ、以て根本的救済の実を完ふする最低級の救済をなすに到る。(永橋1998:435)

智力足らざれば済世顧問は之れを補充し、職を得ざればこれを紹介し〔……〕貧困者の相談相手となりて、貧に攻められ、煩悶、憂鬱、漸次沈下するものを浮ばせるのである、例へば先づ貧困の原因を調べ、労働口即ち雇い手無きが為めに貧困なれば、村内の富者又は仕事のある人に紹介斡旋の労をとり、幼児あるが為めに働く事能はざるものには、幼児保育の道を周旋し、病気なれば慰安を与へ、尚進んでは済世会、赤十字療養所、慈善家の医師に依頼方を周旋し、何か心配の事に対しては親切に応じてやり、〔……〕又怠慢にして貧困なる者に対しては懇篤の説諭を加へ、尚説諭に応ぜざれば漸次に善導を試み、又或は市町村長、有志家、宗教家、警察官、其の他の官憲の助力を得て極力真人間となす事に努力するのである。(小野 1994:25)

この「取扱者」や「相談相手」が行政の手であろうが民間篤志家の手であろうが、「当事者」視点からは同じことである。貧困が「根本必然」的に絶えず生み出されるのは、セーフティネットがあるのに、ではない。セーフティネットがあるから、である。にもかかわらず、貧困調査・支援は、いつでも不可視な貧困者を可視化してセーフティネットへ送り返そうとする。全員を送り込めなどできないにもかかわらず、その一部を送り込み、その一部を取り逃がす。二〇世紀初頭から、官民は常に一体となって相互に補完し合いながらこのように人間を振り分けて選り分けて送り出してきた。その意匠は変わってきたが、それ以外のことはしてこなかったのである[*4]。ここに、隘路がある。

四　不可視化される国家

国家独占資本主義は、福祉国家・福祉社会として立ち現われる限りでは、社会から転落した人をセーフティネットでもって救済するはずである。つまり、国家は一方で徴収＝収奪しながら他方で給付＝贈与するはずである。問われるべきは、その両面の関係なのである。結局のところ、問い返されるべきは、「なぜ貧困が「あってはならない」のか」（湯浅2008 : 209）ということである。湯浅は、次のようなことを書いている。「野宿者」は、いわば炭鉱のカナリアである。

先駆けて警告を発する者たちを自己責任論で切り捨てているうちに、日本社会には貧困が蔓延してしまった。最近になってようやく、切りつけていたのが、他人ではなく自分の手足だったことが明らかになってきた。野宿者が次々に生み出されるような社会状況を放置しておくと、自分たちの生活も苦しくなっていく。労働者の非正規化を放置し続ければ正規労働者自身の立場が危うくなる、と気づき始めた。しかし同時に、今度は「生活保護受給者がもらいすぎている」「給食費を払わない親がいる」と、依然として新たな悪人探し、犯人探しに奔走してもいる。／手近に悪者を仕立て上げて、末端で割り食った者同士が対立し、結果的にはどちらの利益にもならない「底辺への競争」を行う。もうこうした現象はたくさんだ。（湯浅2008 : 206-207）

これは、実のところは楽観的な見方である。他人を切りつけることが自分を切りつけることに繋がるような、また、野宿者を放置しておくなら自分の生活も苦しくなるような、また、非正規化を放置するなら正規労働者の立場も危うくなるような、そんな打てば響くような関係が成立しているからである。しかし、社会なるものはそんな風にでき上がっているのか。自他の連帯や共同性についての道徳的説法を支えるような社会的なものなど存在しているのか。それは観念や想像にすぎないのではないのか。そこで、湯浅の「社会」の用法を拾ってみよう。

第一に、野宿者を次々に生み出すような「社会」という用法が見られる。では、はたして野宿者を再生産するような「社会的」仕掛けがそれとして存在するのだろうか。はたして「自分自身の剝奪」に陥る人を絶えず生み出すような「社会的」仕掛けが存在するのだろうか。仮にそんな「社会」があるなら、剝奪や排除の解決方向は、その「社会」に再包摂することではなくその「社会」を変えることになるはずだが、そんな「社会」の存在は実証されて正しく名指されているのか。第二に、貧民を傷つけることが自分を傷つけることになるような「社会」という用法が見られる。はたしてそんな「社会的」仕掛けがこの世に存在するのだろうか。他人を傷つけることが自分を傷つけることになるからということで、また、他人の不利益は自分の不利益になるからということで、他人を傷つけることを控えさせることに「社会的」にも成功するような仕掛けがこの世に存在するのだろうか。たしかに、湯浅は、その「社会」について通例の論法を行なってはいる。すなわち、非正規雇用者を切り捨てるのと同じ何らかの力が働くことによって、同時に正規労働者の労働条件が厳しくなっているという論法である。例えば、正規労働者の多忙化と非正規労働者の雇用条件悪化は対になっているという論法である。では、その「社会的」力は実証的に記述されてきただろうか。正規的なものと非正規的なものの両者を同時に苦しめる力、言いかえるなら両者にとって共通の敵、そんな「社会的」力の存在は証明されてきただろうか。それがそれとして正しい名で名指されてきただろうか。正規労働者と非正規労働者の双方の首を絞めている共通のもの、正規労働者をして明日は我が身とリアルに怯えさせるもの、そんなものが正しい名で名指されてきただろうか。第三に、野宿者を次々に生み出す社会状況を放置しておくと自分たち自身の生活も苦しくなっていくようにするような「社会」という用法も見られる。ここでも上と同じ一連の問いかけが出されるのだ。

これらの論点は、かつての福祉国家批判の論点に重なる。その代表例として、ここでは針生誠吉「福祉国家の本質」(一九六七年)を取り上げておく。

針生は、当時の西ドイツにおける法治国家と社会国家の関係をめぐる論争を参照しながら、現代国家における行政権の肥大化、資本主義と社会主義の混合経済化、雇用・所得・分配・国際収支に介入と規制を行なう積極国家、基幹産業国有化と社会保障前進による社会主義への平和的移行などの論点をあげながら、自己の立場を確認していく。それは当時にあっても教条的と評されうる表現ではあるが、針生の主張のポイントは、混合経済を国家独占資本主義として把握することによって、その中身が何であれともかく、混合経済＝福祉国家＝国家独占資本主義を社会主義への移行形態として認めないということにある。ところが、これも当時の教条的な表現になるが、その一方で、針生は、帝国主義段階の国家独占資本主義が社会主義への移行に不可欠な各種の「社会化」を達成するがゆえに、また、混合経済＝福祉国家はそれ以上の「社会化」を達成するがゆえに、その積極国家の公共的な介入・規制・統制機能は社会主義への移行条件を客観的に用意するものであると認めることになる。針生が付加するように、日本では福祉国家が実質化する以前に福祉国家論は単なるイデオロギーとして中間層を動員してきたわけであるが、それにしても社会主義への客観的条件を成熟させているのだと認めざるをえないことになる。要するに、針生に代表される福祉国家批判は、その資本主義的側面において福祉国家を否定し、その社会主義的側面において福祉国家を擁護するという両義的立場に立っているわけである。ここまでは後の各種リベラリズムと同じことであるが、事態はもう少し複雑になる。というのは、針生の社会科学的観点からするなら、国家独占資本主義は内在的かつ必然的に福祉国家的側面なくしては立ち行かないし、だからこそ不可避的に社会主義への移行を準備せざるを得ないと主張したいからである。まさにそこから批判は捻じれていく。不透明なものが漂い始める。針生の生存権をめぐる議論――それは現在の生政治・生権力論と同じ構図を含意する議論であるが――を引いてみよう。

今日の国家独占資本主義下における高度成長以後の段階において、救貧法的福祉国家論があやまりであることはいうまでもないが、さらに、単なる資本主義の修正原理とのみ理解したり、支配権力の譲歩とのみ理解する見解も、現在はもはや一面的なものとなってはいないだろうか。私は福祉国家及びその憲法的内容をなす生存権などの規定は、現段階においては、資本主義の修正や労働者階級への譲歩とみる面よりは、国家独占資本主義の、経済の内在的論理そのものの展開として出てくる面を重視しなければならないと考える。（針生 1967 : 40）

生存権保障を核とする福祉国家、公的扶助と社会保険を編成原理とする福祉国家、セーフティネットが張り渡されている社会は、経済の内在的論理の展開であるし、展開でなければならないし、展開であってほしいというのである。経済の内在的で不可避的な展開としてセーフティネットが現象しているとするなら、それを基盤としてその先に「社会主義」の名で呼ばれる状態への移行を希望・展望できるからには、「生存権の拡充そのものが支配層の利益であり、資本主義の内在的要求であるということ」、言いかえるなら、非正規労働者のセーフティネットの拡充と保護そのものが正規労働者の社会の利益でありその内在的要求であるということ、それは絶対にそうでなければならないのである。これが福祉国家批判のロジックのポイントであり、ほとんどの貧困論にとっての二〇世紀後半の歴史的アプリオリである。実際、針生は、徴候的としか言いようがないが、革新的官僚の言説を引きながらこういう書き方をする。

今日では更に一歩進めて低所得者層に対する生活配慮それ自体が、国民の側からでなく資本の側の必然的要求となっていることに注意しなければならぬ。つまり、ハンディを背負った諸階層に「健康で文化的な生活水準を保障することによって、その自立更生を促してゆくことは、福祉国家として当然すべきことである。同時に、そうした配慮があってこそ労働力の流動性が高められ、そのことが能率の高い国家を実現することにもなるのである。低所得者層に対する配慮を非生産的な単なる救貧対策と考えることは今では時代遅れになってきた」（経済企画庁昭和41年度版国民生活白書）と経済官僚たちはいっている。（針生 1967 : 48）

だから、針生によるなら、それが支配層の利益になると「能吏」がわかっているように、国家独占資本主義は否応なしに福祉を充実せざるをえない。さらに、「経済社会の発展に適応できない階層」、具体的に列挙されるのは、「日雇世帯、高齢者、母子、身体障害者、低所得農林漁業世帯、精神障害者など」であるが、それに対して「いっそうの配慮」をせざるをえない。支配層の利益からしてそうせざるをえないというのである。支配層は、そのように「自立更生」を促すことによって自らの墓穴を掘らざるをえないというのである。

この事情は別の仕方でも言い表わされる。国家独占資本主義はその「巨大な利潤」の吸収先を求めざるをえず、「ムダの制度化」が必須であるというのである。それには二つの選択肢があり、一つは「国防費、死の道具」への投下であり、もう一つは「福祉、生の道具」への投資である。支配層にとってはそのどちらの選択肢でもよいのだから、「勤労人民はまさに階級闘争によって、「ムダの制度化」を人民の福祉と平和に向けるべく激しく闘わねばならぬ、とする主張を正当化することになろう」（針生 1967 : 55）。こうして針生の実践的結論は、もっと福祉をという要求に落ち着き、もっと福祉を実現するならその先への希望・期待・願望も叶うということに落ち着くのである。

とすると、国家独占資本主義及びその官僚群が不可避的に遂行せざるをえない福祉・配慮の充実を促進してさえやれば、貧困層は無限に縮小して終には消滅すると期待してもよいはずである。仮に支配層が「兵営国家」に傾くならそれを阻止し、改良主義的な官僚と連携しながら改善を積み重ねればいつか貧困問題は消滅することにもなるはずである。しかし、この展望にはいささか楽観的にすぎるところがある。支配層が常に「ムダ」を生み出し、常に「ムダの制度化」を必要とするという想定が楽観的にすぎるのである。もちろん、生産力を高めるためにも非適応層を人的資本として「自立更生」させる必要があるし、そうせざるをえないという議論もあるにはあったし現在も「自立支援」に関して繰り返されているが、それとて楽観的にすぎるところがある。

この辺りについて、中鉢正美はこう書いていた。

福祉国家の自己調節は、政府与党とその行政権力に対する労働組合や反対野党の「対抗力」によって達成されるが、これはまた、市民としての権利を十分に発揮できない未組織の社会諸階層が、福祉国家の生活保障から脱落してしまうことでもある。そしてその数がわずかになればなるほど、その声は小さく、「見えない貧困」として繁栄する社会のかげにかくれてしまう。しかしそれだけであれば、やがてこの市民権なき貧困層は無限に縮少して終には消滅するものと楽観することもできよう。その間これらの人々を救済するのは、在来個人の自発的活動にまかされていた社会事業を、福祉国家が自らの責任において実施する、いわゆる社会福祉行政にまかせておけばよい。ところがこの古い貧困のマイノリティ化がある段階に達したとき、新たに経済成長から脱落する貧困層が重層的に形成され、その下層から伝統的な貧困層への不断の流入がおこるようになると、ここに古い貧困文化の新たな悪循環が、福祉国家の体系とは別に独自の体系として再生産されるようになるのである。(中鉢 1972 : 10)

中鉢によるなら、「貧困の新しい形態は、もはや産業資本主義段階において資本の自己増殖過程から導きだされた階級闘争の理論だけをもってしては完全に解くことはできない」。この意味は誤認されやすいだけに正確に理解されなければならないので言いかえるが、二〇世紀後半に幾度となく再発見されて可視化された貧困は、もちろん社会からの脱落なのであるが、その社会はもはや自己増殖など目指しておらず自己再生産や持続可能性に汲々としているだけであって、そのためには貧困者の保護をおのれの利益などにはしていないということである。そして、中鉢は、この社会の再生産過程が生政治的色調を帯びていくことに関して、こんな指摘をしていた。「福祉国家＝体系の再生産」とは「ことなる独自の運動法則によって再生産される社会諸階層の論理」を捉えなければならないが、それを「社会構成員各自の欲求充足過程における生涯周期の再生産を規定する論理」として摑み出さなければならない、とである。すなわち、福祉国家の再生産が個人生活の再生産と重なる限りにおいて、その個人たちはいわば正規の支配層を形成していくのだが、まさにそこから滑落する階層は「別に独自の体系として再生産される」と見通すのである。

とすると、国家の眼としての貧困調査・支援は、一方で、「見えない貧困」の一部を可視化してそれを「福祉国家＝体系の再生産」へと繰り入れつつ別の体系を未然に解体し散在させて不可視化しながら、他方で、そこにおける国家の働きそのものに決して光をあてることができずに国家を不可視化し続けていると言うことができる。とするなら、貧困調査・支援に求められることは、一方で、潜在的で可能的な別の体系をそれとして感知し感知させることであり、他方で、福祉国家＝体系を再生産しながらそれとは無縁に別の体系を排出し続ける国家の働きそのものを暴くことであると言うことができる。そして、何より求められるのは、社会調査一般の背景理論たりうる社会科学の再生なのである。

文献

江口英一「貧困層と生活構造」氏原正治郎他編『社会福祉と生活構造――篭山京教授還暦記念』光生館、一九七二年

江口英一『現代の「低所得層」上』未来社、一九七九年

江口英一「見える貧困・見えざる貧困――低成長下の一側面」再録：江口英一・川上昌子『日本における貧困世帯の量的把握』法律文化社、一九八三年

小野修三『公私協働の発端――大正期社会行政史研究』時潮社、一九九四年

唐鎌直義・大須眞治「「社会階層」にもとづく社会的事実の発見」江口英一編『日本社会調査の水脈――そのパイオニアたち』法律文化社、一九九〇年

倉石一郎『差別と日常の経験社会学――解読する〈私〉の研究誌』生活書院、二〇〇七年

澤野雅樹「淫らな好奇心――おもに『浮浪者に関する調査』における」『寄せ場』一九九五年、八号

田巻松雄「寄せ場を基点とする社会学の射程――「中央」と「周辺」および「勤勉」と「怠惰」をキーワードにして」青木秀男編『場所をあけろ！――寄せ場／ホームレスの社会学』松籟社、一九九九年中川清『日本の都市下層』勁草書房、一九八五年

永橋為介「1910年代の都市大阪を事例とした「浮浪者」言説の構造」『ランドスケープ研究』一九九八年、六一（五）

中鉢正美「生活構造と社会福祉」籠山京教授還暦記念論文集刊行会『社会福祉と生活構造――籠山京教授還暦記念』光生館、一九七二年
西澤晃彦　解題『浮浪者に関する調査／水上生活者に関する調査』日本寄せ場学会編『寄せ場文献精読306選――近代日本の下層社会』れんが書房新社、二〇〇四年b
西澤晃彦「東京市社会局と草間八十雄」日本寄せ場学会編『寄せ場文献精読306選――近代日本の下層社会』れんが書房新社、二〇〇四年b
原田東風『乞食／貧民窟』（一九〇二年）再録『[明治・大正]下層社会探訪文献集成2』本の友社、一九九八年
針生誠吉「福祉国家の本質」鈴木安蔵編『現代福祉国家論批判』法律文化社、一九六七年
湯浅誠『反貧困――「すべり台社会」からの脱出』岩波新書、二〇〇八年
渡辺芳『自立の呪縛――ホームレス支援の社会学』新泉社、二〇一〇年

*1「探訪」の嚆矢とされる原田東風は、「乞食」は独自の「社界」をなすと捉えながらも、同時に、都市下層民を、代々の家族持ちの貧民、上層から落下して雑業に就いた貧民、鰥寡孤独の貧民の三種に分類し、しかも「社会の罪」も指摘しながら複数の対策を指摘しており、それらは後の社会調査者による提案と本質的に変わるものではない。原田（[1902]1998：31, 83-88）参照。したがって、貧民の「社界」が歴史的にどう変容したかをあたらためて検証しながら、「社界」の異質性と固有性を可視化する「探訪」を再評価する必要がある。

*2可視化の好奇心や欲望について自己反省を書きつけることをもって調査研究とするものが多い（例えば、

渡辺 2010 : 42)。その自己反省は、自己教育的で教養小説的な物言いにもなる(例えば、田巻 1999; 倉石 2007)。そのような言説も淫らであると言ってよいだろう。

*3 江口らの貧困調査の概要については、以下が明快で有益である。唐鎌・大須(1990)。

*4 江口社会調査の評価をめぐる論争の過程で、生活調査、口述生活史調査などが対比的に強調されてきたが、それらはマイノリティ研究や差別論のフレームで貧困を調査研究する系譜に連なっている。もっと広くとれば、疎外論のフレームにおさまっている。そして、社会学界内部だけをとるなら学派の違いなどを言い立てての異論も出るであろうが、他の学問領域に少し視界を広げれば、あるいはむしろ、福祉国家の国家性を不可視化するという観点から見直すなら、江口社会調査の系譜——それは厚生経済学的貧困調査に連なる系譜でもある——とそれに対立する系譜に大差はない。ただし、この論点については、本稿では示唆にとどまる。

死に場所を探して

尊厳死論議の不快

尊厳死への賛否を二択で問われるたびに、ことに、欧米の一部の法制度を真似したがる議員がうごめき始めるたびに、「死に方に、尊厳もクソもない」とか、「どんな死に方であれ尊厳がある」と言い返したくなる。あるいはまた、尊厳死を屁理屈としか言いようのない議論でもって弁証せんがために、将来ある若者や余裕ある学者が深刻そうな顔をして論じ合うというそのことが退廃していると言ってやりたくなる。けれど、こんな言い方をしたところで、返ってくる反応はいつも同じだ――現場で当事者は困り果てている、と。だったら、困り果てればよいではないか。その果てに捨て置いたってかまわないではないか。責務や義務の放棄として批難されたら困る？だったら、批難を甘んじて受ければよいではないか。現場で当事者がおのれの責任でもって事に当たればよいではないか。けれど、こんな言い方をすると、歴史を多少知る者から返ってくる反応はいつも同じだ――阿吽の呼吸ってやつですね、昔日のハリウッドルールってやつですな、熟議に基づくコンセンサスを大切にする現代では、それではやっていけないのですよ、と。冗談ではない。この手の問題でコンセンサスを得ようというのが間違えている。法制化など、最もやってはならない領分である。阿吽の呼吸、ハリウッドルールで一向にかまわないし、どう見てもそれが正しいのである。もちろん、事は刑事に接するので何ほどかのルールは必要だが、そこは、例の「警察による適宜の介入」「判例の積み重ね」による市民社会におけるルール形成で十分である。この件で何も新たにやることはないし、やるべきこともない。

少しばかり妥協的な言い方をしておくなら、本当の問題は、医療専門家にしても政治家・役人にしても、熟議や国民的合意を日程に上せる以前の段階にとどまっているというところにある。法制化以前に片づけられるべきことが何一つ片づけられていないのに、あまりに時期尚早なのである。

ところで、昨今の動向には、看過すべきではない事情も加わっている。欧米の一部の法制度や学界の動向から推すなら、どうやら「終末期」ということに、遷延性植物状態・最小意識状態・筋委縮性側索硬化症・超未熟状態も入れ込もうとしているようなのである。どうやら「終末期」を意図的に曖昧に規定し、あるいはまた予後・余命に関して形式的・時間的にだけ規定しておいて、できるだけ広い範囲の人間を早く死なせたがっているし殺したがっているようなのである。しかし、何度となく指摘されていることだが、そうした状態のほとんどは、いかなる意味においても終末期ではない。「通常」の医療や看護や介護があれば生き延びることができる状態である。その「通常」が、よしんば二四時間の医療・看護・介護を要するとしても、それが「通常」の範囲におさまることは動かしようがない。妥協して言っておくなら、よしんば「ただの生」を生き延びるにすぎないとしても、現在の国家は国民・市民の生存を医療的・公衆衛生的に保障することをその原理原則として多大な税金・保険料を徴収しているからには、また、そのための総額は大きなものになるはずがないからには、そんな状態の人間が生き延びるに必要な人員・資金・資源を配分してから、その後に、「真の」終末期の人間のなかに、多少は早く死にたいという人間がいるなら、その通りに早く死なせたらよかろう、そうしたまえ、それでかまいはしない、ということになる。この点でも、法制化の企みは、あまりに時期尚早なのである。

先進国の腐臭

それにしても、尊厳死について議論している状況、議論させられてしまう状況は、どこか腐っている。その感触をどう言葉にしたものかと思うが、宇野重規は、『政治哲学へ――現代フランスとの対話』（東京大学出版会、二〇〇四年）で、昨今の倫理ブームに違和感を表明するところから始めている。

「政治の世紀」が終焉したことによって、「倫理学の復活」が見られるようになってきたが、それはある意味で当然のことである。「もはや個人の生や行動を律する諸規準を政治に見いだせない以上、人々はそれらを倫理学の中に見いだそうとしたと理解できるからである。国家や他の集団が駄目なら、残されるのは、各人の調整能力しかない。政治学の不振こそ倫理学への熱い視線の原因であった。反面、はたして政治学の不振が倫理学の発展によって完全に補いきれるのか、という疑問は残る」（二一〇頁）。そして、宇野は、いささかその素朴さに打たれないでもないが、その残る疑問についてこう書いている。「先進国で胎児の権利や臓器移植といった生命倫理が問われているのと同じ瞬間、地球の別の場所では、基本的な食料や医療すら与えられず多くの人々が死んでいる現実をどのように考えることができるだろうか」(二二頁)とである。ところが、宇野は、知識人にありがちなことだが、この問いを投げ出したまま放って、最後まで答えを与えていないので、少し考えておきたい。

宇野のような物言いをする知識人は実に多いが、こう問い返すべきであろう。あなた方がそんな疑問を呈するのなら、「基本的な食料や医療」の世界的に公正な配分が、これまで先進国の内外で叫ばれながら、どうしてさほどの変化も起こっていないのかについて真剣に考えたことがあるのだろうか。あなた方のような善意の人が沢山いるのに、あなた方に言わせると事態は変わっていないし、むしろ悪くなっているというのだから、どうしてそのことを不思議に思わないのだろうか。あなた方はそのことについて考えてきたのだろうか。過去数十年にわたって、国際諸機関は「基本的な食料や医療」の配分について多くのアプローチを提唱し実行し失敗してはとっかえひっかえしてきた。それに調子を合わせて、あなた方も言説をとっかえひっかえしてきた。どうしてそんなことが繰り返されてきたのか。不思議には思わないのか。そこにこそ疑問を感じないのか。そもそも「基本的」な食料や医療とは何であり、それはどこにおいて生産されるべきで、どこにおいて調達されるべきだろうか。国際的な配分ということでは、いつでも先進国の所有になる現物や人材の善意の贈与的な配分が念頭に置かれてしまうが、それでよいのだろうか。どうして贈与や配分は成功しなかったのか。善意が足りないからか。アプローチが悪かったからか。

そもそも発展途上国の歴史と現状と潜在力を「われわれ」は認識してきただろうか。それを破壊することなく擁護してきただろうか。先進国の罪責と責任は、植民地主義・人道的介入などという一般用語でもって一括して語られて済ませられるようなことではなかろう。要するに、「われわれ」は、発展途上国について何も知らないし、何も知らないまま、まるで「われわれ」のヘゲモニーでもって事態を改善できるとだけ思い込んでいる。だからこそ、地球全体を見渡す位置へと舞い上がれるのである。

次に問い返すべきことはこうなる。仮に宇野の情勢認識通りであるとして、「地球の別の場所」に照らしたとき、先進国の「胎児の権利や臓器移植」といった問題、尊厳死や終末期をめぐる問題に対して、あなた方はいかなる態度をとるのか。先進国の平均寿命は長く発展途上国の平均寿命は短いわけだが、その寿命の平等を求めるつもりがあるのか。そのつもりがあるとして、どうやって実現するつもりなのか。先進国の終末期の人間を早く死なせることが国際正義にかなっていると主張する用意があるのか。救急医療のスタッフを先進国市民からはぎ取って、支援や援助のごとく一時的にではなく、恒久的・制度的に発展途上国に配置し直すのが政治的にも経済的にも正しいと主張する用意があるのか。先進国の「基本的」な医療によって生き延びることのできる状態の人間をどうするのか。その「基本」は国際基準を超えているからということで少なくとも公的には承認するべきではないと主張する用意があるのか。要するに、国際正義――国際的な社会正義や分配的正義――の言葉だけ持ち出す「われわれ」は、こと「基本的な食料や医療」については具体的には何も考えていないのである。

こう問いを重ねていくと鬱陶しくなってくるが、それでも、宇野が投げ出した問いそのものは正しく立てられていると思う。「別の場所」では「基本的な食料や医療」もないまま死んでいるのに、この日本国では終末期の「基本的」な医療を差し控えるべきかどうかについて学界・政界で贅沢な熟議を行なっているのだ。ここには腐臭がただよっている。この日本国内の「別の場所」では「基本的な食料や医療」を求めても与えられないまま死なせられているのに、日本国内の別の場所では「基本的」な医療が過剰だからということで差し控えられている。ここにも腐臭がただよっている。この腐敗した状況を変えるにはどうすればよいのか。問いを投げ出すだけでやめないために、尊厳死論議に関わる限りで一定の答えは書いておきたい。そこで、妥協的な言い方として、尊厳死論議に関して既に指摘されている二・三の問題点をあらためて強調してから、いくらかは非妥協的な言い方で、尊厳死を求める「われわれ」に対して物を言っておく。

終末期／治療／事前指示・自己決定

①終末期の定義が、専門家集団のガイドラインにあってさえ、まったく曖昧であることは何度も指摘されている（加藤尚武「終末期医療のガイドライン——日本医師会のとりまとめ報告書の比較検討」飯田亘之・甲斐克則編『終末期医療と生命倫理』［太陽出版、二〇〇八年］参照）。しかし何ら改善はされていない。むしろ、広範囲の状態も対象に繰り込むために意図的に曖昧にして放置していると疑われもする（遷延性意識障害などについての最近の知見については、戸田聡一郎「遷延性意識障害に

おけるケア提供と資源配分に関する倫理的諸問題——日本に特異的な診断基準からの一考察」『生命倫理』二一巻一号［二〇一一］、武ユカリ「最小意識状態の患者の医療に関する意思決定」『シリーズ生命倫理学・臨床倫理』［丸善出版、二〇一二年］参照)。

これは許しがたいことであると言わなければならない。ただし、私は、終末期の定義を同一・一律に定めるべきであると言いたいわけではない。終末期の定義について厳密な合意は必要ないし、医師会全体で統一する必要もない。一定の範囲内で病院や医師ごとにバラバラであってよい。バラバラであったほうがよい。そのとき肝心なのは、それぞれの定義がそれとして公開されて周知されることである。また、それぞれの定義はいささかも曖昧ではなく隅から隅まで明確になっていなければならない。例えば、終末期の典型と目されているはずの癌をとってみる。これについて、末期癌状態・余命数か月といった程度の定義で許されるものではない。癌にはさまざまな種類がある。末期にもさまざまな状態がある。余命の推測根拠にもさまざまなものがある。それらをすべて場合分けして明示しなければならない。しかし、それでもまだ許されるものではない。そもそも末期についてまともな調査が行なわれたことがないのだ。たかだか数人のチームが、おのれの見聞する限りでのレポートを学界の片隅で散発的に発表しているだけである。ところで、専門家が尊厳死を問題化してきたのは、末期癌に対する無益で無駄な治療を停止して、病院内・日本国内の資源を効率的に運用するためでもあったはずである。とするなら、末期の状態はそれまでの全治療経過に規定されてもいるはずであるから、どの治療が有効でどの治療が無効であるかを判定するためにまともな調査を行なうためには、すべての癌患者のすべての検査歴・治療歴・入院歴が集められる必要がある。また、すべての医師所見・看護日誌が集められる必要がある。つまり、これには異論が出るだろうが、私は、癌患者全員の個人情報がすべて集計されるべきであると考えている。そこまでやって初めて、初期から始まり末期を経て死期に到る癌とその治療の全過程について評価を加えることができるからである。さらに言っておくなら、末期癌の悲惨な状態に対するそれまでの治療の責任の持ち分を明確にすべきであり、専門家は自らを省みる責任を果たすべきである。同じことは、終末期の典型と目される脳や心臓の患者についても言える。そもそも末期の悲惨な状態の原因を考えるとき、患者の衰弱を急激かつ無意味に促進してもいるはずの治療（脳の場合は、とりわけ冒険的な治療）についての調査・反省を抜きに、専門家が尊厳死について云々すべきではない。

②比較的小さな論点ではあるが、治療不開始・治療差し控えが論じられるときの治療概念の曖昧さを指摘しておきたい。通常、こう論じられている。終末期の患者に対する「治療」は「無益」な場合がある。その場合は、医師の「治療」義務は解除されてよいし、それを保証する法制化が必要である。ただし、こんな但し書きが加えられる。「治療」を差し控えるとしても、「緩和」や「看護」や「介護」や「ケア」は必要である。通常、「治療」の例示はこう為されている。終末期において医学的に「無益」な「治療」は、透析機器使用、人工呼吸器使用、心肺蘇生法実行などである。場合によっては、水分・栄養の補給である。したがって、この限りでは、論旨は一貫しているようには見える。医師には「治療」義務がある。しかし医師は特定の「治療」義務を放棄したい。それを罰せられたくない。そこで、医師はその「治療」を「無益」と形容する。

医師は、医学的に「無益」な「治療」なら、当たり前のことだが、むしろ行なうべきではないからだ。

では、問い返したいが、医学的に「無益」な「治療」は、そもそも「治療」と言えるのか。医師が医学的に「無益」な「治療」をして侵襲するなら、それは医療でも治療でもなく端的に犯罪ではないのか。すでに長きにわたって医師は犯罪を為してきたとでもいうのか。尊厳死論における医学的無益性の議論はどこか怪しげなのである。

このことは、「無益」な「治療」を停止した後に、病院や在宅で行なわれると想定される実践についても言えることである。そもそも「緩和」は治療なのか。「緩和」は医療なのかケアなのか。ケアは医療なのか看護なのか介護なのか。医師は有効な治療はなくなったということで治療の一切を放棄したはずであるのに、どうしてその後で、「緩和」を医療と称して行なうことができているのか。「緩和」は医学的に無益ではないのか。「緩和」が終末期の尊厳を保証する最も重要な実践であると目されているにしても、どうしてそれがおのれの為すべきことを果たし終えたはずの医師の領分におさまるのか。事は終末期の医療化の評価に関わっているが、その手前のところで、「緩和」に続く単語が「医療」であったり「ケア」であったり「看護」であったりする現状に、何か怪しげなものを感じ取るべきである。

これは小さな論点である。だから無視して流してもよいのだが、その怪しげなものを鮮明にするために、あえてこう主張しておく。医師が患者のために為しうる「治療」が尽きてしまい、さらに「治療」を行なうなら医学的に「無益」にしかならないと見なすのであるなら——そういう場合はあるし、あるからこそ精確な調査と厳格な反省が要るのだ——、それ以後は、患者は医師の手を離れるべきであるし医師は患者を放すべきである。それ以後の実践は、決して「医療」や「治療」と呼称されるべきではない。したがって、私は、それ以後の「医療」機器の使用も「医療」に含められるべきではないと考えている。

③欧米の一部では事前指示書が制度化されている。ところが、この事前指示なるものは、たかだか心肺蘇生・緩和・抗生剤・昇圧剤・人工呼吸器・栄養補給程度の項目についての、あまりに一般的で包括的な選択になっている。それは、「指示」とも「自己決定」とも呼べるような代物ではない。本人が自らの治療方針について「指示」し「自己決定」すると言えるためには、当たり前のことだが、本人に起こりうる病状のすべてについて、その医学的治療方針のすべてについて、「指示」し「自己決定」するのでなければならない。一般人も、医師と同等以上の知識をもって治療方針の「決定」を行なわなければならない。そうでなければ、それは「指示」でも「自己決定」でもなく、ただの隷属である。あらかじめあてがわれた粗雑な選択肢に奴隷的に服従するだけである。榎並重行『ニーチェのように考えること——雷鳴の轟きのように』（河出書房新社、二〇一二年）の一節を引用しておく。

国家に厳格な法と冷厳な規律の強制を求め、その実行を促す言説を連ねてやまない者たちがいる。彼らが、その目的として、公共の確立、社会の安寧、秩序の維持、道徳の復興などを言挙げしていても、それらは言説にそれらしい威厳を付けるための装飾であって、彼らの動機ではない。そこに表明されている欲求からより直截に読み取れるのは、彼ら自身が命令に、より絶対性の命令に飢えている、ということだ。そして、紛う方なき力の体験に渇している――、というのも、彼らは彼ら自身の意志の欠乏に窃かに気づいている、同時に、意志を自己命令と解して怪しまないからだ(九一頁)。

事前「指示」・「自己決定」と法制化の関係は、このようなことなのである。そこは措いて妥協的に進めるが、現実には、すべてを開示して、すべてを判定するというわけにもいかない。どうしてか。医師にその知識と知見がないからである。そして、一般人にとっては面倒だからである。だから、一般人の側からするなら、専門職たる医師に相当部分を委ねても理にかなっている場合は多い。しかし、それでも、上の当たり前のことは動かない。では、どうすればよいか。簡単である。各医療機関と各医師が、病状や病態に応じた治療方針と治療放棄方針をすべて書き出して公開しておけば済むことである。それで初めて、「指示」と「自己決定」は、公式には実質化することになる。その先は各人次第である。

最後の瞬間においても、「最終審級」という孤独な時の鐘は決して鳴らない(アルチュセール)にしても

尊厳死論議に妥協的な書き方はやめて、冒頭の語調に戻すことにする。私は個人的には、一般人が尊厳死を求めたくなるのは諒解できる気がしている。そして、典型として想定される場合については、それを肯定してもよいと思っている。ただし、医師がそれを求めたり学界・政界が法制化を求めたりすることに対しては、冗談も休み休み言え、自分の責務を果たしてから物を言え、と思っている。

その上でのことだが、一般人が尊厳死を求めることは、実は医療界を意外な形で掘り崩していくのではないかとも予想している。というのも、私の理解では、尊厳死を要求することは、「過剰」で「無益」な「治療」を拒むことであり、短いながらも医療の手を離れた人生を求めることであって、それは医療化や病理化に対する批判を含んでいるからである。そして、その批判は、「通常」の医療に対する批判にまで及ぶかもしれない。もちろん現状は、私の思惑など関係なく進行している。死期の医療化や病理化は在宅医療という何とも奇怪な呼称の下で進められているし、死期にまとわりつく各種の専門家の数は増えるばかりである。

そんな事情もあり、現状で無反省に尊厳死制度化を要求することは少なくない病人に害を及ぼすから、尊厳死を求める一般人にはこう呼びかけておきたい。尊厳ある死を迎えたいというのなら、医療を離れたまえ、とである。諸君が、医療を拒んでおきながらそれ以後も病院や各種中間施設や自宅で「医療」資源を使い続けるというのは、どう見てもおかしい。諸君に費やされる資源を、尊厳死論議のせいで害をこうむっている人々に回すべきである。諸君は、緩和医療も拒むべきである。看護や介護も、排尿・排便処理も清潔維持も拒むべきである。それらは病院内や施設内で行使されるべき「権利」であっても、その外で行使できる「権利」ではない。そもそも病院や施設の専門家がそんな「権利」を保証する「義務」はないと言い出し、諸君もそれを承認したからには、死に場所を別に探すべきである。他人の力がどうしても必要というなら、保険から離脱して自費で誰かを雇用したまえ。なにしろ諸君は、終末期の死期にあるのだから、短期間の褥瘡や疼痛などは、基本的に独りで堪えるべきである。自然に死にたいというなら、人の手を離れるべきである。

極論に見えるかもしれないが、さほどのことを言っているわけではない。例えば、救急救命においてＤＮＲ（心肺停止に対して蘇生措置を行なわないこと）を事前指示する項目が入れられるべきかどうか議論が延々と続けられているが、それ以前に、「救急車に乗せるな」「病院に運ぶな」という項目を入れておけばよいだけのことである。

要するに、尊厳死の要求は、尊厳ある孤独死の要求へと書き換えられるべきである。残る問題は、単なる衛生問題だけである。

モラリズムの蔓延

一 「体感不幸」「体感治安」

人口一〇万人あたりの年間自殺者数は、WHOの国別の集計によると、日本国は中位と上位の間あたりに位置しているようである。ただし、国別の集計にはいわば恣意的なところがあって、デュルケム『自殺論』は、当時のドイツ全体の集計値ではなくドイツ帝国を構成する領邦単位の集計に依拠していたことを想起しておきたい。他方、国別の集計に代えて、国内における別の集計単位をとると、例えば、高齢者の年間自殺者数は相当に大きくなる。イラク特措法によって派遣された自衛官のそれはさらに大きくなる。ただし、高齢者にせよ軍人にせよ、国別に比較すると、年間自殺者数にはかなりの散らばりがあり、高齢者が若年者に比して、あるいは、軍人が民間人に比して必ず自殺者数が大きいというわけでもない。なお、これは都市伝説の類ではあるが、理工系学生のそれは大きく、哲学系学生のそれは（意外にも？）小さいと言われるように、集計単位のとり方によって状況の相貌はいかようにでも変じてくる。要するに、年間自殺者数が問題とすべきほど大きいか否かということについては、たぶんに社会的に構築されている面があるということではある。

その一方で、あらかじめ確認しておきたいのは、自殺は精神衛生問題・社会問題・労災問題として構築されその解決のためのさまざまな施策が打ち出されてきたが、集計数の変化でもって評価するなら、それらはまったく有効ではないということである。特定の企業・軍事部門・地方自治体を集計単位に設定し数年間の追跡調査を行なって成果をあげたとする個別的対策の報告は国内外に散見するが、それこそ全体的に見るなら、その成果を検出できるような施策は（いまだに？）行なわれてはいない。早くから自殺予防対策を始めたハーバード大学はそのカウンセリング機関を通して特定の学生を直ちに大学外部の専門機関に送付することによって[*1]、あるいはまた、いつのことからか企業・大学は構内の建物の屋上を閉鎖したり監視カメラを設置したりして自殺場所を敷地外へと変更させることによって局地的な対策はその成果をあげてきたとみることはできるが、全体として（いままでの？）自殺予防施策の有効性はきわめて疑わしいのである。

事情がこのようであるので、年間自殺者数の変化は、さまざまな自殺予防施策にもかかわらず、あるいは、それら自殺予防施策をも要因の一つに繰り込みながら、個人の意図や集団の意志を越えた形で変動する客観的で歴史的な現象であり、デュルケムの筆法を借りるなら自然現象のようなものであるということになる。もちろん、だからといって施策が停止されることはない。かえって盛んに企画されるだろう。そして再び同じ話になるということがデュルケムの時代以来繰り返されてきたことではある。

しかし、時代の空気は変わりつつある。自殺予防施策が全体として有効ではないことを十二分に承知しながら、自殺を予防するというそのことが道徳的に重要であるということをもって、すなわち、社会的にでも政治的にでも法律的にでもなくまさに道徳的に重要であるということをもって、裏から言うなら、自殺そのものが道徳的に間違えているということをもって、社会的・政治的・法律的施策を企画し執行しなければならないと信じられているかのようなのである。この変化は、犯罪発生率をめぐる動向と並行的である。よく指摘されるように、近年の刑事事件の発生率、少なくとも重大事件の発生率はさして高まっていないし、一時的であるかもしれぬにせよ低くなってもいる。ところが、これもよく指摘されるように、「体感治安」は悪化している。私的なレベルでは、身の回りの危険度は増しているとの感覚が広まっている。古典精神分析の筆法をもってするなら、ファミリーや親密圏に対する過保護の度合いが増すにつれその反動形成と投射を通して見知らぬものに対する「体感」不安・敵意が神経症的に増しているわけであるが、そんな分析などどこ吹く風とばかりに、厳罰化の要求が、ここは重要な点だが、それだけではなく矯正や監察の要求も高まっている。そして、これと並行して為政者・統治者の「体感治安」も悪化しているようであり、特段の有効性を期待できないことは重々承知しながら、各種の法令や条例を制定し続けている。こんな動向について、大屋雄裕はこう書いている。

> 統計的な幸福とこの私のあいだには常に一定の乖離があり、そして我々のリベラル・デモクラシーが**個々人**の自由な幸福の追求を保障するものであるならば、我々が重視すべきなのはむしろ**個々人にとっての体感幸福**であり、**体感治安**ではないかと思われる[*2]。

大屋の筆法をもってすれば、われわれが重視すべきは、自殺者数をめぐる体感不幸である。そして、国家が不幸の回避の追求を保障するものであるなら、重視すべきは体感治安ないし体感平安である。とすると、体感不幸を減らし体感平安を増やすための施策は、その有効性の有無にかかわらず、それが内蔵する道徳性の如何にかかわらず、いやむしろ国民の道徳（感情）があるからにはなおさらのこと、それとして推奨されるということになる。しかし、それはリベラリズムだろうか。デモクラシーだろうか。そんなに簡単に妥協してよいものだろうか。そこはともかく、かくも時代の空気は変わってきたわけである。

二 「自傷のおそれ」――リベラリズムが「躓く」場所

「自傷他害」に関する刑法の領分をいかに定めるかという論点をめぐって主要な思潮をなしてきたのはリベラリズムである。その代表者の一人として、ジョエル・ファインバーグの議論を振り返っておく。ファインバーグは、刑法の原理原則を通例のごとくこうまとめている。「危害(harm)原理と不快(offence)原理が、そしてそれだけが、刑法という手段による国家の強制(coercion)にとって、重要で好ましい理由を告げるのである」[*3]。すなわち、国家が刑法を介して私人の自由を奪ったり私人に強権を行使したりしてよいのは、誰かが誰かに対して現に危害・不快を加えた場合、あるいはまた、危害・不快を加える明白で急迫したおそれのある場合だけであるというわけである。では、自殺／自殺未遂の場合、危害なる語を用いて言いかえるなら、誰かがおのれに危害を加えた場合／危害を加える明白で急迫したおそれのある場合は、どうであるのか。前者に関しては、ファインバーグに限らず、およそ近代人は、仮に自殺が何らかの危害・悪行であったとしても、それに対して何らかの刑罰を加えることは根本的に意義がないと考えてきた。仮に自殺が生命（の尊厳）を侵害する罪であるとしても、それは加害者も被害者もいなくなった犯罪であって、刑罰を加えようがない。よしんば宗教的制裁に倣って葬礼を禁ずるとか記念碑に名を刻まないとか象徴的な刑罰を加えたところで世俗化した近代にあっては何の抑止効果も期待できない。これが近代的コンセンサスであるが、ここで注意しておくべきは、リベラリズムにおいて、自殺が危害・悪行であるか否かの判断については曖昧なまま留保されてきたということである。そこが自殺未遂に関して露骨な形であらわれてくる。実際、ファインバーグは、半ば無自覚に領分を越え出て、ある重大な区分を持ちこむことによって自殺未遂に対して国家が介入することを容認していく。あるいはむしろ、その理路をどう呼ぼうが（リーガル・モラリズム、パレンス・パトリエ、等々）自殺未遂に対する介入を積極的に追認していく。

ジョン・スチュアート・ミルの態度を基本とする人なら誰でも、こう議論を進めるだろう。ある人が自分自身の生命を終わらせたいと望み、そのことで他の誰の利益も直接には悪化されないとするなら、その人にはそうする権限があるし、法が介入してはならない。結局のところ、それはその人自身の生命であり他の誰の生命でもないし、その人の選択だけがその運命を決定すべきである。しかし、もしも、通常は平穏な知人が、強い薬物をずっと使用してきたために突然に逆上して肉切り包丁を摑み上げ、明らかに自分の喉を切ろうとしているのをわれわれが見ることになるなら、そのとき、われわれには介入して妨げる権利があるだろう。そのようにして妨げるとき、われわれはその人の本当の（real）自己に介入しているのでもその人の本当の意志を妨害しているのでもない。それはわれわれが為してはならないことだ。しかし、薬物で惑わされたその人の自己は、その「本当の自己」ではないし、逆上の中でのその人の欲望は、その「本当の選択」ではないのであるから、われわれは、その人の自律的な自己に対する脅威に対抗してその人を防御してもかまわないのである。〔……〕誰かが別の誰かにその意に反して危害を加えたり悪行を為したりすることに介入しそれを妨げることはリベラリズムに反しないのと同様に、以上の根拠に基づく介入もリベラリズムに反しないのである[*4]。

この論法には多くの混乱が含まれているが[*5]、いまはファインバーグがそこから引き出す結論だけをたどっておこう。ファインバーグは、自殺防止の私的実行を他者の自由権侵害として罰することはしないという意味で、「何らかの私的介入」を合法化するべきだとする。ところが、ファインバーグは、いつの間にか、一時的錯乱を狂気全般に拡大適用し、「明白に狂った（demented）自殺未遂を妨害することは犯罪にすべきではない」と要求し、「私的介入」以上の「何らかの公的介入」を要請していく。そのお馴染みの理路は、こうなっている。本当の自己と本当ではない自己の違いを延々と述べた果てに、すなわち、後者を「狂った自己」として徹底して非合理化し病理化した果てに、ソフト・パターナリズムなるものを持ち出すのである。

例えば、自殺や自傷によって引き起こされる重大で取り返しのつかない自己‐危害に関して、フラストレーションの溜まった人の選択において自発性がどれほどのものかを探求するための国家機関を強化することや、そうした人たちにカウンセリングやセラピーを提供することや、ある場合には、慎重に限定された期間だけ非刑罰的な監禁へ強制しながらカウンセリングやセラピーを提供することは、ソフト・パターナリズムに適っていることである[*6]。

一時的な錯乱のお話から狂気全般のお話への移行についての評価はすべて措くが、リベラリスト・ファインバーグにとって、いわば最初から決まっている結論とは、狂える自殺未遂者は強制的に監禁して治療しても法的には構わないということでしかない。そして、それに準じて、狂わない状態での自殺未遂や一時的な錯乱による自殺未遂への組織的な介入が追認されていく。そのあげくの果てには、誰かの自殺未遂を止めようとする個人の徳もが、まるで刑法が沈黙する領域で司法・精神医学から派生するかのような行為として捉えられていく。要するに、リベラリズムとは、そこに必ずやソフト・パターナリズムに類するものを装塡する点において、強制を旨とする精神医学の法哲学版・政治哲学版にすぎないのである[*7]。ところが、時代は変わった。私の見るところ、リベラリズムと精神医学の蜜月時代も終わった。その点を論ずる前に、真の意味で逞しいリベラリストであるトーマス・サズに挨拶を送っておこう。

サズの主張は明快である。それは複数の著作と論文で何度か繰り返されているので、最も新しい著作から当該箇所を引用しておく。

三 「自殺の自由」

自分自身の生命を取り去る人にとって、見たところでは、自殺は一つの解ではあろう。にもかかわらず、われわれは、自殺は一個の問題であると、とりわけ精神保健上ないしは精神医学上の問題であると考えるし、そう考えるように押しやられる。これは新奇な観念であり、きわめて奇怪な観念である。「自殺予防」なる観念は、なおいっそう奇怪である。／自殺は合法的だが、失敗した自殺はそうではない。それは精神保健の法の侵犯であって、「入院」や「治療」と呼ばれる強制によって罰せられる。／自殺は合法的だが、介助自殺はそうではない。それは刑法の侵犯であり、その「介助」が医師によって差し出されて法によって明文的に認定されるのでなければ、刑法的に制裁を受ける。そして、法的に認定される場合、それは「医師－幇助－自殺」（PAS）と呼ばれながら医療措置と見なされるのである。〔……〕［自殺未遂は：引用者］「自己と他者への危険性」とカテゴライズされることで、「入院」や「治療」と呼ばれる自由剝奪と強制によって罰せられるのである[*8]。

自殺未遂は刑法で罰せられるわけではない。そんなことはリベラリズムも求めていない。ところが、通例のリベラリズムは、自殺未遂が別の仕方で罰せられることを容認ないし黙認する。刑法と公衆衛生法のアマルガムである精神保健の法によって、日本語で言うなら、「自傷他害のおそれ」のある者の「措置入院」によって、よしんば短期間であれ、入院と治療を強制する。そのような自由剝奪と強制は精神医療の常数である。

第二次世界大戦後、自殺傾向のある人を医療的にコントロールすること――「自殺予防」と呼ばれる――は、精神医学の専門性の重要な一部となった。〔……〕医療的かつ政治的に正しい見解によるなら、自殺は公衆衛生（公衆健康）の問題なのである。まるで自己を殺すことが、糖尿病と同じく、人口一〇万人当たりの何人かを苦しめる疾病であるかのようなのである。〔……〕今日では、いわゆる自殺予防は準医療的専門職であり、一つのビッグ・ビジネスである[*9]。

実際、精神医療・臨床心理・公衆衛生の専門家がおのれの職業を正当化して自己納得するための最大の根拠は、おのれの治療・療法・実践が自殺予防に役立つということに置かれ続けている。統計的には効果が怪しくとも、個人的には苦い失敗例があることを認めながらも、その確信に揺らぐところはない。個人のレベルでは、それはそれで構いはしない。ところが、その個人的な信念にとらわれるあまり、法制度的な自由剝奪と強制はまったく問題視しなくなっている。問題視できるということすら思いつけなくなっている。サズの表現を借りるなら、専門家は「援助」と

「強制」を同じ意味で使用しており両者をまったく区別できなくなっている。例外的緊急状態においては、区別しなくてもよいし区別すべきではないとさえ思っている。こうして、リベラリズムが躓き転向するその場所で、道徳と法、個人の徳と制度の徳、等々は混同されていく。サズは、そこに腐臭を感じながらこう書いている。

もし自殺が一つの問題であると見なされるというのなら、それは道徳的問題であり政治的問題である。あたかも自殺が医療的問題であるかのようにしてマネージメントするなら、それは医療を堕落させ法を腐敗させせなければ成功しないだろう。われわれの周りの空気は反自殺キャンペーンでひどく汚れているが、それをもってしても、根底的には自殺が一つの解であるとの知をかき消すことはできない[*10]。

ところでサズは、個人道徳問題としての自殺をめぐって苦慮する人が、自由に個人間契約を結んで各種の治療を受けること自体は承認している。また、その理由や結果がどうであれ、任意の治療を拒否して退出する自由を強く擁護している。というより、そのような場合にだけ、各種の治療を承認している。サズにとって、精神医療や心理療法は公的に制度化されるべきものではなく、私人間の関係として歴史貫通的な意味での市場においてだけ実行されるべきものなのである。このとき、精神科医などの専門家は、その専門性から公的・法的な権威や権力を剥奪されて、「自殺が一つの解であるとの知」をめぐって知恵を研ぎ澄ますことになろう。私の知る限り、このような主張を明言した専門家は日本には存在しないが、現代風に言うなら精神（科）医療「ユーザー」の吉田おさみが、それに近い主張を別の角度から打ち出していた。

要するに私の主張は治療者不必要論に通じていくものであって、かって鈴木国男がいった「治療者は自殺せよ」という議論と同質である。私は「自殺せよ」とまではよう言わないが、現実に治療行為をできるだけ見合わすことによって実質的に治療者がなくなったと同じ結果を期待したいのである。今の日本の社会に精神病院があり、治療者と称する者と患者とレッテルを貼られている者が存在するのは厳しい現実であり、私たちはこの精神病院を解体していく方向をもつべきであるが、しかしそれは今直ぐ実現するのはきわめて困難である。それで治療者の善意を信頼することによって実質的に精神病院の機能を無効化し、精神病院解体に近づけていこうというのが私の提起なのである。その場合、治療者の善意とは何かと問われれば、それはできるだけ治療しないということである。つまり、治療者はタダで給料をもらってもよいから何もしない、というのが対等関係に近づくための、そして実質的な精神病院解体への一つの途だというのである[*11]。

この「対等関係」がどのようなものであるのかについて吉田は明示的には書いていないが、次の箇所からそれを推測してみることはできる。

木村敏氏は、反精神医学は反生命、つまり生存の否定に行きつくが故に採用できないと書かれていますが〔『異常の構造』（講談社現代新書、一九七三年）「あとがき」参照：引用者〕、ここでは人間の生のレベルについての考察が欠落しています。反精神医学、つまり狂気の肯定は、決して反‐生存（安全価値の否定）ではなく、せいぜい反‐生活（利益価値の否定）のレベルの問題です。しかも反‐生活といっても、それは生活そのものの否定でなく、市民社会生活の否定にすぎません。何故なら、ジルボーグによれば、狂人もまた社会の中で健常者と対等に生きられる時代があったからです。〔……〕治療とは安全価値にかゝわる問題であり、精神科〝治療〟とは信条価値‐利益価値の問題であって、本来の意味での治療ではなく、対策にすぎないということです[*12]。

もちろん自殺は反生命・反生存である。「安全価値の否定」である。「本来の意味での治療」はそこにだけ関与する。場合によっては無料・無償の「対等関係」において、できるだけ何もしない形で何かを為すということである。それは、権威や助成を背にした救急医療や予防といったことではなく、端的に言うなら、専門性を標榜しない人間がその徳と責任において為したり為さなかったりすべきことである。サズはそんな関係は個人間契約の重合としての市場においてだけ実現すると考え、吉田は解体されるべき病院における無料診療という意味での自由診療にその影を見出そうとしていたと言えるだろう。いずれにせよ、サズと吉田の洞察とでも言うべきものは、今ではまったく通用しなくなっている。そんな時代の変化をどう評するべきであろうか。

四　モラルの執行（enforcement）

さて、サズにしても吉田にしても、個人的な道徳のレベルでは、自殺は悪いことであると、少なくとも善いことではないと判断していることは隠しようがない。いかなる意味で悪いのかということについては議論の余地はあるものの、それこそファインバーグのような人びとが絶えず想定してきた状況を眼前にしたと仮定されて、介入するかしないかと二択で詰問されたら、善きサマリア人よろしく、自殺を止めに入ると応ずるであろう[13]。もちろん、サズや吉田の主張のポイントは、だからといって自殺予防の法制度が正当化されることにはならないということであるが、今日ではその批評はどことなく的を射ぬいていないという印象を与えてしまう。時代の動向は、そんな批評など気にもかけない。気にもかけないで済ませられるような原理原則で動いている。考えるべきところは、そこである。

素朴に捉えるなら、今日の自殺予防は、誰だって自殺をよくないと思っているのだから、みんなで自殺予防に努めようといった理屈で動いている。誰もが病気は嫌なのだから全員で予防に努めよう、各人が苦痛ある死に方は嫌なのだから全体でそれを無しにしてしまおうといった理屈と同じである。このとき、旧来のリベラリズム的な制約はまったく効き目がない。何の歯止めも効かなくなっている。どうしてか。小さな事情をあげておくなら、この動向を切り開いたのが嫌煙・禁煙運動であったからである。喫煙は自分の健康に害を及ぼすだけではなく副流煙を介して他人にも害を及ぼすことであると広く深く信じられている。つまり、喫煙は、自己と他者に対して危害を及ぼし、自傷他害のおそれがあり、自己と他者に対して危険性があり、それ自体が悪行であることと見なされているが故に、まさにリベラリズム的処罰対象にうってつけのものになっている。だから、禁煙の強制的執行に対してリベラリズムは何の歯止めもかけられないどころかお墨付きを与えるばかりになる。それに対して歯止めをかけうるものとしては功利主義的な考量しかなくなっているが、がん対策は失敗し続けることをもって依然として追求され続けているように、禁煙執行も（いままで）有効性がないことをもってますますもって追求され続けるのであって、利害の比較考量は必ずや推進に傾いてどこにも歯止めはかからなくなっている。永続革命論の残骸、あるいは、果てしなき改良主義である。このようにして、対がん戦争や禁煙運動をもってリベラリズムは利用され命脈を絶たれ功利主義はその牙を抜かれたのだと言っておこう。そして、こんな動向を駆動する原理原則については、その呼び名は確定していないが、例えば「公衆衛生倫理」と呼ぶことができる[*14]。ルボミラ・ラドイルスカの評価を引いておこう。

しばしば、リベラル・アプローチが生命倫理に適合的であると言われているが、リベラリズムは個人の選択や患者の自律に焦点をあてるばかりであるため、公衆衛生倫理の複雑な事情に取り組むための概念的なツールを欠いてしまっている。例えば、公共善という概念は［リベラル・アプローチの諸概念には：引用者］還元不可能なのであり、それについてはリパブリカンやコミュニタリアンの方が、然るべき戦略を提供できるのである[*15]。

公衆衛生倫理に原理原則を与えうるのは、リベラリズムではなく共和主義や共同体主義であるというのである。例えば、美容整形に規制をかけるとき、その論拠は、美容整形のために（その「濫用」のため、ということではなく）市民一般が身体的・心理的・政治的に危害を被る可能性があるからということに尽きる。その際、当該市民が健康であるのか病気であるのか、富裕であるのか貧困であるのか、善悪理非の区別をできるか否かといった区分は非関与的である。そして他害と自傷の区別も非関与的である。この設定の下では、個人の自由や選択を政策の第一次的なものに据えてみせるリベラリズムはまったく無効になる。これに対し、誰だって美容整形を認めながらもその危害を防ぎたいし、国家にしても全員が健康で健全な生活を送るようにする責務と権限があるのだからということで、隅から隅まで道徳化された公共善・共通善を第一次的なものに据えてみせる共和主義や共同体主義が優位に立つことになる。

事態がこのようであるから、この全員のコンセンサスから外れるような者や、そこに疑念を差し挟もうとする者は、不健康なことを選択する不道徳な者と見なされることになる。そしてリベラリズムにしても、それを愚行権と称するばかりで、愚かで不道徳であるとの評価を追認するだけに終わる。そして平等主義や民主主義を掲げもするリベラリズムは、弱者や貧者の不平等を指摘することにおいて、ますますもって介入の範囲と深度を拡大させていく[*16]。健康は増進させるべきものであり、安全も安心も、そして体感幸福も体感治安も際限なく増進していくべきものになる。このように公衆衛生倫理的な動向は、一切の歯止めのないまま、さまざまな意匠で身を装いながら、風俗規制・風景規制・環境規制などへと介入を広げ強めていく。それは権力ではなく権威であり、自由制限ではなく自由増進であり、単なる強制ではなく友愛に満ちた介入であるとしながら。

これは、明らかにモラルの押し付け、モラルの強制、モラルの執行である。不健康や不健全は悪いという単純な道徳的判断、自傷や自殺は無条件に悪いとする道徳的判断をもって、それを減らすことや無くすことを目標とする制度や施策であれば、有効であろうがなかろうが、それを普遍的に遂行して構わないし遂行すべきであるとするものである。それに対する疑念はほとんど無効化・無力化されている。実際、健康だけがすべてではないとか生存だけがすべてではないと言ってみたところで、そのように批判を放とうとする者自身が、それを口にした途端に自信を失っていくほどである。

法と道徳の関係についてのハートとデヴリンの論争を想起して言うなら[*17]、いまや時代はデヴリンのものである。「法はどんな道徳であれそれを執行すべきではないと言うことによって問いを回避してはならない。誰もが、若者のモラルを守るべきであることについては同意しているのだから」というわけである[*18]。

自分自身への悪行に対して事前に同意を与えてはいけないし、事後にもそれを許してはいけないのは、それが社会に対する悪行だからである。社会が物理的に傷つけられるというのではない。そんなことは不可能であろう。誰か個人が衝撃を受けたり頽廃したり搾取されたりすることが必要なわけでもない。一切が私的に行なわれるかもしれないのだ。暴力的な人は共同体の他人に対する潜在的な危険になるという実際的な根拠によって説明することもできない。〔……〕安楽死ないし当人の依頼による殺害、自殺、自殺未遂、自殺契約、決闘、中絶、兄弟姉妹間での近親姦はすべて、私的に、他者への悪行なしに、他者の頽落や搾取を伴うことなく為されうる行為である。多くの人は、こうした事柄に関する法は多少の改革を要すると考えているが、これまで誰一人として、それらすべてを私的道徳の事項として刑法の外に置くべきであるとまでは主張しなかったのである。それらの事柄は道徳原理に関わる問題としてだけ刑法に入りこむのである。法によって罰せられることのない不道徳は相当にあるにしても、法によって容認される不道徳などひとつも無いということを銘記しなければならない[*19]。

デヴリンは、私的に自分だけに危害を加えることに対する規制や制裁でも、刑法による道徳の執行の対象になりうるとするのである。例えば、デヴリンは、「毎晩、自宅で飲酒して酩酊する人」は自己自身に対して罪を犯しているのであって、そんな人物が「住民の過半」を占めるようになってしまえば「どんな社会になってしまうか」想像してみたまえと言う。そしてデヴリンは、「酩酊に対抗する立法を行なう権限を社会が有するには、どれほどの人数が酩酊するのかを理論的に決めることができない」からには、原理的には、何時でも社会は酩酊を規制する権限を有していると言うのである[*20]。酩酊を喫煙に代え、喫煙を自殺に代えて読み直すなら、まさしく時代はデヴリンのものであると言わざるをえない[*21]。

以上、時代の動向の粗筋を描いただけであるが、結語として二つのことだけ述べておきたい。一つは、自殺や自傷のおそれに（だけ）準拠しておのれを正当化する専門家の動向についてであるが、私はその動向は一面では肯定できると考えている。このあたりについては論ずべきことが多いが、近年の公衆衛生は表層的であるから肯定できなくもないのだと述べておきたい。その行方について予断は許されないが、精神医療でも公衆衛生でも、その実践は休息場所提供と薬物調整に縮減しており、実質的には脱医療化・脱専門性が進行していると言えなくもないからである[22]。もう一つは、自殺の自由についてであるが、それを肯定する声は常に小さな声にしかならないし、そこには深い理由があるとは思うのであるが、それでも自殺を解決の一つとして見ることのできない狭量なモラルには耐え難いものがあるとだけは言っておきたい。ただし、モラリズムがいかに蔓延しようと、自殺の自由はかき消されるようなことではないと思うので、これについてはさして論ずる気にはならない。いずれにせよ、時代の空気は変わり、過去の主流派の思潮は無効になったのである。自由を旨とする者は、新たな道へと踏み出さなければならない。

*1 これについては、トーマス・サズ『狂気の思想――人間性を剝奪する精神医学』石井毅・広田伊蘇夫訳（新泉社、一九七五年）、一七二頁参照。

*2 大屋雄裕「ホラーハウス／ミラー・ハウス」『法哲学年報』（二〇〇九年、九四頁）。この発言は、それまでの保安処分反対運動に三下り半を突きつけたときの野田正彰のそれを想起させる。「反対理由の第一［精神病者の犯罪は少ないということからの保安処分反対理由：引用者］については、病者の犯罪が先に述べた通り実数は不明だが殺人などの凄惨な事件がかなりあり、〝動機不明の殺人〟は恐ろしいという市民感情がある以上、ほとんど無意味な反論にみえる。私たち精神科医は、一般の人たちのいだいている恐怖という感情に対しては、個々の事例の実態分析を通して説得していくべきである。やみくもな事実の否定によって感情を打ち消すことはできない」（野田正彰『クライシス・コール――精神病者の事件は突発するか』毎日新聞社、一九八二年、一四頁）。

*3 Joel Feinberg, *Harm to Self* (Oxford University Press, 1986), p. 3.

*4 *Ibid.*, p. 14. ここで「強い薬物」とは何か。ファインバーグの念頭には、向精神薬のことはまったく入っていない。

*5 ミルもその危害原則を述べるに際して「個人又は集団」として両者を区別していなかったのだが、ここで持ち出される「権利」は、法に規定される「権利」と区別されるべきことである。そもそも「われわれ」とは誰か、何かということだ。

*6 Joel Feinberg, *op. cit.*, p. 143.

*7 いわゆる医療監察法については別の検討を要するのでここでは触れない。ファインバーグに関連して一点だけ述べておくなら、「合理的」に判断する「自律的」な個人なら、「一時的状態」を無理にでもやり過ごせば、その後に平静に判断できる時が来ることを知っているから、離婚申し立てに対して「冷却期間」を強制してよろしいのと同じように、救急措置として「頭を冷やす」のを強制してもよいとする議論がある。しかし、他方で、司法・精神医療はその「一時的状態」の「再発」を想定しているのである。すると、どういう

ことになるかを考えてみるとよい。

*8 Thomas Szasz, *Suicide Prohibition : The Shame of Medicine* (Syracuse University Press,2011), ix-x.

*9 *Ibid.*, pp. 2-4 et p. 11.

*10 *Ibid.*, x. サズはこんなことも書いている。二〇〇一年にハマスは「自爆攻撃」中止の「命令」を発したが、そのことは、裏を返せば、実行「命令」を発することもありうるということである。同様に、国家や機関が自殺予防・自殺防止の「命令」を発するということは、自殺の「命令」を発するということでもあると言うことができる。実際、いわゆる先進諸国ではそうなっている。なお、この件でのサズの著作として、Thomas Szasz, *Fatal Problem:The Ethics and Politics of Suicide* (Syracuse University Press, 1999) がある。

*11 吉田おさみ「宮崎忠男さんの疑問（一七巻一号）に答えて」『臨床心理学研究』（第一七巻第二号、一九七九年）、五一頁。

*12 吉田おさみ「治療的要請と面会の自由」『臨床心理学研究』（第一六巻第一号、一九七八年）、六一－六二頁。

*13 吉田は「なんらかの対応」が必要と書く場合はあるが（吉田おさみ『〝狂気〟からの反撃——精神医療解体運動への視点』［新泉社、一九八〇年］、一〇八頁など）、見るべきはその「対応」の位置付けと内実である。

*14 別の呼び名は、もちろん「生政治」である。生政治はリベラリズムとは一応は両立不可能である。しかし、リベラリズムは生政治を呼び込みもする。だからこそ、リベラリストは、「生政治」という用語を嫌うのである。

*15 Lubornira Radoilska, “Public Health Ethics and Liberalism,” *Public Health Ethics*, Vol. 2, No. 2 (2009), p. 135.

*16 この点で、侘しいことには、そこを逆手にとったアイロニーやユーモアの余地さえ封じられている。誰もが生真面目なのである。そんな中で、次のものはそこはかとないペーソスを醸し出しており、いくらか救われる。Diego S. Silva, “Smoking Bans and Person with Schizophrenia : A Straightforward Use of Harm Principle?” *Public Health Ethics*,Vol. 4, No. 2 (2011).

*17 この論争の概略については、清水征樹「道徳の法的強制に関するH・L・A・ハートの見解」『同志社法学』

第二一巻第三号、一九六九年。

*18 Patrick Devlin, *The Enforcement of Morals* (Oxford University Press, 1970. Liberty Fund, 2009),x.

*19 *Ibid.* pp. 6-7.

*20 *Ibid.* p. 14.

*21 デヴリンの「復権」については、Gerald Dworkm, "Devlm was Right : Law and the Enforcement of Morality", *William and Mary Law Review*, VoL40, Issue 3 (1999)。その後のデヴリンをめぐる議論については、"Thomas Sobirk Peterson,"New Leggal Moralism: Some Strengths and Challenges, "*Criminal Law and Philosophy*, Vol. 4 (2010).

*22 この点については、吉田おさみ「〝患者〟の〝甘えと反抗〟」『臨床心理学研究』（第一六巻第四号、一九七九年）、青木照岳「否定の哲学」『臨床心理学研究』（第二三巻第一号、一九八五年）を参照。また、例えば、松尾正の「症例」報告（『沈黙と自閉——分裂病者の現象学的治療論』［海鳴社、一九八七年］、『存在と他者——透明で平板な分裂者現象の先存在論』［金剛出版、一九九七年］）は、「根源的」といった語が散りばめられているが、その実情は表層的であると言えよう。

資本主義の軛　補足として

加速主義

今世紀に入り、デジタル・テクノロジー、バイオ・テクノロジーの発展に伴って、加速主義と呼ばれる思潮が、（それには過去にも類例を見つけ出すことができるので）いわば復権している。

江永泉他『闇の自己啓発』（早川書房、二〇二一年、四八−四九頁）の紹介によるなら、そもそも「加速主義」という用語自体は、ジャミン・ノイズが二〇〇八年頃から用いたことで知られるようになったもので、その際に、ノイズは、先行する加速主義的著作として、ドゥルーズ＋ガタリ『アンチ・オイディプス』、ジャン＝フランソワ・リオタール『リビドー経済』、ジャン・ボードリヤール『象徴交換と死』などをあげ、それらに共通する思潮を、「資本主義の進展を加速することで資本主義が解体されるとする姿勢」とまとめていた。すなわち、仮に資本主義を批判したり改革したり廃絶したりしたいと思うのなら、資本主義の発展を駆動している何らかの傾向性、それを全肯定し推進し加速するに如くはないとする姿勢である。それが含意する資本主義観によるなら、資本主義の否定的な面を批難したところで資本主義はビクともしないのであって、むしろ逆に資本主義はそれら批難をもおのれの糧として発展していくからには、資本主義の肯定的な面を極端なまでに褒めそやしてやるなら、それがために資本主義がお調子に乗っておのれの潜在的な傾向性を解き放って、万事快調を通り越した享楽状態へと舞い上がり、終には狂い死にするだろうということになる。要するに、褒め殺し戦術である。

したがって、例えば、人工知能開発の行く末を憂える必要などまったくない。ドシドシ進めればよろしい。むしろ現在のローテク状態を早急に脱して、人工知能でもって、単純肉体労働者を置換するだけではなく、医師・看護師、介護福祉士、裁判官・検察官・弁護士、教員・保育士、臨床心理家、警察官・消防士、等々、各種の専門職労働者を置換するところまで、さらには、統治者、経営者、兵士を置換するところまで進めるべきである。そのときはじめて、そのようにしてはじめて、資本主義は、おのれの基盤を掘り崩してしまったことを思い知るだろう。

小さな例をあげてみよう。兵士を人工知能・ロボットで置換するなら、戦争の性格は大きく変わるだろう。そのとき、戦争の勝敗は、兵士機械と軍隊機械を、文字通りの戦争機械をどれだけ破壊したかによって決せられるようになるかもしれない。あるいはむしろ、戦争機械が、敵のうちの生身の人間を、軍属であるか民間であるかを問わず、どれだけ殺したかによって決せられるかもしれない。後者の場合にしてもそれはむしろ歓迎すべき事態であって、そのとき生身の人間は、第三者を決め込むことは許されず、終には命がけで反戦のために闘うことにもなるだろう。

もう一つ小さな例をあげてみよう。医師を人工知能・ロボットで置換するなら、医師不足を嘆く必要もなくなるし、何より専門家権力と人件費のすべてを無しにできるだろう。薬物にしても完全にオートメ化して製造されるなら、いずれ誰もが低廉な価格で生産して使用できるようになるだろう。そのとき、医師による支配に代えて、機械による支配が始まるかもしれないが、どっちもどっちとしか言いようがないだけではなく、仮にそれに抵抗するとしたなら、医師を破壊するより機械を破壊する方がはるかにコストはかからないから楽であり、その意味でも機械化は民衆の利益にかなうことになるだろう。

このように加速主義の展望は大変に明るく楽しいものである。ところで、この加速主義に対して、そのシナリオに乗った上で、そこには光だけではなく影もあるとする批判が出されるだろう。戦争が戦争機械同士のゲームになるとしても、戦争機械がその作動において人間に途方もない害を及ぼす可能性があるではないかといった類の批判である。しかし、その類の批判は、明らかにSFや映画に影響を受けたものにすぎず、愚かな批判である。任意の大衆文化を想起してほしいが、それらは、情報化・機械化の極限は反人間的で反人類的な結果を必ず生み出すと決めつけておいて、では、何でもってその極限を回避するのかと言えば、それはやはり情報化・機械化の産物によってであり、今日のファミリーとネーションを命がけで守るという大義によってである。それは要するに、現状の資本主義社会が資本主義の極限をうまく回避してファミリーとネーションを守っておりますというイデオロギーを注入する文化産業でしかない。それに影響された批判など、資本主義の傾向性にとってはまことに好都合な、反動的で保守的な未来論でしかない。資本主義を加速させるなら、そのような反動的で保守的な大衆も一掃されることであろう。

このように加速主義の含意を引出すことはやられて然るべきであるが（私の場合、『生殖の哲学』［河出書房新社、二〇〇三年］でバイオ・テクノロジーに関して行っていたことになる）、いまはこの程度にしておく。その上で、加速主義の問題点を指摘しておくなら、加速主義は、資本主義がおのれの傾向性を極限まで進めることを必ずや回避しようとするその仕掛けに目を向けていない。資本主義は狂っているが狂い死にを避けるような機構を内蔵している。本当に加速させたいのならその内蔵機構を破壊し、外見的には牛馬の生産力を高める軛から牛馬を解放しなければならない。この論点は前世紀に何度も別の形で論じられたことであるが、少しだけ触れておく。

テクノロジーと資本主義

論点はテクノロジーと資本主義の関係に関わるが、何よりも先ず、ハイデガー流のテクノロジー論（その類例は他にもある）を退けておかなければならない。それはテクノロジーを自律的に発展するシステムと捉えるものだ。以前、よく言われた小咄によるなら、テクノロジーは、アニメ『鉄人28号』の主題歌の一節「いいも悪いもリモコン次第」とは違って、人間による道徳的なコントロールを乗り越える仕方で自律的に作動してしまうものであって、それがために、テクノロジーに対する人間主義的でヒューマニズム的な批判（機械は人間をダメにする、人間の自由を奪ってしまう、人間を愚かしくする、機械は人間に歯向かう、等々）は無効であって、人間主体の力で制御しようとするのではなく、別の態度をとる必要があるというのである。つまり、ハイデガー流のテクノロジー論には加速主義と共通する技術観が含まれている。

そして、この技術観は、戦後期の核戦争危機論に続いて、3・11を契機として復活して蔓延してきた。この間、よく聞かれる物言いの一つに、原子力技術は原理的にコントロール不可能であり（それはその通りである）、しかも、ひとたびそれに手を出したなら、その技術的必然性に従って不可避的に拡大・拡張を遂げていくのであってその意味でこそコントロール不可能であるから、だからこそ核兵器からも原発からも脱しなければいけないという論法である。まるで原子力技術がその内的発展の論理に従って内生的に発展するかのような物言いなのである。しかし、そんなことはあるまい。そのようにはなってはいない。簡単な話であって、原子力技術が、個々の人間には制御不可能なように見える形で展開しているのは、それが企業化され産業化されているからである（そして近年は金融化しているからだ）。資本主義に埋め込まれているからである。それをわかるには、素朴な問いを立ててみるとよい。どうして「われわれ」は原発を停止できないのであろうか、どうして「われわれ」は原子力技術の開発を停止できないのであろうか、モラトリアムすら設けられないのか、と。そして、この問いは、以下の問いと基本的に（原発の場合、国家の関与が強いので違っているが）同じであることに気づいてほしい。どうして「われわれ」は自動車生産を停止できないのだろうか、どうして「われわれ」は新車・電動自動車・自動運転の開発を停止できないのだろうか、どうしてせめて慎ましくやれないのだろうか、という問いである。また、どうして「われわれ」は牛丼業態を廃止できないのだろうか、どうして牛丼を廉価にするための競争技術と労務管理技術の開発を停止できないのだろうか、どうして牛丼競争で撃ち方止めを実現できないのだろうか、という問いである。また、どうして「われわれ」は大学改革や教育改革を止めることができないのか、どうして情報技術にのめり込むのか、どうしてせめて減速できないのか、という問いである。いくらでも同様の問いを掲げて突きつけることができるはずだ。そして、返ってくる一連の答えも予想がつくはずだ。その一連の答えこそが、現代の支配的イデオロギーである。思想的には、そこを打破しなければ何も変わらないような、そのようなイデオロギーである（なお、その答えには、「環境」「脱炭素」「再生可能」が含まれることの重大さに気づかれるべきである。つまり、「環境」「脱炭素」「再生可能」と批判者が単純に反復的に口にしている限り、事態は変わらない。なお、原発が核兵器準備策でもあるのは間違いないが、それはむしろ簡明な対決である）。

では、そこで、何を考えるべきであろうか、何と言うべきであろうか。テクノロジーだけを問題にするのではダメであって、少なくとも国家と資本主義を問題にしなければならないことが見えてくるだろう。そして、3・11後の技術論のほとんどは、その国家と資本主義を不問にふして免罪していることも見えてくるだろう。

資本主義の危機・絶滅

近年、資本主義批判の書、というより、資本主義の危機、資本主義の絶滅について論じたり予言したり警鐘を鳴らしたりする書が数多く書かれ、それなりに売れている。その理由は簡単で、その中には、経営者向けの書も多く、総じて、経営者マインド・企業家マインドの人もその類の書を愛好しているからである。かれらは、「資本主義」の危機を「企業」の危機と読みかえ、その危機を回避する、あるいは、その危機を好機とするということで、企業内外に向けてスローガンやアジテーションを作り出し（おそらく社長訓示の類にも使われていることだろう）、競争に打ち勝つために経営技術・管理技術を広い意味で合理化することに邁進している。戦時期においても戦後期・高度経済成長期において、資本主義論、とりわけマルクス主義を、若気の至りとして通過しておくことは産業界でも政界でも官界でも不可欠の素養であったのと同様の事態が繰り返されているのである。したがって、常にそうであるが、資本主義危機論・絶滅論を一律に肯定するわけにもいかない。ここでは、まともなものだけを少し取り上げておく。

最初に、デヴィッド・ハーヴェイ『資本主義の終焉――資本の17の矛盾とグローバル経済の未来』(作品社、二〇一七年)に触れておく。ハーヴェイは、いつもながらの勉強ぶりを発揮して、資本主義の終焉をもたらすであろう資本主義の矛盾(として語られてきたこと)を、「資本の基本的な矛盾」、「運動する資本の矛盾」、「資本にとって危険な矛盾」の三種類に分類し、それぞれについて多くの項目を立てて、それぞれ検討している。では、ハーヴェイは何と主張したいのか。総じて、それらの矛盾を資本主義は乗り越えてきたし(実際、資本主義は、リカード、マルクス、ミル、ケインズ、ポランニー、シュムペーターの予想に反して、いまだに存続している)、これからも乗り越えることができる、と注釈を打っていくのである。ご丁寧な作業であり、そのままでは経営者向け教本にしかならないが、しかし、ハーヴェイは、ところどころで、資本主義は危機を乗り越えるにしてもやはり資本主義は終焉させるべきであるとする規範意識を、ハーヴェイには珍しいことだと思うが、吐露している。人間学的な疎外論の吐露である。「分業における矛盾」の解説に続けて、ハーヴェイはこう書いている。

教育を受けた全面的に発達した個人ならば、自分自身の労働が取るに足らない一部分でしかないような人間社会の総体的性格に疑いを感じるし、このような断片化や部分化によって人生の意義を直接的に感得することが困難になっている世界において人間であることの意味は何なのかと疑問をおぼえるようになるだろう。必ずそうなるとは言い切れないにせよ、そうなる可能性はきわめて高い。まさにそれゆえ、資本でさえ、文学や芸術、文化理論や宗教的・道徳的感情に多少の人間主義的な教育を添加することが、労働における意味の喪失からもたらされる不安への解毒剤になると見なしてきたのではないだろうか。（同書、一七四頁）

ここに、資本が提供する文化・教育とは、労働者に誇りや尊厳を持たせる技術・技法、職場の人間関係のコントロール、任意の職務に適応可能な人材の育成、賃金アップ、心理療法などであるが、しかし、ハーヴェイは、そのような阿片・ドラッグによっては救われないし騙されもしない層が残ると指摘し、その文脈で「革命」を語り出す。

失業は長期化し、社会的インフラは劣化し、地域社会の連帯が失われた。こうした世界のなかで大部分の人々は深刻に疎外され、はけ口のない怒りがしだいに蓄積されていく。これは時折り、一見したところ不合理でしばしば暴力的な抗議活動として爆発する。スウェーデンの郊外からイスタンブールやサンパウロにいたる突発的抗議運動を相互に関連したものとして取り上げさえすれば、地表下でぐつぐつと沸き立っている疎外の広大なマグマが露わになる。そのとき資本は、苛酷な専制的弾圧なしにはほとんど対処できないような政治的危機に直面することになる。分業の地理的不均等発展と、それと並行して進行するライフ・チャンスの社会的不平等の拡大は、あの疎外感を増幅させる。そして疎外感が受動的ではなく能動的なものになれば、現在におけるような資本の再生産の仕方に対する重大な脅威が間違いなく提起される。そのとき社会は、不可能な改良か不確実な革命かという厳しい選択に直面することになるだろう。〔同書、一七五頁〕

ハーヴェイの見るところ、資本主義が疎外を馴致するのは不可能である。疎外は資本主義には解決不可能な主要矛盾を指し示しており、それに対して、疎外感が能動化したとき革命の展望が開かれるかもしれない。そして、ハーヴェイは、清々しいほどの疎外革命論を打ち出していく。

要するに、私が支持しているマルクスは、革命的人間主義者なのであって、目的論的決定論者ではない。〔……〕この理由から、私は「致命的」な諸矛盾ではなく「危険」な諸矛盾という見解をとる。というのも、それらの諸矛盾を「致命的」と呼ぶことは、黙示録的な機械論的終末ではないにしても、不可避性や破滅的癌化といった誤解を呼ぶ雰囲気を伝えるかもしれないからである。しかしながら、いくつかの諸矛盾は他のもの以上に、資本と人類の双方にとって危険である。〔……〕第Ⅲ部で私が重視する三つの矛盾〔……〕のうちの一つは〔疎外のこと〕――ただしその一つだけが――致命的になる可能性がある。だが、それが結果的に致命的になるのは、革命運動が出現することによって、終わりなき資本蓄積が命じる発展経路が変わる場合に限られている。このような革命的精神が具体化し、われわれの生活様式に対する根本的諸変革を余儀なくさせるかどうかは、星座に定められる運命というものではない。それは完全に人間の意志の力にかかっている。（同書、二九〇 - 二九一頁）

なお、ハーヴェイは、環境問題などで「資本と自然」の矛盾と見なされていることは、「われわれ自身の近視眼や政治的欠陥を克服できれば適切に対処できるだろう。〔……〕これは資本に終止符を打つものではない」（同書、三四二頁）としており、環境問題は資本主義の改良で片が付くと見なしている。しかし、それでも、自然・環境の商品化や資本化に対して「人間主義的な反抗の精神」が解き放たれるなら、疎外論的革命への展望は開けると主張していくのである。

次に、ヴォルフガング・シュトレーク『資本主義はどう終わるのか』（河出書房新社、二〇一七年）に触れておこう。シュトレークは、複数の論者の資本主義危機論を取り上げ、そのどれもが決定的な議論を提示してはいないとしながらも、それぞれが資本主義の「症状」を正しく示していると評価していく。そして、資本主義は狂い死にするのではなく病んで死んでいくと、加速したり安楽死させたりする必要もなく病死していくし、現に死につつあると診断を下す。

私の見るところ、さまざまな危機のシナリオをとりあげ、そのひとつを特別扱いするよりも、そのすべてないしほとんどが寄せ集まって多様な症状を示していると私は考える。そこではさまざまな無秩序が共存し、ときとして互いを悪化させあっている。最初に述べたように、資本主義は存続しているのが不思議に思われるほど脆弱な体制であり、生き延びるためにはつねに修復作業が欠かせない。しかし現在では、多くの病理が同時多発的に悪化し、他方で修繕策のほとんどが尽き果ててしまった。資本主義の終焉は無数の傷、あるいは多種多様な病気による死と考えてよいだろう。〔……〕資本主義が終焉に向かうためには、資本主義にたいする革命的な対抗策は必要なく、よりよい社会のマスタープランもおそらく必要ない。現代の資本主義が崩壊しつつあるのはそれ自体によって、つまりその内的な矛盾によって崩壊しつつあるのであって、敵によって征服されたからではない。〔……〕資本主義に代わるのは、社会主義やその他の明確な社会秩序ではなく、長い空白期間であろう。（二三－二四頁）

では、すでに始まっているその空白期間では、何が争われているであろうか。シュトレークの見るところ、文化闘争であり、そうであるが故に、革命を語るのなら文化革命を語るべきということになる。そして、シュトレークによるなら、資本主義においてその病状を覆い隠そうとしているのが、「新自由主義のエートス」、例えば、「競争に勝つための自己啓発、市場に役立つ人材の育成、仕事への情熱的な献身、政府が機能しない世界がもたらすリスクを呆れるほど楽観的に受け入れる態度」であり、「個人の適応行為」であり、「対処すること〔コーピング〕」、希望すること、薬を摂取すること、買い物をすること」である。だからこそ、キング牧師の演説（I have a dream）が、その歴史から切り離されて（その演説の最後、Ｚｉｏｎを語りながらキングも聴衆も熱狂していくその力を見よ)、アイコンとして無害化されてもいるのだ。シュトレークはこう書いている。

うまく対処するには、たしかな希望をもっていることが助けとなる。ここで希望とは、どれだけ不吉な前兆があろうとも、近い未来にはよりよい生活が待っていると想像し、そう信じこもうとする、個人の精神的努力を意味する。アメリカの政治的・文化的言説で用いられている「夢をもつ〔ドリーミング〕」という言葉を使ってもよい。合衆国では、自分自身の夢をもつことがコミュニティのメンバーとして生きてゆくための道徳的義務である。それはリベラルな個人主義のもとで最後に残された義務でもある。現在の自分がどのような環境に生きているかは無関係である。夢は非現実的であることも許され、場合によってはそうあるよう促されさえする。たとえナイーブな夢だとしても、他人の夢を思いとどまらせるなどということは無礼かつ残酷で、社会的に受け入れられない。合衆国では、夢をもつことはこのうえなく神聖な行為とみなされており、けっして批判されてはならない。(六一－六二頁)

そして、シュトレークが示唆するところでは、このエートスの主体は、わけても「中産階級」の「ファミリー」である。とするなら、それとの文化闘争こそが、その支配層の夢と加速主義の夢の闘いこそが、「空白期間」を終焉させ資本主義を病死に導き、終に「前史」を終わらせ新たな歴史を始める(マルクス)ということになろう。

ハーヴェイとシュトレークの議論は、昔日には観念論的な革命論、プチブル的な主観的観念論と評されたであろうが、二人が確かに見ていることは、まさに企業と家族が戦場であるということである。そこにこそ矛盾は現象するし、そこでこそ闘いは進められるということである。それは精確に唯物論的な展望でもある（ここに「物」とは、ハンマーで叩き壊せるものである）。

最後に、シンジア・アルッザ他『99％のためのフェミニズム宣言』（人文書院、二〇二〇年）を見ておこう。そのリベラル・フェミニズム、体制フェミニズムに対する批判は強烈である。すなわち、「体制の一員になる（leaning-in）」ことと「ガラスの天井を打ち破る（cracking the glass ceiling）」ことだけに尽力した結果、リベラル・フェミニズムは、「市場中心の平等観」、「能力主義」を求めることになった（同書、二七－二八頁）。さらに、リベラル・フェミニズムは「投獄フェミニズム」と化した（同書、六一頁）。したがって、「リーン・イン・フェミニズムに対する私たちの返答は、キック・バック・フェミニズムである。飛び散った破片の片づけを圧倒的多数の人々に押しつけてまで、ガラスの天井を打ち破ろうとすることに興味はない。役員室を占拠する女性ＣＥＯたちを賞賛することはおろか、私たちはＣＥＯと役員室自体を撤廃したいのである」（三一頁）。そして、女性解放を核とする多様な闘争は、今日の危機の根源が「資本主義」にあることを認識しなければならない（同書、三八頁）。

では、今日の危機とは何か。この点でアルッザたちは、いささか環境論と旧来のソーシャリズムに関して甘いところがあるものの、次のように宣言する。〈資本主義に終焉を、つまり、上司というものを生み出し、国境を設け、それらを警備するためにドローンを生産するシステムに終焉を〉。キック・バックにあっても、資本主義的な企業と国家こそが戦場なのである。

初出一覧

運動／政党史

「一九六八年以後の共産党――革命と改良の間で」『〈68年5月〉と私たち』読書人、二〇一九年
「日本イデオローグ批判」『ＨＡＰＡＸ』夜光社、一二号、二〇一九年六月
「殺すことはない――ロゴスの帰趨にかかわらず」『文藝別冊・永山則夫』河出書房新社、一九九八／二〇一三年
「誰かの死だけが和らげる苦痛？」『文藝』河出書房新社、一九九八年春号
「配分的正義を――死の配分と財の配分」『情況別冊』情況出版、二〇〇四年三月
「戦争と平和と人道の共犯」『戦争思想２０１５』河出書房新社、二〇一五年
「競技場に闘技が入場するとき」『反東京オリンピック宣言』航思社、二〇一六年
「老女と人形」『ユリイカ』青土社、二〇二一年一月号
「人工知能の正しい使用法――人間の仕事がなくなる危機を好機とする」『教育と文化』アドバンテージサーバー、九〇号、二〇一八年
「天気の大人――二一世紀初めにおける終末論的論調について」『現代思想』青土社、二〇一九年一一月号
「啓蒙と霊性」『思想』岩波書店、二〇一九年九月号
「天皇制論の罠」『福音と世界』、二〇一九年一一月号
「死骸さえあれば、蛆虫には事欠かない」『文藝別冊・三島由紀夫』河出書房新社、二〇二〇年
「謀叛と歴史――『明智軍記』に寄せて」『現代思想』青土社、二〇二〇年一月増刊号

統治／福祉

「包摂による統治――障害カテゴリーの濫用について」『情況　思想理論編』情況出版、二〇一二年一二月号別冊

「統治と治安の完成――自己を治める者が他者を治めるように治められる」『批評研究』論創社、一号、二〇一三年

「多様な療法の分散」『臨床心理学』金剛出版、増刊一二号、二〇二〇年

「経済の起源における債権債務関係の優越的地位」『現代思想』青土社、二〇一二年二月号

「残余から隙間へ――ベーシックインカムの社会福祉的社会防衛」『現代思想』青土社、二〇一〇年六月号

「国家の眼としての貧困調査」『差異の繋争点』ハーベスト社、二〇一一年

「死に場所を探して」『現代思想』青土社、二〇一二年六月号

「モラリズムの蔓延」『現代思想』青土社、二〇一三年五月号

「資本主義の軛――補足として」書き下ろし

おわりに

本書所収の論考を書くことができたのは、その機会を与えて下さった編集者や共著編者の方々のおかげです。あらためてお礼申し上げます。

その中で最も古いものは、かつて河出書房新社編集者であった阿部晴政氏が、永山則夫の死刑執行をめぐって依頼して下さった二つの原稿です。阿部晴政氏は、最初の著作『兵士デカルト』と新書版『デカルト＝哲学のすすめ』が出た直後に声をかけて下さり、『文藝』誌上にインタビュー記事を載せて以来、別の場でも書く機会を与えて下さり、それこそ私を育ててくれた方です。また、文芸誌に書くという十代からの夢をかなえて下さった方です。本書についても、阿部氏の御助力と編集力にあらためて感謝いたします。

そして、本書を月曜社という素晴らしい出版社から出すことができたのは望外の喜びです。自分の本を月曜社から出せるようなことがあるとは思ってもおらず、月曜社編集者の神林豊氏に感謝いたします。

本書の論考の中にはネットでも比較的多くの言及がなされたものもあります。この場を借りてその方々に、お礼申し上げます。そして、さらに多くの方が、この二冊の集成を手に取って見ていただくことを願っています。

小泉義之　こいずみ・よしゆき

一九五四年生まれ　立命館大学大学院先端総合学術研究科特任教授

著書

『兵士デカルト――戦いから祈りへ』勁草書房、一九九五年

『デカルト＝哲学のすすめ』講談社現代新書、一九九六年／文庫版『デカルト哲学』講談社学術文庫、二〇一四年

『弔いの哲学』河出書房新社、一九九七年

『ドゥルーズの哲学――生命・自然・未来のために』講談社現代新書、二〇〇〇年　／文庫版『ドゥルーズの哲学――生命・自然・未来のために』講談社学術文庫、二〇一五年

『レヴィナス――何のために生きるのか』日本放送出版協会、二〇〇三年

『生殖の哲学』河出書房新社、二〇〇三年

『病いの哲学』ちくま新書、二〇〇六年

『「負け組」の哲学』人文書院、二〇〇六年

『デカルトの哲学』人文書院、二〇〇九年

『生と病の哲学』青土社、二〇一二年

『ドゥルーズと狂気』河出書房新社、二〇一四年

『あたらしい狂気の歴史――精神病理の哲学』青土社、二〇一八年

『あたかも壊れた世界――批評的、リアリズム的』青土社、二〇一九年

『ドゥルーズの霊性』河出書房新社、二〇一九年

など

共編著

『ドゥルーズ／ガタリの現在』平凡社、二〇〇八年

『ドゥルーズの21世紀』河出書房新社、二〇一九年

『フーコー研究』岩波書店、二〇二一年

など

訳書

ジル・ドゥルーズ『無人島　一九六九―一九七四』（監修・共訳）河出書房新社、二〇〇三年。

ジル・ドゥルーズ『意味の論理学』河出文庫、二〇〇七年。

など

闘争と統治　小泉義之政治論集成　II

著者　小泉義之

二〇二一年七月二〇日　第一刷発行

発行所　有限会社月曜社
発行者　神林豊
〒一八二―〇〇〇六　東京都調布市西つつじヶ丘四―四七―三
電話〇三―三九三五―〇五一五（営業）／〇四二―四八一―二五五七（編集）
ファクス〇四二―四八一―二五六一
http://getsuyosha.jp/

編集　阿部晴政
装幀　中島浩
印刷・製本　モリモト印刷株式会社

ISBN978-4-86503-115-7

災厄と性愛

小泉義之政治論集成　Ⅰ

震災、大事故、疫病と向き合い、〈政治〉を問い直す災厄論と、マジョリティを批判し、生と性と人類を問い直す、原理的にしてラディカルな性／生殖論。生と死の倫理につねに立ち返りながら、左右の言説を根底から検証・批判する。共通善の政治理念へ向けた、根源的にして戦闘的な哲学者による政治社会論集〈全二巻〉

Ⅰ－Ⅰ　災厄／疫病

Ⅰ－2　性／生殖